本书受国家社会科学基金青年项目"人工智能技术引致劳动力职业流动的机理、效应与对策研究"（24CJY002）和上海市晨光计划项目"人工智能技术对劳动力就业质量的系统性冲击及风险缓释策略研究"资助。

工业机器人应用与劳动力就业稳定性

赵 贺 著

中国财经出版传媒集团
中国财政经济出版社
·北京·

图书在版编目（CIP）数据

工业机器人应用与劳动力就业稳定性 / 赵贺著.
北京：中国财政经济出版社，2025.5. -- ISBN 978-7
-5223-3938-2
Ⅰ.TP242.2；F241.4
中国国家版本馆 CIP 数据核字第 2025PR3037 号

责任编辑：陆宗祥　　　　　　　责任校对：徐艳丽
版式设计：南博文化　　　　　　　责任印制：张　健

工业机器人应用与劳动力就业稳定性
GONGYE JIQIREN YINGYONG YU LAODONGLI JIUYE WENDINGXING

中国财政经济出版社 出版

URL：http://www.cfeph.cn
E-mail：cfeph@cfeph.cn

（版权所有　翻印必究）

社址：北京市海淀区阜成路甲28号　邮政编码：100142
营销中心电话：010-88191522
天猫网店：中国财政经济出版社旗舰店
网址：https://zgczjjcbs.tmall.com
涿州汇美亿浓印刷有限公司印刷　各地新华书店经销
成品尺寸：170mm×240mm　16 开　14 印张　236 000 字
2025年5月第1版　2025年5月河北第1次印刷
定价：56.00 元
ISBN 978-7-5223-3938-2
（图书出现印装问题，本社负责调换，电话：010-88190548）
本社图书质量投诉电话：010-88190744
打击盗版举报热线：010-88191661　QQ：2242791300

前　言

近年来，伴随大数据、云计算、深度学习等领域实现技术突破，以人工智能技术为核心的新一轮科技革命已然在全球兴起，人工智能技术引领的工业机器人应用同样呈现蓬勃发展的态势。我国高度重视工业智能化体系建设与全产业智能化改造，抓住以人工智能技术为核心的"第四次工业革命"实现技术升级与经济高质量发展。然而，工业机器人应用在实现经济转型发展的同时，对劳动力就业产生巨大冲击。由于人工智能技术将机器学习、计算机视觉等技术融合在一起，使人工智能技术具有模仿和衍生人类思考的"类人脑"属性，相比于前三次工业技术革命，人工智能技术不仅可以替代简单、常规、易编程岗位的劳动力，诸如电话接线员、出纳、流水线工人等，还可以替代需要计算、思考、分析、判断的复杂岗位的劳动力，诸如驾驶员、翻译与客服人员等。同时，人工智能技术发展会催生出与人工智能相关的大量新产业和新岗位，扩大劳动力需求，补偿工业机器人应用引发的就业替代效应。因此，人工智能技术引领的新一轮科技革命势必会对劳动力就业造成更为重要的影响。工业机器人应用的通用目的和技能偏向性属性，引发劳动岗位更替并改变技能劳动收入分配，进而影响劳动力就业稳定性。已有文献更多关注工业机器人应用对劳动力就业数量的影响，普遍忽视工业机器人应用对劳动力就业质量的改变，特别缺乏从个体层面考察劳动力就业稳定性的微观证据。

本书基于微观个体层面探讨工业机器人应用对劳动力就业稳定性的影响，系统梳理工业机器人应用与劳动力就业稳定性相关文献；建立包含中间产品部门和最终产品部门的一般均衡模型，数理演绎工业机器人应用对劳动力就业稳定性的作用效果和传导机制；多维度测算工业机器人应用和劳动力就业稳定性指标，分别呈现工业机器人应用和劳动力就业稳定性的时间演化趋势和空间分布特征；实证检验工业机器人应用对劳动力就业稳定性的影响效应，考察劳动岗位更替、产业结构升级、技能收入分配等传导机制，进一步分析工业机器人应用对劳动力就业稳定性影响的个体、职业、城市异质性特征，并就此提出相应的政策建议。具体研究内容和结论归纳如下：

第一，数理逻辑推理工业机器人应用对劳动力就业稳定性的影响效应。构造包含中间产品部门和最终产品部门的一般均衡模型，工业机器人应用表现为智能化扩张和新岗位创造两种技术形态，并按照劳动力技能水平引入低技能和高技能劳动力，按照任务岗位复杂度引入常规岗位和非常规岗位，探究工业机器人应用对劳动力就业稳定性的作用方向和传导机制。研究发现，工业机器人应用主要表现为智能化扩张和新岗位创造两种技术形态，通过劳动岗位更替、产业结构升级和技能收入分配等传导机制，影响低技能与高技能、常规与非常规岗位劳动力就业稳定性。具体地，工业机器人应用导致的智能化技术扩张使常规岗位数量减少，新岗位创造使非常规岗位数量增加，形成岗位更替从而降低劳动力就业稳定性；产业结构升级对劳动力就业稳定性影响的方向并非确定的，取决于产业间弹性与岗位间弹性的相对大小；技能收入分配可分别从低技能劳动力和高技能劳动力两个角度分析，低技能劳动力收入份额降低使对低技能劳动力的需求减小，而高技能劳动力收入份额提升使对高技能劳动力的需求增大，均会降低劳动力就业稳定性。

第二，分析中国工业机器人应用和劳动力就业稳定性的特征性事实。本书基于工业机器人渗透度、工业智能化技术专利数、工业智能化技术企业数三个维度测度工业机器人应用水平，基于劳动力签订劳动合同年限、工作持续时间、工作转换频率三个方面衡量劳动力就业稳定性水平，分别考察工业机器人应用和劳动力就业稳定性水平的时间演化特征和空间分布特征。工业机器人应用的时间演化特征表明，中国工业机器人应用水平在2001—2019年呈现快速增长的趋势。工业机器人应用的空间分布特征表明，长三角、南部沿海和北部沿海地区是工业机器人应用水平较高的地区，西南和西北地区的工业机器人应用水平较低，高知识产权保护程度和高市场化水平地区的工业机器人应用水平相对更高。劳动力就业稳定性的时间演化特征表明，2014—2018年劳动力就业稳定性水平呈下降趋势。劳动力就业稳定性的空间演化特征表明，从个体特征来看，男性、非农户口、受教育程度较高和青年劳动者的就业稳定性水平更高；从职业特征来看，工作环境良好、工作安全性高、室内工作场所和工作自主程度较高职业的劳动者就业稳定性水平更高；从城市特征来看，北部沿海地区、长三角地区和南部沿海地区劳动力就业稳定性较低，劳动力保护强度较低和财政教育支出水平较低城市的劳动力就业稳定性水平较低。

第三，实证检验工业机器人应用对劳动力就业稳定性的影响效应。基准检验表明，中国工业机器人应用对劳动力就业稳定性水平产生负向影响，且在签订合同时长、工作持续时间和工作转换频率三个维度衡量的就业稳定性水平下均成立。通过更换核心变量指标的度量方法、更换数据来源、调整样本等方式进行稳健性检验后，基准回归结果仍然成立。在选取美国工业机器人渗透度、历史计算机数量、历史信息基础设施水平作为工具变量，结合基于异方差生成的工具变量处理工业机器人应用对劳动力就业稳定性影响可能存在的内生性问题后，两阶段最小二乘法表明基准检验中的结论依然成立。

第四，实证考察工业机器人应用对劳动力就业稳定性影响的劳动岗位更替、产业结构升级、技能收入分配等传导机制。劳动岗位更替机制表明，工业机器人应用使得技能岗位相对非技能岗位、非常规岗位相对常规岗位的劳动力需求规模扩大，进而导致劳动力就业稳定性下降。产业结构升级机制表明，工业智能技术应用能够促进产业结构合理化升级，即促进生产要素在部门间耦合程度的提升，加大生产要素在部门间的流转效率，进而导致劳动力就业稳定性下降；同时，工业智能技术应用能够促进产业结构高级化升级，即工业机器人应用大多替代制造业和农业部门的部分劳动力，并创造出更多新兴服务业和高端服务业，使得劳动力更多流入第三产业，进而导致劳动力就业稳定性下降。技能收入分配机制表明，工业机器人应用整体上降低低技能劳动力收入份额、提高高技能劳动力收入份额，造成劳动力工资待遇下降或想加入智能化领域新兴行业而做出辞职或转换工作的决策，导致劳动力就业稳定性水平降低。

第五，实证分析工业机器人应用对劳动力就业稳定性影响的个体、职业及城市异质性特征。个体层面异质性分析表明，专业技能水平较低、认知能力较低、非认知能力较低、家庭经济状况较差、家庭教育程度较低的劳动者就业稳定性受到工业智能化技术的冲击更大。职业层面异质性分析表明，机器人应用显著降低从事农林牧渔类、环境较差、安全性较低、室外场所、自主程度较低职业的劳动力就业稳定性水平。城市层面异质性分析表明，工业机器人应用对属于长三角和东部及北部沿海地区、财政教育支出水平较低、劳动力保护程度较低、知识产权保护程度较低、市场化水平较低城市劳动力的就业稳定性水平的负向影响更显著。

第六，基于前述研究结果，本书从劳动者、企业、智能化技术政策制定部门、教育部门、劳动和社会保障部门五个方面提出政策建议。劳动者应通过自主学习、继续教育和参加职业培训等方式，提高自身技能水平以应对智能化改革冲击。企业应为员工提供岗前与在职培训，加强智能化研发平台建设，积极与海内外智能技术领军企业开展交流合作。智能化技术政策制定部门应因地制宜地制定不同区域智能化技术发展政策，有针对性地培育和发展智能化技术衍生的新兴行业和岗位。教育部门应打造智能化技术专业师资团队，加强技能人才队伍建设。劳动和社会保障部门应扩大社会保障范围，并建立健全再就业帮扶政策。

2025 年 2 月

目 录

第1章 绪论 ··· 1

  1.1 研究背景与研究意义 ··· 1

  1.2 研究内容与研究框架 ··· 5

  1.3 研究方法与创新之处 ··· 9

第2章 文献综述 ··· 12

  2.1 工业机器人应用的研究综述 ··· 12

  2.2 劳动力就业稳定性的研究综述 ··· 20

  2.3 工业机器人应用对劳动力就业稳定性影响的研究综述 ··· 25

  2.4 文献述评 ··· 31

第3章 中国工业机器人应用对劳动力就业稳定性影响的理论分析 ··· 33

  3.1 工业机器人应用对劳动力就业稳定性影响的理论模型设定 ··· 33

  3.2 工业机器人应用对劳动力就业稳定性影响的理论模型均衡求解 ··· 38

  3.3 工业机器人应用对劳动力就业稳定性传导机制的理论分析 ··· 45

  3.4 本章小结 ··· 50

第4章 中国工业机器人应用与劳动力就业稳定性的特征性事实 ··· 52

  4.1 工业机器人应用的特征性事实 ··· 52

4.2 劳动力就业稳定性的特征性事实 …………………………… 64
 4.3 本章小结 ………………………………………………………… 79

第5章 中国工业机器人应用对劳动力就业稳定性影响的实证检验 ……… 82

 5.1 工业机器人应用对劳动力就业稳定性影响的基准检验 ………… 82
 5.2 工业机器人应用对劳动力就业稳定性影响的稳健性检验 ……… 87
 5.3 工业机器人应用对劳动力就业稳定性影响的内生性处理 …… 103
 5.4 本章小结 ……………………………………………………… 114

第6章 中国工业机器人应用对劳动力就业稳定性影响的传导机制检验 …………………………………………………………………… 117

 6.1 工业机器人应用对劳动力就业稳定性影响的劳动岗位更替机制检验 ……………………………………………………………… 117
 6.2 工业机器人应用对劳动力就业稳定性影响的产业结构升级机制检验 ……………………………………………………………… 130
 6.3 工业机器人应用对劳动力就业稳定性影响的技能收入分配机制检验 ……………………………………………………………… 147
 6.4 本章小结 ……………………………………………………… 154

第7章 中国工业机器人应用对劳动力就业稳定性影响的异质性分析 …… 157

 7.1 工业机器人应用对劳动力就业稳定性影响的个体异质性 …… 157
 7.2 工业机器人应用对劳动力就业稳定性影响的职业异质性 …… 168
 7.3 工业机器人应用对劳动力就业稳定性影响的城市异质性 …… 178
 7.4 本章小结 ……………………………………………………… 188

第8章 主要结论与政策建议 …………………………………………… 191

 8.1 主要结论 ……………………………………………………… 191
 8.2 政策建议 ……………………………………………………… 194

参考文献 …………………………………………………………………… 197

第1章

绪　论

1.1　研究背景与研究意义

1.1.1　研究背景

近年来，随着深度学习、大数据、云计算等技术领域的突破升级，人工智能技术的研发与应用水平持续提升，人工智能技术引领的工业机器人应用呈现蓬勃发展的态势。如同蒸汽机、电气技术及信息技术等前三次工业革命一样，人工智能技术同样具有通用目的属性和技术溢出特征，对社会生产的各个行业以及生活的各个方面均产生重大影响。在经历2008年全球金融危机之后，世界各国均希望通过发展以人工智能技术为首的技术革命来实现技术突破，进而通过再工业化摆脱经济发展低迷的状态。随着2009年美国宣布实施"再工业化战略"、德国宣布"工业4.0时代"的到来、日本推出《制造业白皮书》，世界各国均将智能化技术的研发与推广放在重要位置。截至2020年，世界人工智能产业的市场规模已达6800亿元，中国的人工智能产业市场规模也超过710亿元。可以预见，依托人工智能技术的工业机器人应用将得到迅速发展，世界各国都期待能够抓住以人工智能技术为核心的"第四次工业革命"的技术红利，实现关键技术突破与经济持续发展。

目前，中国面临着人口老龄化加剧、经济增速放缓、产业结构急需转型升级的状况，推动智能化技术发展和工业机器人应用，是提高经济发展质量、实现产业结构升级的有效途径。中国在前三次工业革命中较为落后，若能抓住这次智能化技术引领的新兴技术革命发展机会，则能够助力中国突破智能技术"瓶颈"并完成工业乃至整个经济体系的智能化改革，实现经济高质量发展目标。为此，中国政府及相关政策制定部门积极推进智能化技术发展和工业机器人应用政策，推出支持智能化改造升级的配套政策，全面推进信息化、数字化、智能化技术的研发与应用。2015 年我国颁布《中国制造2025》，标志着推行制造业智能化改革序幕的拉开；2017 年推出《关于深化"互联网＋先进制造业"》，党的十九大报告指出仍需进一步推动人工智能技术和实体经济的深度融合，推进人工智能技术研发、工业机器人应用与制造业智能化改革。伴随一系列推进智能化改革政策的实施，中国工业机器人应用水平迅速提升。据国际机器人联合会发布数据，2013 年以来我国工业机器人存量呈现快速增长趋势，平均增速达到 37%。又据《国民经济和社会发展统计公报》数据，中国工业机器人产量在 2020 年达到 21.2 万台，同比增长 20.7%。截至 2019 年 2 月，中国人工智能企业数量在全世界排名第二，仅次于美国。计算机科学技术的不断进步、5G 基站的建设、大数据中心的规划等基础技术设施的完善，为我国继续快速发展智能化技术和推广机器人应用提供了较好的保障。

劳动力就业稳定关乎经济与社会的长远发展，稳就业作为"六稳"之首，既是确保经济发展稳中有进的有力保障，也是实现经济高质量发展的重要支撑。然而，历次技术革命均对劳动力就业产生冲击，此次以人工智能技术为首的新一轮技术革命也不例外：工业机器人大量应用在对传统生产进行智能化改造的同时，对劳动力就业稳定性也产生重大影响。在第一次和第二次工业革命中，蒸汽机和电气技术的发明替代了相关体力劳动者；在第三次工业革命中，计算机技术的发明不仅替代部分体力劳动者，而且部分易编程且重复性较高工作部门的劳动者也被计算机技术所替代，如流水线生产工人等。而随着人工智能发展所基于的通用学习规则、大数据集训练、智能算法等实现技术突破，人工智能技术拥有不同于计算机技术的"类人脑"属性，人工智能技术引领的工业机器人应用在替代易编程的常规岗位劳动力的同时，还替代需要逻辑判断执行较复杂任务的部分非常规岗位劳动力，如无人驾驶、翻译、人工客服等。因此，人工智能技术引领的工业机器人应用必将引发部分劳动者失业，对劳动力就业稳定性产生影响。

同时，人工智能技术具有技能偏向性属性，人工智能技术以智能机器设备为载体，通过新技术研发和设备升级增大对技能劳动力的相对需求。而且，人工智能技术发展会催生出大量新兴产业和岗位，如工业互联网工程技术人员、人工智能技术培训师等，这些新兴岗位大多对劳动力的计算、创新、综合判断等能力提出较高要求，同样提升对技能劳动力的需求。因此，以人工智能技术为首的工业机器人应用在替代部分低技能岗位劳动力的同时，会增大对技能劳动力的相对需求，即工业机器人应用会引发职业更替，使劳动力的就业状态发生改变，影响劳动力就业稳定性。

那么，中国工业机器人应用是否会降低劳动力就业稳定性呢？若确实有影响，工业机器人应用通过哪些途径作用于劳动力就业稳定性呢？对于不同特征的劳动力、就业岗位和城市，工业机器人对劳动力就业稳定性的影响强度是否有差异呢？又应该采取哪些政策缓解工业机器人应用带来的就业稳定性冲击呢？本书通过数理模型和实证检验对上述问题进行分析，对由工业机器人应用引发的劳动力就业稳定性降低的风险提供研究思路和政策参考，为进一步推进智能化改革以实现经济转型提供理论依据。

1.1.2 研究意义

（1）理论意义

已有研究多从宏观或中观层面，分析工业机器人应用对劳动力就业的替代效应、生产率效应以及岗位创造效应，即分析工业机器人应用对劳动力就业数量的影响（Acemoglu 和 Autor，2011；Autor，2015；Acemoglu 和 Restrepo，2019a；Acemoglu 和 Restrepo，2019b；Bessen，2019；Acemoglu 和 Restrepo，2020a；Goos 等，2014；Dauth 等，2017；Agrawal 等，2019），而忽视工业机器人应用是否会改变劳动力就业质量的探讨，尤其缺乏从个体劳动力层面分析工业机器人应用导致就业稳定性改变的微观证据。微观层面劳动力就业稳定性多用劳动力与所处工作岗位的匹配程度来衡量，当劳动力技能水平与所处岗位相匹配时，劳动力能够适应岗位技能化改革冲击，高效使用智能机器设备，企业与劳动力的雇佣关系得以持续，即劳动力就业稳定。当劳动力所从事岗位被智能化设备替代，或劳动力技能水平无法适应岗位智能化改革后的更高技能需求时，则劳动力更换工作岗位，即就业存在不稳定性。基于劳动力签订劳动合同期限、工作任期时长和工作转换次数等微观个体特征衡量劳动力就业稳定性，发现中国的劳动力就业稳定性在改革开放后呈现逐年下降的趋势（孟凡强和吴江，2013）。那么，工业机器人应用是否会降低劳动力就业稳定性呢？已有文献对此鲜有研究，特别是缺乏基于个体微观数据探讨工业机器人对劳动力就业稳定性的影响以及可能的作用机制。为此，本书构建包括智能机器、低技能劳动力和高技能劳动力三种要素在内的一般均衡模型，工业机器人应用的两种表现形式为智能化技术扩张和新岗位创造。将劳动力依技能水平划分为低技能劳动力与高技能劳动力，将岗位依常规程度划分为常规岗位与非常规岗位，求解低技能劳动力与高技能劳动力、常规岗位与非常规岗位劳动力就业稳定性的均衡，理论探讨工业机器人应用是否影响劳动力就业稳定性，并分析劳动岗位更替、产业结构升级、技能收入分配在其中的作用机制，从而完善了工业机器人研究的相关文献，为进一步剖析劳动力就业稳定性提供了可行的方法。

（2）实践意义

随着"工业4.0"时代的到来，我国进一步推进制造强国战略：2015年颁布的《中国制造2025》标志着中国制造的智能化转型，2019年颁布的《2019工业智能白皮书》，强调进一步实现生产、调度、决策的全过程智能化模式。在全球工业机器人应用水平不断提升的背景下，中国工业机器人应用以及智能技术的研发推广也在不断推进。据2020年《国民经济和社会发展统计公报》数据，中国2020年工业机器人总产量已达21.2万台。伴随大数据、物联网、5G技术的不断推进，工业机器人应用以及智能技术的发展必将对中国经济发展和产业结构升级产生重大影响，对工业机器人应用的研究符合中国当下的经济发展实际。

与此同时，稳就业作为"稳就业、稳金融、稳外贸、稳外资、稳投资、稳预期"工作的"六稳"之首，是最大的民生问题，也是经济发展最基本的动力。就业是连接经济发展各个部门的基本纽带，在生产、交换、分配和消费等各个环节影响经济发展，就业稳定是经济稳定增长的动力与源泉。自1978年以来，我国劳动力就业稳定性呈现不断下降的趋势，以人工智能技术为首的工业机器人应用更是对劳动力就业产生巨大冲击，因此探讨工业机器人应用是否会导致劳动力就业稳定性下降以及通过何种途径作用于就业稳定性，能为缓解由工业机器人应用可能引发的劳动力就业不稳定问题提供参考。为此，本书基于微观个体数据，依据劳动者劳动合同签订时长、工作持续时间和工作转换频率三个维度衡量劳动力就业稳定性，探讨就业稳定性及工业机器人应用的演化特征，工业机器人应用对劳动力就业稳定性的作用方向和作用机制，在个体特征、职业特征、城市特征三个层面分析工业机器人应用影响劳动力就业稳定性的异质性，为制定智能技术应用的配套政策提供建议。

1.2 研究内容与研究框架

1.2.1 研究内容

本书在分类梳理工业机器人应用与劳动力就业稳定性相关文献的基础上，求解包含异质性劳动力及岗位分类的任务模型均衡，数理分析工业机器人应用对劳动力就业稳定性的作用方向和作用机制，运用各个层面和维度的数据测度工业机器人应用和劳动力就业稳定性水平，分析工业机器人应用与劳动力就业稳定性的时间演化特征和空间分布特征，基于微观个体数据，实证检验工业机器人应用对劳动力就业稳定性的作用，分析工业机器人应用影响劳动力就业稳定性的作用机制，从个体特征、职业特征、城市特征三个方面考察工业机器人应用对劳动力就业稳定性的异质性影响，并为缓解和规避工业机器人应用可能引发的降低劳动力就业稳定性风险提供政策建议。全书内容包含 8 章，每章的主要内容概括如下：

第 1 章为绪论。基于国家发布的政策文件以及官方统计数据，介绍工业机器人应用水平以及对劳动力就业产生的冲击，引出工业机器人应用可能导致劳动力就业稳定性下降的研究背景，阐述研究工业机器人应用对劳动力就业稳定性影响的理论意义和实践意义。在概括介绍各章研究内容的基础上，厘清研究思路，归纳总结本书的研究方法并点明本研究的创新之处。

第 2 章为文献综述。从工业机器人应用、劳动力就业稳定、工业机器人应用与劳动力就业稳定性三方面对前沿文献进行总结归纳。具体来说：一是工业机器人应用的概念界定、测度研究和工业机器人应用的经济效益；二是劳动力就业稳定性的概念界定、测度研究和劳动力就业稳定性的影响因素；三是工业机器人应用与劳动力就业稳定性研究。基于对前沿文献的概括总结，阐明已有研究的不足之处，为本书的研究内容指明方向。

第 3 章为中国工业机器人应用对劳动力就业稳定性影响的理论分析。首先，在任务模型框架下，建立包含中间产品部门和最终产品部门的一般均衡模型。其次，考虑工业机器人应用的智能化技术扩张和新岗位创造两种技术形态，求解工业智能技术冲击下低技能与高技能、常规岗位与非常规岗位劳动力就业稳定性的一般均衡决定方程。最后，基于劳动岗位更替、产业结构升级、技能收入分配等维度探讨工业机器人应用作用于劳动力就业稳定性的机制。

第 4 章为中国工业机器人应用与劳动力就业稳定性的特征性事实。一方面，依据工业机器人渗透度、工业智能化技术专利数、应用工业智能化技术企业数三个维度以及由这三个维度加权求和后的综合指标分别衡量工业机器人应用水平，分析工业机器人应用的时间演化特征和空间分布特征。另一方面，依据劳动者签订劳动合同年限、工作持续时间、工作转换频率三个维度以及由这三个维度加权求和后的综合指标分别测度劳动力就业稳定性水平，考察劳动力就业稳定性的时间演化特征和空间分布特征。

第 5 章为中国工业机器人应用对劳动力就业稳定性影响的实证检验。首先，基于中国劳动力动态调查（CLDS）和中国家庭收入调查（CHIP）两个微观个体数据库，以按照 IFR 发布的工业机器人安装量计算的工业机器人渗透度衡量工业机器人应用水平，基于劳动者劳动合同签订年限、工作持续时间、工作转换频率三个维度表征劳动力就业稳定性水平，进行工业机器人应用影响劳动力就业稳定性的基准检验。其次，通过更换核心变量指标的度量方法、更换不同数据来源、样本调整等方法进行稳健性检验。最后，基于外部工具变量和异方差生成工具变量缓解可能存在的内生性问题。

第 6 章为中国工业机器人应用对劳动力就业稳定性影响的传导机制检验。首先，将劳动岗位划分为技能岗位与非技能岗位，将劳动岗位划分为常规岗位与非常规岗位，探讨工业机器人应用作用于劳动力就业稳定性的技能与非技能、常规岗位与非常规岗位的更替机制。其次，分别从产业结构合理化角度和产业结构高级化角度分析工业机器人应用影响劳动力就业稳定性的产业结构升级机制。最后，为考察工业机器人应用通过技能收入分配机制作用于劳动力就业稳定性，一方面，分析工业机器人应用通过降低低技能劳动力收入份额作用于劳动力就业稳定性；另一方面，检验工业机器人应用通过提高高技能劳动力收入份额作用于劳动力就业稳定性。

第 7 章为中国工业机器人应用对劳动力就业稳定性影响的异质性分析。首先，基于个体特征，考察工业机器人应用对劳动力就业稳定性影响的个体专业技能水平、认知能力、非认知能力、家庭经济状况、家庭教育背景异质性。其次，基于职业特征，比较工业智能化对从事不同类型、环境、安全性、场所、自主决定程度职业的劳动力就业稳定性影响的差异性。最后，基于城市特征，检验工业机器人应用对劳动力就业稳定性影响的城市区位、财政教育支出水平、劳动力保护程度、知识产权保护程度、市场化水平的异质性。

第 8 章为主要结论与政策建议。总结概括本书的研究结论，为缓解或规避工业机器人应用导致的劳动力就业稳定性下降提出政策建议。

1.2.2 研究框架

本书在梳理工业机器人应用和劳动力就业稳定性相关文献的基础上，运用数理模型推演工业机器人应用对劳动力就业稳定性的作用方向和传导机制，阐述工业机器人应用与劳动力就业稳定性的演化和分布特征；基于微观个体数据实证检验工业机器人应用对劳动力就业稳定性的影响，考察劳动岗位更替、产业结构升级、技能收入分配在工业机器人应用影响劳动力就业稳定性中的作用机制，从个体特征、职业特征、城市特征三个方面分析工业机器人应用对劳动力就业稳定性的异质性影响，最后，基于本书结论提出相应的政策建议，具体研究框架如图 1-1 所示。

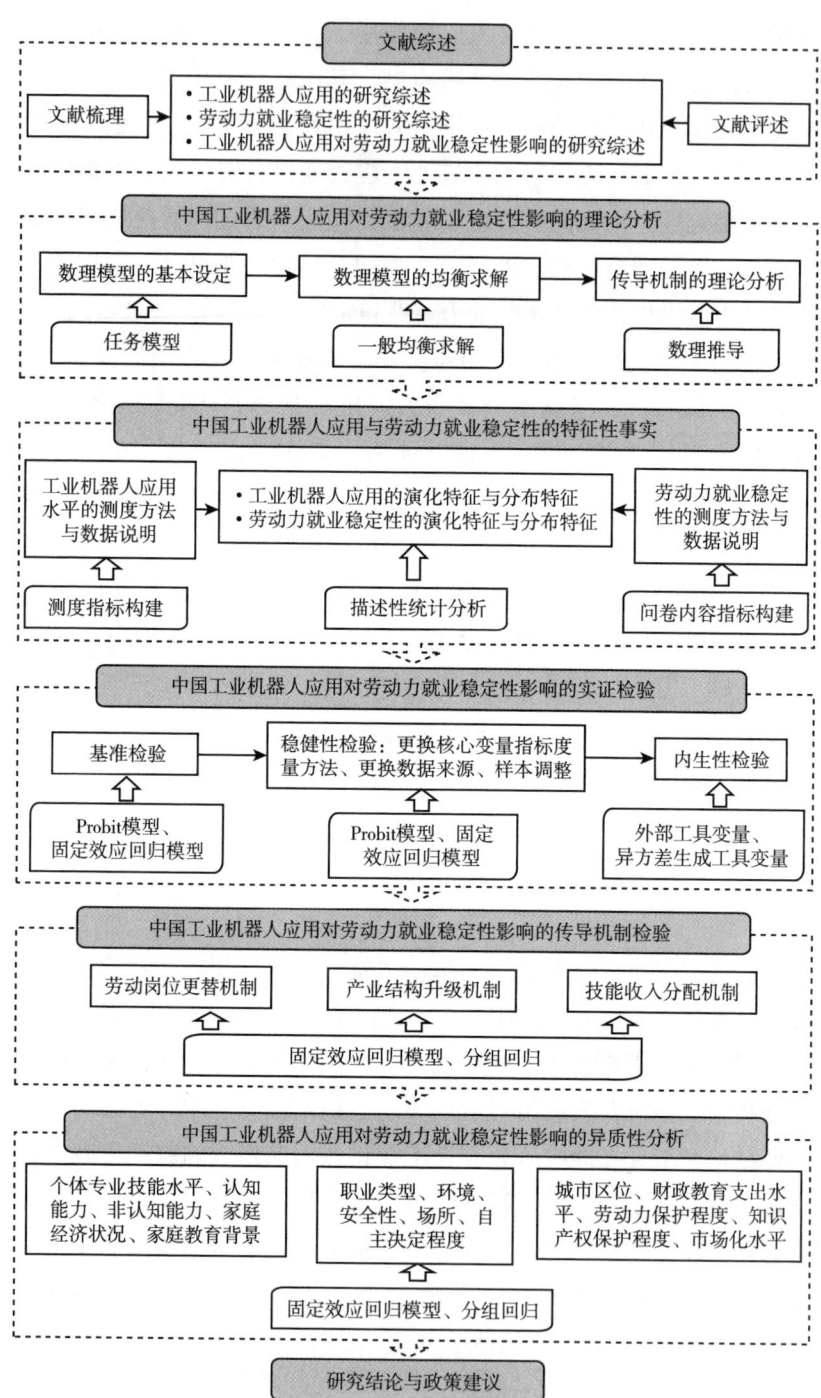

图1-1 研究思路图

1.3 研究方法与创新之处

1.3.1 研究方法

第一，文献梳理法。在分析工业机器人应用对劳动力就业稳定性的影响时，本书从三个方面梳理已有文献。第一，总结工业机器人应用的相关文献，具体包括工业机器人应用的概念界定、测度方法以及对经济发展、产业结构、收入分配的作用。第二，归纳劳动力就业稳定性的相关文献，具体包括劳动力就业稳定性的概念界定、测度方法以及影响因素的研究。第三，评述工业机器人应用与就业稳定性的相关文献。总的来说，通过对前沿文献的归纳整理，为后续实证分析工业机器人应用对劳动力就业稳定性影响奠定理论基础，同时，在梳理文献的过程中找寻已有文献的不足之处，为本书研究的创新之处指明方向。

第二，数理演绎法。构建包含中间产品部门和最终产品部门的一般均衡模型，将低技能劳动力与高技能劳动力、常规岗位与非常规岗位引入模型，刻画工业机器人应用的智能化扩张和新岗位创造两种技术形态，数理演绎工业机器人应用对不同技能水平劳动力、不同常规程度岗位就业稳定性的影响，分析工业机器人应用作用于劳动力就业稳定性的劳动岗位更替、产业结构升级、技能收入分配机制。

第三，可视化分析法。基于 Excel 和 Stata 的图形可视化分析功能，一方面，将工业机器人应用随时间演化的特征用折线图加以展示，同时，基于北部沿海地区、长三角地区、南部沿海地区、中部内陆地区、西北地区、西南地区、东北地区七个区域，探究工业机器人应用的空间分布特征。另一方面，从城市层面和个体层面用图形展示劳动力就业稳定性的时间演化特征，基于个体属性、职业属性和城市属性分析劳动力就业稳定性的空间分布特征，为后续分析的实证探讨提供特征性事实支撑。

第四，实证分析法。在基准检验中，基于控制城市和时间的双固定效应回归模型，检验工业机器人应用对劳动力就业稳定性的作用，通过更换核心变量指标度量方法、更换数据来源、调整样本等方式进行稳健性检验，并运用外部工具变量和异方差生成工具变量进行内生性检验。在此基础上，探究工业机器人应用作用于劳动力就业稳定性的传导机制，并通过分组回归考察工业机器人应用对劳动力就业稳定性影响的个体、职业、城市层面异质性。

1.3.2 研究创新

第一，研究视角的创新。尽管有大量文献探讨工业机器人应用对劳动力就业的冲击，但多数文献均是探讨工业机器人应用对劳动力就业数量的影响，即从宏观和中观层面，研究工业机器人应用引发的就业替代和岗位创造。鲜少有文献分析工业机器人应用是否引起劳动力就业质量的改变，特别是从个体劳动力层面考察工业机器人应用导致劳动力就业稳定性改变的微观证据。为此，本书从理论和实证两个方面研究工业机器人应用冲击下劳动力就业稳定性的变化，进一步丰富了劳动力就业稳定性影响因素的相关文献。

第二，理论模型的创新。自 Zaira（1998）提出最初版本的任务模型框架后，Aghion 等（2017）等研究者进一步改进和拓展任务模型，并基于模型探究自动化技术对劳动力就业的影响。任务模型将产品生产标准化为（0，1）区间上连续的一系列生产任务。由于智能化技术的发展，智能机器设备能够取代部分岗位劳动力，生产厂商基于生产成本最小化原则，对每一任务选取智能设备或劳动力要素中成本较小者进行生产。因此，由智能设备执行的任务数增加值占总任务数的比值即可表征智能化扩张，由劳动力执行任务数增加值占总任务数的比值即可表征新岗位创造。本书以 Acemoglu 和 Restrepo（2018c）中的任务模型为基础并作出以下两点改进：一是借鉴 Autor 等（2003）中的岗位划分方法，将模型的岗位划分为常规与非常规两种岗位类型，并依技能水平划分为低技能与高技能两种劳动力类型，进而分类探讨工业机器人应用对常规与非常规岗位、低技能与高技能劳动力就业稳定性的影响。二是以往文献将智能化技术设定为智能化扩张或新岗位创造等单一的技术形态，而本书设定工业机器人应用同时具有智能化扩张和新岗位创造两种技术表现形态，进而更细致地探讨工业机器人应用是如何作用于劳动力就业稳定性的。

第三，数据及方法应用的创新。在数据方面，已有文献大多采用工业机器人联合会（IFR）发布的工业机器人安装量或工业机器人进口量来衡量工业机器人应用水平，本书在运用基于IFR发布的工业机器人安装量测度的工业机器人渗透度衡量工业机器人应用水平的基础上，进一步基于工业智能化技术研发的视角，用工业智能化技术专利数表征工业机器人应用水平；同时，从工业智能化技术应用的视角，用工业智能化技术企业数衡量工业机器人应用水平，多维度的测度有利于更全面地衡量工业机器人应用水平指标。在方法应用方面，本书在搜集工业智能化技术专利以及应用工业智能化技术企业数时，基于权威文献和官方政策文件中对于工业智能化技术的描述，选取与工业智能化技术相关的一系列关键词，采用Python文本抓取技术和关键词识别方法，分别在万方专利数据库和"天眼查"企业数据库中识别出工业智能化技术专利和应用工业智能化技术的企业，将数据加总至城市层面以更全面表征工业机器人的应用水平。

第四，研究维度的创新。已有文献多用综合指标从宏观层面衡量区域整体的劳动力就业稳定性，探讨智能化技术应用对区域整体就业稳定性的影响及作用机制。而本书立足于中国劳动力动态调查（CLDS）和中国家庭收入调查（CHIP）微观数据库，根据问卷中的个体就业信息，基于劳动合同签订年限、目前或最近一份工作持续时间、工作转换频率三个维度衡量微观个体层面的劳动力就业稳定性水平，进而探究工业机器人应用对微观个体劳动力就业稳定性的影响。此外，本书还进一步考察工业机器人应用在不同个体特征、职业属性、城市特征下对劳动力就业稳定性的差异化作用，进行各个层面多维度的研究。

第 2 章

文献综述

在通过理论模型与实证检验探讨工业机器人应用与劳动力就业稳定性的关系前,本章先系统梳理相关文献。首先,界定本书研究的工业机器人应用的概念,回顾工业机器人应用水平的测算研究及其经济、社会效益;其次,界定本书探讨的劳动力就业稳定性的概念,分类总结劳动力就业稳定性的衡量方法以及现有文献;最后,分别归纳传统技术和人工智能技术对劳动力就业稳定性影响的研究文献,剖析已有文献的创新点以及不足之处,为后续的理论分析以及实证检验提供经验证据。

2.1 工业机器人应用的研究综述

2.1.1 工业机器人应用的概念界定与测算研究

（1）工业机器人应用的概念界定

工业机器人应用的概念相对宽泛,不仅指智能机器设备对劳动力的替代,也不单指发生在工业领域的智能技术应用。虽然已有研究文献并未对工业机器人应用给出明确的定义,但本书在总结梳理已有文献的基础上,从以下两个角度剖析工业机器人应用的内涵。

从技术进步视角来看,工业机器人是包含人工智能、5G 应用、云计算、大数据、物联网在内的智能化技术应用过程。人工智能技术是工业机器人得以应用与发展的核心技术,人工智能技术与前三次工业革命一样,具有技术进步的通用目的属性和技术溢出特征,对工业、农业、金融业、服务业等均产生不同程度的影响（Trajtenberg，2018；郭凯明，2019；程文，2021）。同时，工业机器人应用也与前三次工业革命有所区别，前两次工业技术革命主要是用机器设备替代掉部分简单、常规、技术复杂度较低岗位的劳动力，但从第三次信息技术革命开始，计算机技术已经能够替代一些可编程的任务，如打字员和出纳员（Acemoglu，2002；贾根良，2016），工业4.0时代是智能化时代，伴随海量数据积累、大数据运算方法的突破、深度学习机理的实现，人工智能技术不仅可以替代常规和低技能岗位，其进化出的"类人脑"功能，还使人工智能技术能够替代部分非常规岗位，如无人驾驶技术的实现。

从应用范围视角来看，工业机器人应用已不单单发生在工业领域，而是在不同企业、部门、行业、产业领域形成多种形式的智能化改造。从本质上来讲，工业机器人应用的核心技术是人工智能技术，而人工智能技术具有通用目的和技术溢出特征，工业机器人应用的主要要素投入即海量数据直接涉及各个生产领域，工业机器人应用的主要场景即互联网涉及各个产业和部门，也就是说，工业机器人的应用范围已远远超出工业领域，而是会对企业、部门、行业、产业各个层面的生产产生至关重要的影响（Varian，2018）。举例来说，工业机器人应用在工业领域体现为生产车间的智能质检、智能语音分拣（王国法等，2019）；工业机器人应用在交通运输业、邮政业体现为智能自动化运输和无人物流（何黎明，2017）；工业机器人应用在批发和零售业体现为自助收银机、自助售卖机等（王先庆和雷韶辉，2018）；工业机器人应用在金融业体现为AI私人投资顾问（皮天雷等，2018）；工业机器人应用在医疗卫生行业体现为AI智能医生、智慧处方等（孔祥溢和王任直，2016）。

由以上分析可知，工业机器人应用是以人工智能技术为核心，基于海量数据资源，运用大数据算法，在工业及其他领域进行智能化变革的过程，最终实现整个生产环节和经济体系的智能化推进。

（2）工业机器人应用的测度研究

现有文献大多从以下三个维度测度工业机器人应用：

第一，基于工业机器人安装量或产量数据表征工业机器人应用，或以行业就业人数作为权重，对工业机器人安装量或产量数据进行加权计算得到工业机器人渗透度指标，用以衡量工业机器人应用水平（Acemoglu和Restrepo，2020b；王永钦和董雯，2020；陈媛媛等，2022；唐晓华和迟子茗，2021；孔高文等，2020）。Acemoglu和Restrepo（2020b）根据IFR发布的工业机器人安装量，加权计算美国工业机器人渗透度，得出工业机器人应用会减少就业量和工资水平的结论。王永钦和董雯（2020）运用 IFR 发布的世界机器人数据，运用二位数行业代码匹配中美制造业行业分类，按照就业人数加权计算得到"国家—行业—年度"层面的机器人使用数据，实证发现工业机器人渗透度增大会降低劳动力需求数量。陈媛媛等（2022）运用 IFR 发布的中国各行业工业机器人使用数据，参考巴蒂克工具变量的构造思路，计算人均工业机器人变化量用以研究工业机器人应用对劳动力空间配置的作用，发现工业机器人应用显著降低地区外来劳动力的迁入。周广肃和丁相元（2022）运用 IFR 提供的工业机器人数据，将其与中国家庭追踪调查（CFPS）数据相匹配，研究发现工业机器人应用使城镇居民收入差距拉大。孔高文等（2020）基于中国商品贸易数据库得到进口机器人数量作为工业机器人应用的省份层面指标，同时基于 IFR 国际工业机器人统计数据得到每年新增机器人数量作为工业机器人应用的行业层面指标，分析发现工业机器人应用规模的扩张会降低本地劳动力就业水平。王小霞和李磊（2020）运用我国工业机器人进口量测度工业机器人应用指标，研究认为工业机器人应用显著加剧劳动力市场就业波动。

第二，运用工业智能化技术相关专利数或企业数测度工业机器人应用指标（王林辉等，2022；董直庆等，2023；胡晟明等，2021b；Damioli 等，2021），其中，工业智能化技术相关专利侧重于工业机器人的研发与创新，工业智能化技术应用企业数则侧重于工业机器人的应用与实践。董直庆等（2023）依照人工智能技术关键词，运用 Python 爬取人工智能技术专利，加总到城市层面表征城市人工智能技术水平，研究发现人工智能技术的推广使用使中小型企业的规模越来越均等化。王林辉等（2022）基于"天眼查"微观企业数据库，运用网络爬虫技术和文本抓取方法获得人工智能专利数表征工业智能化指标，研究发现工业智能化对企业地理分布格局的影响具有偏向性，在使人工智能企业分布更为集聚的同时，也使传统企业分布更为分散。胡晟明等（2021b）一方面基于中国专利数据库，运用网络爬虫技术采集人工智能技术专利数作为人工智能应用的衡量指标；另一方面，基于中国"天眼查"企业微观数据库，运用关键词提取的方法获得城市层面人工智能企业数占比，作为人工智能应用的替代指标，研究发现人工智能技术与劳动生产率之间的关系是非线性的。

第三，以职业、岗位或任务为研究对象，运用机器学习模型计算各职业被智能化技术替代的概率，以此衡量各职业的智能化程度（Frey 和 Osborne，2017；David，2017；Arntz 等，2016；周广肃等，2021）。部分研究者以"工作岗位"为研究单位计算职业可替代率。Frey 和 Osborne（2017）运用 O*NET 数据库中列举的职业特征信息，基于高斯回归方法计算得到美国 702 个职业被计算机技术替代的概率，认为美国 47% 的职业会被计算机技术所替代。David（2017）基于职业矩阵数据，运用随机森林方法估计日本各职业的职业替代率，研究认为计算机技术能够替代 55% 的职业。另一部分研究者考察发现，以"工作岗位"为单位计算出的职业可替代率偏高，因为测算中被标记为智能技术替代风险较高的岗位中，仍包含部分无法被智能化技术所替代的任务，并认为应以"工作任务"为研究单位计算职业可替代率。Arntz 等（2016）基于国际成人能力评估数据库（PIACC），对 21 个 OECD 国家中各工作任务被智能化技术替代的概率进行计算，发现计算的职业中平均有 9% 的职业是可以被智能化技术所替代的。Arntz 等（2017）基于之前研究，在将劳动力面对智能化技术冲击后的适应能力加以考虑之后，发现美国职业可替代率由 38% 降至 9%。周广肃等（2021）将美国劳工部职业代码与中国职业代码匹配，估算得到中国各职业被智能化技术替代的概率，研究发现智能化一方面减少了就业人数的增长，另一方面增加了在岗劳动力的工作时长。

2.1.2 工业机器人应用的经济和社会效益

工业机器人应用是以人工智能技术为核心的工业智能化技术在生产任务中的实践，与传统技术进步一样，具有通用目的和技术溢出属性，因此，工业机器人应用会对要素生产、产业变革、经济增长和收入分配等多方面产生影响。以下对工业机器人应用影响经济和社会多方面的文献进行分类阐述。

（1）工业机器人应用与生产效率和经济增长

自第一次工业革命以来，每一次工业技术革命都带来了生产效率的大幅提升（曹静和周亚林，2018），以智能技术应用为主的第四次工业技术革命也应是如此。工业机器人应用的本质是以智能化生产技术替代部分常规或简单任务岗位的劳动者，以提高生产效率（Abramovici 和 Filos，2011；Hanson，2001），同时创造出一系列新兴服务业和高端技术产业，从而在智能化技术改造的过程中转变经济增长方式，实现经济高质量增长。Aghion 等（2017）基于自动化生产任务和不可自动化生产任务的分类，将 C－D 生产函数拓展为 CES 生产函数，推演理论模型证实工业智能化技术对经济增长的正向影响。Acemoglu 和 Restrepo（2022）研究发现工业智能技术应用使工业机器人自动化执行生产任务，在一定程度上弥补老龄化加剧造成的劳动力短缺。Graetz 和 Michaels（2018）运用 1993—2017 年跨国面板数据，实证检验得出智能化对经济增长具有促进作用。Acemoglu 等（2020）运用 2010—2015 年制造业企业层面数据，实证研究发现相比于未使用机器人进行生产的企业，在生产中应用机器人企业的全要素生产率提升 2.4%。陈彦斌等（2019）将人口老龄化背景纳入人工智能与经济增长的模型构建中，研究发现智能化技术推动经济增长的作用机制是机器替代劳动进而带来生产效率提升。杨光和侯钰（2020）将工业机器人应用的规模效应纳入模型，在理论分析的基础上，实证检验发现工业机器人应用对世界各国的经济产出具有促进作用，且工业机器人促进经济产出增加的作用机制是生产效率的提升。李磊和徐大策（2002）基于中国工业企业数据库和海关贸易数据库，从微观层面实证检验了工业机器人应用对企业劳动生产率的提升作用。吕越等（2020）运用工业机器人密度衡量人工智能技术应用水平，在企业层面实证检验发现人工智能技术通过企业生产率提升机制促进企业全球价值链参与水平的提升。李丫丫和潘安（2017）研究机器人进口数量对中国制造业生产率的影响，发现机器人进口量的增加会大大提升中国制造业生产率。

然而，也有部分学者认为，工业机器人应用对整个国民经济运行产生负向作用。一方面，从经济增长角度来看，工业机器人应用对国民经济增长可能产生负向影响。工业机器人应用规模的快速增大，替代掉部分岗位劳动力，而就业帮扶等相关政策无法快速更进，造成就业结构失衡。同时，应用工业机器人的资本价格与劳动力就业工资之间相互竞争，使劳动力工资下降，进一步对投资与储蓄结构产生影响，即工业机器人应用对整个国民经济运行产生负面影响。Gasteiger 和 Prettner（2017）基于世纪交叠模型，理论探讨包含智能技术生产在内的新兴生产模式对经济增长的作用，研究发现智能机器的大范围应用使机器资本与劳动力之间成为竞争关系，直接造成劳动力工资的下降，进而影响国民储蓄和投资结构，不利于经济持续稳定增长。黄旭和董志强（2019）改进了 Gasteiger 和 Prettner（2017）的世纪交叠模型，在理论层面推演人工智能技术对整体经济的影响，发现人工智能技术应用降低劳动力工资并进一步引致国民总投资和总储蓄降低，对经济发展产生负向影响。Guerreiro 等（2017）指出，解决智能技术发展导致的工资以及储蓄与投资下降的影响，需要对智能机器应用征税，以抵消智能技术应用导致的产出下降，但通过征税解决此问题具有时限性，只适用于智能技术发展的初期，若智能技术发展已相对成熟，即工业机器人已大规模替代劳动力，这时对智能机器征税则收效甚微。另一方面，从生产率角度来看，工业机器人应用可能会引发"生产率悖论"。"生产率悖论"是指包含人工智能技术在内的新兴技术的大规模研发使用，并未带来生产率的大幅增长，相反，生产率却陷入相对停滞的状态，即智能技术的投资速度大于生产率的提升速度，（Solow，1987；Brynjolfsson，1993；刘涛雄和刘骏，2018；蔡跃洲和陈楠，2019）。Aghion 等（2017）研究发现智能化技术对经济运行存在两个方面的影响：一是通过提高生产率引致技术变革，促进经济增长；二是上升的劳动力成本对于非自动化部门而言，降低其单位生产率和资本回报率，对整个经济体系产生不利影响。Brynjolfsson（2017）研究发现，对智能化发展的错误预期、智能技术应用导致的收入分配差距拉大以及智能技术对非智能化产业的不利影响，是美国生产率增长停滞不前的主要原因。Gordon（2018）将人工智能技术快速发展与要素生产率增速停滞同时产生的原因，归结为智能技术实现质的突破较为缓慢且短期内智能化技术的应用成本仍然较高。Remes 等（2018）认为智能化技术应用具有时滞，其对经济增长的促进作用在短期内较难释放出来。

综上可知，工业机器人应用与生产率和经济增长的关系尚未确定，工业机器人应用对经济增长的净影响并不明确。部分学者认为工业机器人应用能够通过提高生产效率进而促进经济增长（Aghion 等，2017；Acemoglu 等，2020；杨光和侯钰，2020；DeCanio，2016；林晨等，2020）。但也有部分学者认为智能化技术应用使得资本价格与劳动力工资之间形成竞争，在就业结构失衡的同时会导致国民储蓄和投资额下降，进而对经济产出产生负向影响（Gasteiger 和 Prettner，2017；黄旭和董志强，2019；Guerreiro 等，2017；Gries 和 Naude，2020）。同时，部分学者从"生产率悖论"视角解释工业机器人应用的同时生产率相对停滞的原因，进一步阐释工业机器人应用对生产率并未起到提升作用（Aghion 等，2017；Brynjolfsson，2017；Gordon，2018）。

(2) 工业机器人应用与产业结构

产业结构转型升级是打通国内大循环，实现经济又好又快发展的核心力量。工业机器人应用在对海量数据运算提升自身智能技术的同时，替代掉部分劳动力，提高生产效率，促进产值增加。同时，智能化技术的发展创造出大量高端服务业和新兴技术产业；伴随新兴产业产出的增加，产业结构随之升级优化。然而，并不是所有企业都能够运用智能化技术进行智能化改造的，从而部分非智能化企业中的大量高技能劳动力在智能化进程中逐步流入智能化企业，导致智能化企业形成人才集聚得以快速发展，非智能化企业则面临人才短缺问题，阻碍产业结构优化升级。现有文献关于工业机器人应用对产业结构转型升级的影响主要分为以下两类：工业机器人应用有利于产业结构转型升级和工业机器人应用对产业结构转型升级的影响尚不明确。以下分别阐述这两类文献的观点。

部分学者认为，工业智能技术对部分劳动力的替代，大大提高生产效率，增强产业产出水平从而倒逼产业结构转型升级。Kim 和 Park（2009）研究信息化技术对产业结构升级的影响，发现信息化技术推广的技术溢出效应使产业间关联更为紧密，从而有利于产业结构转型升级。Autor 和 Dorn（2013）对比智能化技术在不同产业间的差异化影响，认为智能化技术对劳动力的替代作用更多发生在第二产业的制造业中，智能化技术发展使制造业中释放出的劳动力大量流入第三产业服务业中，进而促进产业结构转型升级。胡俊和杜传忠（2020）研究发现人工智能技术的技术溢出属性，使人工智能技术发展的同时，其他种类技术也在不断研发创新，各个产业的技术创新与应用推动产业结构优化升级。陈秀英和刘胜（2020）运用世界银行数据库以及 IFR 中数据，实证检验发现制造业的智能化转型有利于整个产业结构的转型升级，且税负越低、要素成本越低、城镇化水平越高，制造业的智能化转型升级对整个产业结构转型升级的促进作用越显著。韦东明（2021）将产业结构升级进一步细分为产业结构合理化和产业结构高级化两个指标来探讨工业机器人应用对产业结构升级的影响，实证研究发现工业机器人应用通过提升要素生产率和创造新兴就业岗位进一步促进产业结构合理化和高级化。李越（2021）以政治经济学的思维视角，研究发现智能化技术应用通过促进生产效率提升和打通生产关系中的沟通障碍两条途径，对产业结构转型升级产生积极影响。杜文强（2021）运用中国城市层面数据研究工业机器人应用对产业结构升级的作用，发现工业机器人应用能够增大服务业劳动力需求、创造新兴服务业劳动岗位，进而促进产业结构高级化升级。

另一部分学者认为，工业智能化对生产率的影响存在"生产率悖论"。智能化技术可能使不同产业间生产要素配置效率降低，对整个产业体系转型升级的影响并不确定，从而无法断定工业机器人应用与产业结构升级之间的关系。张万里等（2021）运用省级面板数据实证检验智能化改造对产业结构升级的影响，发现产业智能化能够促进产业结构高级化升级，但不利于产业结构合理化升级，且产业智能化对产业结构高级化的影响存在技能劳动占比、性别、区位的异质性。康茜和林光华（2021）在探讨工业机器人应用影响劳动力就业的产业结构转型机制时，研究发现工业机器人显著促进产业合理化转型升级，但同时对产业结构高级化转型升级产生负向影响。耿子恒等（2021）以农业、制造业和服务业为研究对象，发现人工智能技术应用抑制了农业、制造业、服务业的产业结构高级化升级，对其产业结构合理化并没有产生显著影响。郭凯明（2019）基于一般均衡模型，运用数值模拟方法探讨人工智能技术对产业结构的影响，发现人工智能技术应用是否促进产业结构升级取决于制造业和服务业实现智能化改造程度的相对大小。如果服务业智能化改造程度高于制造业，则会促进产业结构升级；反之，则反是。

（3）工业机器人应用与收入分配

工业机器人影响收入分配主要通过三个方面：第一，工业机器人应用会非对称地影响不同技能劳动力的劳动生产率，进而影响收入分配。人工智能技术具有技能偏向型特征，相对于非技能劳动力，人工智能技术更多地提升技能劳动生产率，使技能劳动力相比非技能劳动力工资上涨幅度更大，从而改变收入分配结构（董直庆等，2014；胡晟明等，2021a）。同时，工业机器人应用会影响全要素生产率进而改变要素收入分配。Brynjolfsson等（2017）发现自自动化技术大规模应用以来，美国劳动力市场在生产率提高的同时，劳动工资下降，因而整个国民经济的福利分配应进行相应的调整。Grossman等（2017）构建一般均衡模型探讨智能技术对收入分配的影响，在假设人力资本与智能技术的互补程度大于人力资本与一般劳动力的互补程度下，模型模拟结果显示劳动生产率的提升与国民收入增长一致，即生产率提升的放缓使得要素收入分配从劳动力转向资本。第二，工业机器人应用会改变技能劳动力需求结构。Prettner和Strulik（2017）设置包含高技能与低技能劳动力的研发增长模型，探讨自动化技术对收入分配的影响，发现自动化技术的提升加剧了劳动收入分配不平等。Lankisch 等（2019）基于包含自动化技术的内生经济增长模型，分析发现低技能劳动力比高技能劳动力更容易被自动化技术所替代，造成劳动收入分配不平等加剧。Hémous 和 Olsen（2022）模型演绎自动化技术对不同技能劳动力收入分配的影响，发现自动化技术替代低技能劳动力岗位，同时新增加高技能劳动力岗位，进而改变不同技能劳动力之间的收入分配。第三，工业机器人改变产业或部门间的市场占有份额，率先进行工业智能化技术改革或工业智能化技术改革程度更大的产业或部门会占有更大的市场份额，进而引致产业或部门间收入分配的改变。Eden 和 Gaggl（2018）认为自动化技术发展在提高总产出的同时，对国民收入分配产生负面作用，但自动化技术对不同行业劳动收入份额的作用程度有差异，主要降低制造业的劳动收入份额，即劳动收入在不同行业间的分配有所改变。王林辉等（2020）基于拓展后的任务模型，数理演绎人工智能技术对高技能与低技能部门劳动力收入分配的影响并对收入分配效应进行分解，发现人工智能技术应用拉大了高技能与低技能部门间劳动力收入分配的差距。

2.2　劳动力就业稳定性的研究综述

2.2.1　劳动力就业稳定性的概念界定与测度研究

（1）劳动力就业稳定性的概念界定

国际上未对劳动力就业稳定性给出明确定义，纵观已有文献，就业稳定性通常与就业质量、正规就业、签订标准劳动合同等概念混用。总的来说，就业稳定性更多强调就业特征的"安全性"，不仅包括收入安全、环境安全，即合理且持续的工资以及人身安全不受伤害的环境，还包括工作安全，即合理、规范且具有法律效力的劳动合同的签订（Olsthoorn，2014）。Faber（1997）采用临时解雇的比例来测度就业不稳定性。Boisjoly et al（1998）运用停工的数量来衡量整个社会的就业不稳定性程度。Davoine 和 Erhel（2008）认为，就业稳定性主要用就业时长和离职率两项指标测度。Sehnbruch（2004）基于任期时长衡量就业稳定性，将任期时长划分为小于 3 年、3—5 年、大于 5 年三种类型，只有大于 5 年的任期才能被认定为稳定就业。

我国研究者也并未对就业稳定性的概念予以统一界定。翁杰（2008a）采用劳动者工作时长和工作转换频率来衡量就业稳定性。罗楚亮（2008）将稳定就业者定义为固定职工或与雇佣单位签订长期劳动合同的职工。邵敏和武鹏（2019）认为就业稳定性用于反映劳动者就业质量，即劳动者与所处就业岗位的匹配程度。匹配程度较高意味着劳动者和雇佣单位均愿意继续保持当前的劳动合同状态，即为就业稳定。张艳华和沈琴琴（2013）基于工作转换次数、工作任期、是否签订劳动合同三个维度来衡量就业稳定性指标。

综合来看，国内外研究未对就业稳定性给出相对统一的明确定义。就业稳定性既可表明整个经济体就业状态的变化，也可表明个体劳动力就业状态的改变。从逻辑上讲，微观劳动力个体就业状态的加总就是整个经济体就业状态的变化，两者相辅相成。

（2）劳动力就业稳定性的测度研究

①宏观层面的就业稳定性测量。国外研究者对就业稳定性研究的重视程度颇高，不亚于对失业的关注度。对就业稳定性的探讨起源于 Faber（1997）和 Boisjoly 等（1998），他们分别运用临时解雇的员工比例和非就业状态劳动者数量表征劳动力就业稳定性水平。欧美国家的学者多进行劳动者就业稳定性变化趋势的测度研究：Polsky（1999）分析得出美国劳动力就业稳定性呈现逐年下降趋势。Neumark（2000）和 Faber（2006、2007）等研究者再次验证了美国就业稳定性逐渐下降的变化趋势。英国学者也进行了关于就业稳定性变化趋势的测度：Burgess 和 Rees（1998）测度英国就业稳定性变化趋势，发现英国的就业稳定性逐年下降。Marcotte（1999）、Wadsworth 和 Gregg（2010）同样发现英国就业稳定性的逐步下降的趋势，再次证实了 Burgess 和 Rees（1998）的结论。Givord 和 Maurin（2004）对法国的劳动力就业稳定性进行研究，相较于 20 世纪 80 年代，90 年代的劳动者非自愿离职率大幅下降，在控制相关宏观变量的情况下，可以得出法国劳动力就业稳定性呈显著下降趋势。Bergemann 和 Mertens（2004）以 20 世纪 80—90 年代的德国劳动力市场为研究对象，发现 16—56 岁的男性劳动者就业稳定性不断下降。

与欧美国家的雇佣体系不同，由于 20 世纪 80 年代亚洲国家的雇佣制度大部分为长期雇佣，就业稳定性水平一直较高。但一些亚洲国家在经历经济危机之后，就业稳定状态被打破，且并不能随时间变化而恢复。Kato（2001）将1987年日本经济泡沫破裂前后的劳动者就业稳定性进行对比分析，发现日本的长期雇佣体制随着经济泡沫的破裂而逐渐减少，年轻员工受到的影响相对于老员工更为显著，即年轻员工就业状态更加不稳定。Joonmo和Jaeho（2009）研究1997年金融危机对韩国就业稳定性的影响，发现劳动力就业稳定性在金融危机期间大幅下降，且并未随着时间变化而恢复至危机之前的水平。

国内研究者也对宏观层面就业稳定性的测度进行了大量研究。张琦（1993）运用劳动参与量的占比来衡量宏观层面就业稳定性，并采用四个具体指标来刻画劳动力就业稳定性：第一，就业变化率，即末期与基期就业率的比值；第二，就业转换率，即末期就业行业替代基期就业行业的比值；第三，就业弹性，即末期与基期就业变化量与引发就业变化变量的比值；第四，就业时间变化率，即末期与基期劳动者实际就业时间变化的比值。孔德威（2007）研究工业化国家就业稳定性的变化趋势，发现就业稳定性并不随工业化进程而改变，总体看来工业化国家劳动者就业仍然保持着长期稳定的水平。凌珑（2023）从年龄视角研究我国劳动者就业质量的变化趋势及异质性表现，发现"60后""70后"的劳动者既没赶上"50后"劳动者受益于国家工作分配，也没有赶上80后劳动者享受改革开放后的经济繁盛，处于市场经济改革时期的"70后"的就业稳定性处于较低水平。翁杰等（2008a）以发达国家为研究对象，发现发达国家非标准和灵活就业的劳动者比率大幅上升，就业稳定性呈现持续下降的趋势。

②微观层面的就业稳定性测量。国外研究者多用离职的相关概念来测度劳动力就业稳定性，将离职的概念分为广义和狭义两种。广义的离职是指，劳动者作为企业或组织员工就业身份的变化，其中包含已有员工离开，现有员工的晋升、降级和调动等情况（Price，1977）。某种意义上，广义定义的离职是员工就业流动的一种表现。而狭义的离职是指，从企业获取劳动报酬的劳动者解除与企业雇佣关系的过程，狭义的离职定义不再包含现有员工的晋升、降级和调动等情况（Mobley，1982）。

还有部分国外研究者用工作任期时长来测度就业稳定性。当工作任期时长超过某一阈值时，被认为是稳定就业者；同时，也有部分劳动者从相反维度出发，采用员工离职率来衡量就业稳定性（Diebold等，2007；Sehnbruch，2004；Davoine和Erhe，2006）。综合来看，国外文献通常以劳动者一份工作的持续时间是否在 6 个月以上来判定就业是否稳定。具体衡量时，运用劳动者目前或过去所做工作持续时间的平均值或劳动者从业以来更换职业的次数来测度就业稳定性水平。

从数据可得性来看，由于准确收集劳动者离职数据比较困难，而离职倾向可较为准确地预测离职行为，部分文献采用预测的劳动者离职倾向来衡量劳动者就业稳定性。在预测劳动者离职倾向时，多数研究者参照 Mobley（1977）设定的离职倾向测量量表，包括离职想法、可能的工作机会、更换工作成功的概率等。

国内学者也进行了微观层面劳动力就业稳定性测度的相关研究。翁杰等（2008a、2008b）运用三个维度的指标衡量劳动力就业稳定性，分别是签订雇佣劳动合同的期限、保留率和参加工作以来的工作经历次数，实证分析发现中国毕业大学生就业稳定性逐年降低。罗楚亮（2008）将劳动者划分为稳定就业者和非稳定就业者，认为固定职工或与雇佣单位签订长期合同的劳动者为稳定就业的劳动者，其余为非稳定就业的劳动者。魏下海等（2015）认为签订正规劳动合同的劳动者能够获取相对稳定的劳动报酬以及相关福利待遇和社会保障，并依据劳动合同签订时长，将雇用一年以上的劳动者定义为"长期雇佣"，将雇用半年以上不足一年的劳动者定义为"短期雇佣"，将雇用半年以下的劳动者定义为"临时雇佣"。张艳华和沈琴琴（2013）运用工作转换频率和工作任期来测度就业稳定性，研究发现相比城市劳动力，农民工的工作转换频率更高、工作任期更短，即农民工就业更不稳定。邵敏和武鹏（2019）研究出口贸易与农民工就业稳定性之间的关系，依据是否主动转换工作设定就业稳定性变量，分析发现我国出口导向的经济发展方式使农民工就业稳定性较低。

对于离职倾向的测度，国内研究者多根据 Farh 量表采用 Likert 五级尺度来评估，Farh 量表的内部一致性系数较大且重测信度较高，能够较为准确地预测劳动者离职倾向，劳动者得分越高则表明其离职倾向越高。

2.2.2 劳动力就业稳定性的影响因素研究

关于宏观层面劳动力就业稳定性影响因素的研究，Ljungqvist（2002）认为灵活就业政策使劳动力市场就业灵活性增强，进而造成劳动力就业稳定性下降。Acemoglu（2002）认为技术进步使得对不同技能劳动力的需求形成差异，导致劳动力流动，影响就业稳定性。李丹和王娟（2010）认为政府发布的灵活就业政策、产业结构转型、劳动力人口结构改变、新兴雇佣关系的出现使得劳动力就业稳定性下降。沈琴琴和张艳华（2011）从非制度因素的视角出发，研究发现产业结构升级、非正规就业劳动者数量的增加、技术革命等宏观因素的总和作用使得中国劳动力市场就业表现为灵活有余而稳定不足。

关于微观层面就业稳定性影响因素的研究较为丰富，大致可分为以下四个方面：第一，人力资本因素对就业稳定性的影响。黄乾（2009）以城市农民工为研究对象，分析劳动力就业稳定性的影响因素，发现人力资本水平是决定劳动力就业是否稳定的关键因素，提升受教育水平和接受职业培训是提高人力资本进而加强就业稳定性的有效途径。马瑞等（2011）研究发现，相比于素质教育程度较低的劳动者，素质教育程度较高的劳动者就业更加稳定，即以素质教育体现的人力资本会对就业稳定性产生较大影响。第二，个体特征对就业稳定性的影响，诸如户籍、性别、年龄、婚姻状态等都会影响就业稳定性水平（梁海艳，2019）。Knight 和 Yueh（2004）将样本划分为城市劳动力和农村劳动力，研究发现农村劳动力就业转换频率更高、工作流动性更强。严善平（2006）认为劳动力就业市场存在制度歧视，以户籍为代表的制度因素直接决定了劳动力就业在何种部门以何种方式流动。陈技伟等（2016）基于是否签订劳动合同衡量劳动力就业稳定性，研究发现相比于女性，是否签订劳动合同对男性工资收入的影响更大。曾江辉等（2015）发现新生代农民工就业任期主要受性别、年龄、婚姻状况和工资收入的影响。第三，社会资本对就业稳定性的影响。李晓峰和李珊珊（2020）认为社会资本对农民工就业稳定性产生消极影响，相比于其他方式进入就业，运用社会资本进入就业的劳动力就业稳定性较低。沈诗杰（2018）认为社会资本表现为社会关系网络的规模和质量，社会关系网络规模越大、质量越高，则劳动力就业质量越高。第四，工作基本情况对劳动力就业稳定性的影响。白南生和李靖（2008）发现农民工进城后就业转换频率较高，希望获得更高的收入是农民工转换工作的主要原因。邢春冰（2008）从成本收益角度出发，研究发现农民工发生职业流动的主要原因是对更高收入水平的需求增大。此外，工作持续时间、工作单位性质、工作安全性和是否进行职业培训也是劳动力就业稳定性的影响因素（李晓梅，2014；何筠和张嘉佳，2021）。

2.3 工业机器人应用对劳动力就业稳定性影响的研究综述

2.3.1 传统技术对劳动力就业稳定性的影响研究

诸如蒸汽机技术、电气技术、计算机技术等历次技术革命，均伴随着对劳动力就业的重大影响。在以蒸汽机技术为代表的第一次工业革命中，纺纱机技术的发明替代了纺纱工人，机器得以替代手工劳动，拉开第一次社会变革的帷幕，蒸汽机技术本质上属于劳动节约型技术，使用机器生产的单位成本小于使用劳动生产的单位成本，机器得以替代手工劳动进而提高生产效率（Acemoglu 和 Robinson，2012）。以电气技术为代表的第二次工业革命，使电力取代蒸汽机成为新的能源供给方式。随着发电机、内燃机投入生产以及电讯业的发展，人类文明进入"电气时代"。电气技术属于技能劳动节约型技术，流水线生产技术的发明使复杂任务被简化分解为多个简单任务，这些简单任务只需要技能水平较低劳动力操纵机器即可完成，从而降低对高技能劳动力的需求（Hounshell，1985）。以信息技术为代表的第三次工业革命不同于前两次革命，信息技术革命包含半导体、集成电路、电子计算机技术的发展和应用，因此信息技术进步不仅会替代掉手工和体力型劳动岗位，还会替代部分可编程的脑力劳动岗位（Autor 等，1998）。信息技术具有技能偏向性技术进步属性，即信息技术在替代非技能劳动力的同时与技能劳动力为互补关系，从而引发劳动力就业转换，降低劳动力就业稳定性（Acemoglu，1998；Krueger，1993；Acemoglu 和 Autor，2011；Kujur，2018；Susskind，2017）。

国外研究者对技能偏向性技术进步进行深入探讨。Acemoglu（2007）认为技能劳动力供给量的相对增加，进一步强化技术进步向技能劳动偏向。Krusell 等（2000）运用美国 1963—1992 年资本和劳动数据计算要素替代弹性，研究发现机器设备资本和技能劳动力之间呈现互补性，随着机器设备资本应用规模的扩大，引致对技能劳动力相对需求上升，加大劳动力就业的转换与流动。Galor 和 Moav（2002）研究发现，由于技能劳动力相对非技能劳动力，与新兴技术进步的适配性和互补性更高，使新兴技术进步对技能劳动的偏向增强。Autor（1998）认为，伴随计算机等资本品在生产中大规模应用且此类资本品与技能劳动力的适配性更高，使生产过程中对技能劳动力的相对需求增大，引发就业转换。Weiss 和 Garloff（2011）研究技能偏向性技术进步对失业和工资不平等的影响，发现技能偏向性技术进步使技能工人的生产率提高，技能工人工资上升，总收入的增加使非技能工人要求更高的工资，从而生产率增幅与工资增幅不匹配，导致劳动力失业率上升。

国内学者就我国技能偏向性技术进步进行大量研究。徐舒（2010）运用数理演绎和实证研究发现技能偏向性技术进步使技能相对非技能劳动力占比上升，对技能劳动力相对需求的增大和非技能劳动力相对需求的下降会引发就业转换。杨蕙馨和李春梅（2013）将通信设备、计算机信息传输、计算机服务与软件研究人员分类为高技能劳动力，其余为低技能劳动力，研究发现中国信息技术进步表现为技能偏向性，在替代低技能劳动力的同时，表现出与高技能劳动力较高的适配性和互补性，从而引发失业和就业转换。宁光杰和林子亮（2014）基于世界银行发布的企业调查数据，研究发现信息技术进步使得企业中高技能劳动力占比上升、低技能劳动力占比下降，并导致技能劳动力收入差距扩大。申广军（2016）基于数理模型验证"资本—技能互补"假说的正确性，即技能劳动力与资本之间的互补程度和适配程度更高，引发对技能与非技能劳动力相对需求的变化，导致劳动力发生就业转换。关爱萍和谢晶（2020）基于双层嵌套 CES 生产函数，运用非线性似不相关回归进行参数估计，发现中国技能偏向性技术进步呈现"W 形"动态演变特征，对技能劳动需求的动态变化引发就业不稳定。雷钦礼和李粤麟（2020）基于对企业行为的数理分析，发现资本的技术水平提升和应用规模的扩大引致对技能劳动力的相对需求增加，使得劳动力就业转换频率增大。

2.3.2 人工智能技术对劳动力就业稳定性的影响研究

以人工智能技术为核心的工业机器人应用具有通用目的属性，不仅对工业领域，对各个产业和部门也均产生溢出效应（Agrawal 等，2019；Berg 等，2018）。人工智能技术应用同样依托于智能机器设备等资本品，此类智能机器设备与技能劳动力的互补性和适配性更高。即人工智能技术带领的工业智能化技术改革具有技能偏向性特征（Prettner 和 Strulik，2017；Sachs 和 Kotlikoff，2012）。人工智能技术对技能劳动的偏向性更为复杂。由于工业机器人应用涉及海量数据整理、智能算法、互联网等多种技术，使得人工智能技术具有"类人脑"的能力，不仅会替代简单、体力型的常规岗位和非技能岗位劳动力，还会替代部分非常规岗位和技能岗位劳动力，诸如智能翻译、无人驾驶技术的实现（Frey 和 Osborne，2017；David，2017；Arntz 等，2017；Dengler 和 Matthes，2018；王军和常红，2021）。同时，工业机器人应用规模的扩大会催生出大量与智能技术相关的新兴产业，进而增大对与智能化技术发展相匹配的劳动力的需求（Acemoglu 和 Restrepo，2018a、2019a）。工业机器人应用在推动全产业智能化改革的同时，促进传统产业的技术升级以及劳动岗位的智能技术革新，并衍生出新兴产业，进一步带动产业结构转型升级（郭凯明，2019）。工业机器人应用的技能偏向性表现为工业智能技术与高技能劳动力的适配程度和互补程度更高；高技能相对低技能劳动力工资上涨，引发技能溢价，进而改变高技能与低技能劳动力收入分配（Bound 和 Johnson，1992；Burstein 和 Vogel，2010；Acemoglu 和 Autor，2011；Cockburn 等，2018）。

少有文献直接分析工业机器人应用对就业稳定性的作用。鉴于工业机器人是工业智能化技术的重要载体，而人工智能技术是工业智能化改革的核心技术，故本书亦将归纳人工智能技术和工业智能化技术对劳动力就业稳定性影响的相关文献。依据以人工智能技术为核心的工业机器人应用的通用目的和技能偏向性属性，从工业机器人应用影响劳动力就业稳定性的劳动岗位更替效应、产业结构升级效应、技能收入分配效应等三个角度梳理相关文献。

（1）工业机器人应用对劳动力就业稳定性影响的劳动岗位更替效应

工业机器人应用是以人工智能技术为核心的全产业智能化改造过程，人工智能包含海量数据处理、大数据算法、通用学习策略等多种技术，使得人工智能技术具有"类人脑"属性，能够替代劳动力并相对独立地完成生产任务（Bughin 等，2018；Zhou 等，2019）。然而，工业机器人应用对不同技能水平劳动力、不同常规属性岗位的替代程度有所差异（Graetz 和 Michaels，2018；Goos 等，2014；谢萌萌等，2020）。

从劳动力技能水平来看，以人工智能技术为核心的工业机器人应用会挤占低技能劳动力岗位，低技能劳动力被智能化所替代的风险更大，引发就业稳定性变动。Acemoglu 和 Restrepo（2018c）构建包含低技能劳动力和高技能劳动力的任务模型，并依据自动化技术所替代的劳动力技能水平，将自动化技术划分为低技能自动化和高技能自动化，研究发现低技能自动化通过替代低技能劳动力进而降低低技能劳动力工资，拉大了劳动收入的不平等，而高技能自动化会缩小劳动收入不平等。王小霞和李磊（2020）运用工业机器人进口数据，研究发现工业机器人应用引发的替代效应和规模效应会降低低技能劳动力需求，使得技能要求较低行业更易受到智能化改革的冲击。李磊等（2021）以制造业为研究对象，发现由于制造业中高技能劳动力数量较少且多从事需要综合判断的复杂任务，故工业机器人应用对中低技能劳动力的替代效应在制造业中尤为显著。汪前元等（2022）基于空间杜宾模型研究工业智能化对技能劳动就业需求的影响，发现工业智能化对中、低技能劳动力产生替代效应，降低中、低技能劳动力就业数量。

从岗位常规属性来看，工业机器人应用存在明显的岗位可替代属性，简单、易于编程、体力型、重复性高的常规岗位更易用工业机器人替代劳动力执行，而常规岗位多由低技能劳动力执行，使得对低技能劳动力需求下降，导致失业和就业转换（Goos 和 Manning，2007；Autor 和 Handel，2013）。Frey 和 Osborne（2017）通过高斯回归算法计算得出美国 702 种职业被自动化技术替代的风险，发现易于编码且重复性高的常规职业更容易被自动化技术所替代。David（2017）基于日本职业数据、王林辉等（2022）基于中国职业数据均得出一致结论。余玲铮等（2021）建立包含机器人资本、建筑设备资本、常规任务工人和非常规任务工人四种要素的任务模型，推导得出工业机器人对不同工作任务的替代弹性有所不同，对易于编码和可重复的常规任务表现为替代性，对需要互动和运用高级认知能力进行判断的非常规任务表现为互补性。

以人工智能技术为核心的工业机器人应用在替代低技能和常规岗位劳动力的同时，会催生出大量新兴产业和岗位，但人工智能技术衍生出的是与智能化技术相关的新产业和岗位，而高技能劳动力与智能化技术的人机匹配度更高，进而增大对高技能劳动力的需求，引发就业转换。Bessen（2015）研究发现，自动取款机的大量使用使得美国柜员数量减少 33% 以上，但同时期，银行分支机构的数量增加 40% 以上，说明银行职员由柜员岗位转换为销售或财务管理等技能要求更高的岗位。Acemoglu 和 Restrepo（2018b）

研究发现自动化技术在替代低技能岗位劳动力的同时，催生出的新兴行业和岗位与高技能劳动力更加适配，导致劳动岗位更替从而降低劳动力就业稳定性。Dillender 和 Forsythe（2022）基于 2010—2016 年美国招聘数据探究计算机技术对白领职业劳动力就业的影响，发现计算机技术在企业中的应用降低文员等白领职业的就业数量，同时使得白领职业中高学历劳动者占比增加。

（2）工业机器人应用对劳动力就业稳定性影响的产业结构升级效应

以人工智能技术为核心的工业机器人应用不仅是对传统产业的智能化改造和革新过程，也是与智能化技术相关的新兴产业的催生和发展过程，这一过程必将引发整个经济体系的产业结构升级。产业结构升级的过程伴随着对不同技能水平劳动力需求的改变，降低劳动力就业稳定性（Varian，2018；李越，2021；郭艳冰和胡立君，2022）。王文（2020）发现工业智能化对制造业劳动力就业产生替代效应，对服务业劳动力就业产生创造效应，即工业智能化发展使得劳动力由制造业流向服务业，引发产业结构升级，导致劳动力就业转换频率增大。

工业机器人应用会推动产业结构合理化升级。智能化技术应用使要素在部门内和部门间的流动性提升，使要素能够与适配性较高的部门相匹配，进而提升要素配置效率，促进产业结构合理化升级。工业智能化技术属于技能偏向性技术进步，现有研究已证明技能偏向性技术进步能够提升要素跨部门流动效率进而促进产业结构合理化升级（王林辉和袁礼，2018；郭凯明和罗敏，2021）。刘军和陈嘉钦（2021）基于基础投入、生产应用、市场效益三个方面度量智能化应用指标，研究发现智能化发展通过提升要素配置效率和技术融合度促使产业结构合理化升级。傅元海等（2014）采用两步稳健系统 GMM 方法，研究发现技术进步促进制造业产业结构合理化升级。

工业机器人应用还会推动产业结构高级化升级。相对于第三产业，第一和第二产业所包含岗位的常规程度较高、对劳动力技能水平要求较低，使第一和第二产业更容易受到智能化技术冲击，而第三产业与智能技术呈现互补性且智能化改革催生的新兴行业多为第三产业，因此工业机器人应用会促使产业结构高级化升级。康茜和林光华（2021）运用 2000—2017 年省级面板数据，研究发现产业结构高级化升级是工业机器人应用影响劳动力就业的中介机制。刘军和陈嘉钦（2021）基于 2010—2016 年省级面板数据，实证分析发现智能化技术应用通过催生新业态和提升人力资本促进产业结构高级化升级。杜文强（2022）基于2006—2016年地级市面板数据，运用工业机器人安装及存量密度表征工业机器人应用指标，发现工业机器人应用有利于产业结构高级化升级。韦东明等（2021）运用2006—2018年省级面板数据，研究发现人工智能技术推动产业结构朝合理化和高级化转型升级。

（3）工业机器人应用对劳动力就业稳定性影响的技能收入分配效应

人工智能技术引领的工业机器人应用，是以信息技术发展为基础的，同样属于技能偏向性技术进步，即工业机器人应用表现出与高技能劳动力互补的同时替代低技能劳动力，使得高技能相对低技能劳动力工资上涨，引发技能溢价，改变技能劳动收入分配（Acemoglu，1998；Mincer，1991；Acemoglu和Autor，2011；余玲铮等，2019）。

Acemoglu（1998）认为，技能偏向性技术进步虽然在初期会降低技能溢价，但从长期看，伴随技能偏向性技术发展会导致技能溢价增大，改变技能劳动收入分配。美国的经济实际也证实这一研究结果的正确性。Hémous和Olsen（2022）构建包含自动化技术的创新模型，数值模拟发现自动化技术会更多地替代低技能劳动力，导致低技能相对高技能劳动力工资下降，降低低技能劳动力收入份额，使得低技能劳动力被迫进行就业转换。Graetz和Michaels（2018）运用跨国数据研究人工智能发展对劳动收入分配的影响，发现资本与劳动间的替代弹性决定了人工智能技术对劳动收入分配的作用方向。郭凯明（2019）数理演绎证实人工智能发展促使部门间生产要素的流动性增强，进而改变劳动收入分配状况。Lankisch等（2019）构建包含低技能劳动力、高技能劳动力、传统机器设备资本、自动化技术资本四类要素的索洛增长模型，假定自动化技术能够对低技能劳动力完全替代但不能对高技能劳动力完全替代，研究发现自动化技术资本规模增大会降低低技能劳动力工资水平以及低技能劳动收入份额，促使低技能劳动力发生职业转换。肖土盛等（2022）基于2011—2019年A股上市公司数据，研究发现企业数字化转型伴随的技术进步，引发对高技能劳动需求增加并挤出低技能劳动力，提高高技能相对低技能劳动收入份额。Xie（2021）运用2011—2017年中国制造业企业数据，研究发现人工智能技术在替代低技能劳动力的同时表现出对高技能劳动力较强的适配性和互补性，且这一结论在中国所有区域均成立，导致技能劳动收入分配改变。

2.4 文献述评

首先,本书在界定工业机器人应用概念的基础上,归纳整理工业机器人应用的测算方法,从生产效率和经济增长、产业结构、收入分配三个方面梳理工业机器人应用的经济和社会效益;其次,从宏观和微观两个层面界定劳动力就业稳定性概念,总结已有文献对劳动力就业稳定性的测度方法,分类整理劳动力就业稳定性的影响因素;最后,分别总结传统技术和人工智能技术对劳动力就业稳定性的影响研究,其中人工智能技术对劳动力就业稳定性的影响分别从劳动岗位更替效应、产业结构升级效应和技能收入分配效应三个方面梳理。通过文献梳理发现现有研究存在如下不足之处。

第一,现有文献更多关注工业机器人应用对劳动力就业数量的影响,而忽视工业机器人应用对就业质量的改变,特别是缺少从微观个体视角研究就业稳定性变化的经验证据。以人工智能技术为核心的工业机器人应用包含海量数据整理、大数据计算、互联网等多种新兴技术运用,使人工智能技术具备"类人脑"属性,不仅能够替代简单、重复性强、易于编程的常规任务,也能够替代部分需要运用较高技能综合分析判断的复杂任务。因此,有必要探讨在工业智能化改革冲击下,工业机器人应用对不同技能水平劳动力和从事不同常规属性岗位劳动力的就业稳定性有何影响,但前沿文献缺乏从微观个体层面对这一问题的探讨。

第二,现有关于工业机器人应用对劳动力就业稳定性作用机制的研究尚不明晰。大量文献从宏观层面研究智能化技术应用对国民总就业水平的影响及其作用机制,并未站在劳动者视角探讨智能技术应用影响个体劳动力就业稳定性的作用机制。就业稳定性可从宏观和微观两个层面进行概念界定,宏观就业稳定是指国民经济整体的就业水平变动,是从国家或地区层面衡量的,而微观层面就业稳定性是指个体劳动者就业状态的改变,可从劳动合同签订时长、目前或最近一份工作持续时间、自工作以来的工作转换频率等角度衡量。尽管现有研究已分析工业机器人应用影响宏观层面就业稳定性的替代效应、生产率效应和岗位创造效应,但从个体劳动力视角研究工业机器人应用对微观层面劳动力就业稳定性作用的结论尚不明晰,缺乏对劳动岗位更替机制、产业结构升级机制、技能收入分配机制的进一步分析。

第三,现有工业机器人应用影响劳动力就业稳定性的研究内容尚需细化。前沿文献普遍缺乏从劳动力个体特征、从事职业特征和所处城市特征等多个角度,分类探讨工业机器人应用对劳动力就业稳定性的差异化作用。已有文献多站在城市或企业等单一维度分析智能化技术应用对劳动力就业稳定性的异质性影响,缺乏工业机器人应用对不同技能水平、认知能力、非认知能力、家庭经济状况、家庭教育背景的影响差异性的探讨,忽视考察处于不同类型、环境、安全性、场所、自主决定程度职业的劳动力受到智能化技术冲击的差异,较少分析工业机器人应用对处于不同区位、财政教育支出水平、劳动力保护程度、知识产权保护程度、市场化水平城市劳动力就业稳定性的影响差异。

第 3 章

中国工业机器人应用对劳动力就业稳定性影响的理论分析

本章以 Acemoglu 和 Restrepo（2018c）提出的任务模型为基础，进一步从劳动力技能角度将劳动力分为低技能劳动力和高技能劳动力，从岗位属性角度将工作岗位划分为常规岗位和非常规岗位，纳入工业机器人应用的智能化技术扩张和新岗位创造两种技术形态，构建包含中间产品部门和最终产品部门的一般均衡模型。在此基础上，阐明市场出清条件，并分析低技能劳动力与高技能劳动力、常规岗位与非常规岗位劳动者就业稳定性的变化，进一步剖析工业机器人应用的劳动岗位更替、产业结构升级、技能收入分配三个中介机制。本书模型的创新之处在于：第一，根据劳动力技能水平引入低技能劳动力与高技能劳动力，根据岗位常规程度引入常规岗位与非常规岗位，使本书能够更为细致地探讨工业机器人应用对不同技能水平劳动力、不同常规程度岗位劳动力就业稳定性的差异化影响。第二，不同于以往文献将工业机器人应用的形式设定为智能化技术扩张或新岗位创造等单一的技术形态，本书将智能化技术扩张和新岗位创造的工业机器人应用特征同时纳入模型中，能够更为全面地分析工业机器人应用的不同技术形态对劳动力就业稳定性的作用。

3.1 工业机器人应用对劳动力就业稳定性影响的理论模型设定

本节建立工业机器人应用对劳动力就业稳定性影响的模型基本框架，模型包括智能机器、低技能劳动力和高技能劳动力三种要素,工业机器人应用的表现形式为智能化技术扩张和新岗位创造。将劳动力分为低技能劳动力与高技能劳动力两种类型,将岗位分为常规岗位与非常规岗位两种类型,劳动力就业稳定性主要表现为低技能劳动力与高技能劳动力就业稳定性、常规岗位与非常规岗位劳动力就业稳定性。

3.1.1 最终产品部门的设定

假设封闭经济体中包含 j 个产业,代表性最终产品由 j 个产业生产,最终品生产函数设定为 CES 生产函数:

$$Y = \Big(\sum_{j \in \{v,p\}} Y_j^{\frac{\delta-1}{\delta}} \Big)^{\frac{\delta}{\delta-1}} \tag{3.1}$$

其中,j 代表产业;j 个产业生产 j 种中间品;v,p 为任意两个不同产业;Y 为最终品产出;Y_j 为中间品投入,不失一般性的条件下,将最终产品价格标准化为 1。参数 δ 是任意两个产业 v,p 生产产品之间的替代弹性,当 $\delta \in (1, +\infty)$ 时表示产业 v,p 生产产品之间为替代关系;当 $\delta \in (0, 1)$ 时表示产业 v,p 生产产品之间为互补关系。

3.1.2 中间产品部门的设定

借鉴 Acemoglu 和 Restrepo(2018c)的设定方法,将产业 j 的产品生产过程看作由一系列工作岗位 a 组成。产业 j 由一系列岗位 a 生产中间品的生产函数为 CES 生产函数,将岗位 a 的分布范围设定为 $[I_{jn}-1, I_{jn}]$,这一设定意味着岗位总数固定不变,以体现岗位更替,每一单位新岗位出现就有一单位旧岗位的消失,同样标准化为 1。因此,产业 j 的生产函数设定为:

$$Y_j = \Big(\int_{I_{jn}-1}^{I_{jn}} y_j(a)^{\frac{\varepsilon-1}{\varepsilon}} da \Big)^{\frac{\varepsilon}{\varepsilon-1}}, j \in \{v,p\} \tag{3.2}$$

其中,Y_j 为产业 j 的产出,对应的价格为 p_j;a 为岗位,是分布在 $[I_{jn}-1, I_{jn}]$ 区间上的连续岗位;$y_j(a)$ 表示岗位 a 的产出。参数 ε 为任意两个岗位间的产品替代弹性,当 $\varepsilon \in (1, +\infty)$ 时表示两个岗位生产产品之间为替代关系;当 $\varepsilon \in (0, 1)$ 时表示两个岗位生产产品之间为互补关系。

不同的岗位可以选择使用智能机器或技能劳动力生产中间品,至于哪些岗位的生产需要由智能机器完成,哪些岗位的生产需要由技能劳动力完成,具体又是需要低技能和高技能哪种劳动力完成,则需要根据以下几个原则进行假定:

第一,遵循智能化技术可行性原则。智能化技术作为机器人应用的核心技术,并非能够替代所有岗位的劳动力,重复性高、易于编程、常规性强的岗位的劳动力更容易被智能机器所替代。本书设定产业 j 的所有岗位 a 分布在区间 $[I_{jn}-1,\ I_{jn}]$ 上,且假定随着 a 的增大,岗位的常规程度越低、非常规程度越高,即 a 越大表示该岗位越不容易被智能化技术所替代,可知一定存在某一临界点 $I_{je}\in(I_{jn}-1,\ I_{jn})$,使 $[I_{jn}-1,\ I_{je}]$ 之间的岗位生产是由智能设备所执行的,此部分岗位称之为"可智能化岗位",$(I_{je},\ I_{jn})$ 之间的岗位生产是由技能劳动力所执行的,此部分岗位称之为"不可智能化岗位"。分界点 I_{je} 可称之为"可智能化岗位"与"不可智能化岗位"的分界点。

第二,遵循低技能与高技能劳动力差别化原则,即低技能劳动力与高技能劳动力在可执行岗位上是有差别的。这意味着产业 j 的部分岗位只能由低技能劳动力执行,若使用高技能劳动力会增大成本;部分岗位只能由高技能劳动力执行,而低技能劳动力由于技能水平较低无法执行此部分岗位;还有部分岗位需要由低技能劳动力和高技能劳动力共同执行,此时低技能劳动力与高技能劳动力为互补关系。由上述分析可知,"不可智能化岗位"区间为 $(I_{je},\ I_{jn}]$,那么存在某一临界点 $I_{jT}\in(I_{je},\ I_{jn})$,使得 $(I_{je},\ I_{jT})$ 之间的岗位生产是由低技能劳动力执行的,$[I_{jT},\ I_{jn}]$ 之间的岗位生产是由高技能劳动力执行的。分界点 I_{jT} 可称之为"低技能劳动力执行岗位"与"高技能劳动力执行岗位"的分界点。

第三,遵循常规岗位与非常规岗位劳动力需求差别化原则,即常规岗位和非常规岗位对技能劳动力的需求是有差别的。常规岗位是重复性较强、易于编程的简单工作岗位,通常由低技能劳动力单独执行,高技能劳动力在无法找到适配岗位时也可单独执行常规任务工作岗位;非常规岗位是重复性较低、难以编程、需要综合分析判断的复杂工作岗位,通常由高技能劳动力单独完成或者由高技能与低技能劳动力互补完成,低技能劳动力无法单独执行非常规工作岗位。由上述分析可知,"不可智能化岗位"区间为 $(I_{je},\ I_{jn})$,那么存在某一临界点 $I_{jQ}\in(I_{je},\ I_{jn})$,使得 $[I_{je},\ I_{jQ})$ 之间的岗位属于常规岗位，$[I_{jQ}, I_{jn}]$ 之间的岗位属于非常规岗位。分界点 I_{jQ} 可称之为"常规岗位"与"非常规岗位"的分界点。

根据 Acemoglu 和 Restrepo（2018c）关于区间端点的设定，本书在区间端点归属问题上进行如下假定：当使用资本和劳动力无差异时，生产者优先选用资本；当雇佣高技能劳动力与低技能劳动力无差异时，优先选用高技能劳动力。

同时，根据 Aghion 等（2017）、Trajtenberg（2018）、郭凯明（2019）对智能化技术的探讨可知，智能化技术发展具有智能化技术扩张和新岗位创造两种表现形态。智能化技术扩张体现为，随着智能技术的深入研发和大范围应用，智能设备可执行的岗位范围增大，即本书模型中的 I_{je} 的增大。新岗位创造体现为，智能化技术发展会带动智能产业和相关产业创造和衍生出新兴岗位，这些岗位通常是需要较高技能劳动力执行的非常规岗位，即本书模型中 I_{jn} 的增大。

临界点设置如图 3-1 所示：

（1）I_{je}：智能设备最高能完成的岗位临界点，$I_{je} \in (I_{jn}-1, I_{jn})$，$I_{je}$ 的增大即为智能化技术扩张的体现。

（2）I_{jT}：低技能劳动力最高能完成的岗位临界点，即低技能拉动力与高技能劳动力的阈值，$I_{jT} \in (I_{je}, I_{jn})$。

（3）I_{jQ}：常规任务与非常规任务的阈值，$I_{jQ} \in (I_{je}, I_{jn})$。

（4）I_{jn}：岗位数量，I_{jn} 的增大即为新岗位创造的体现。

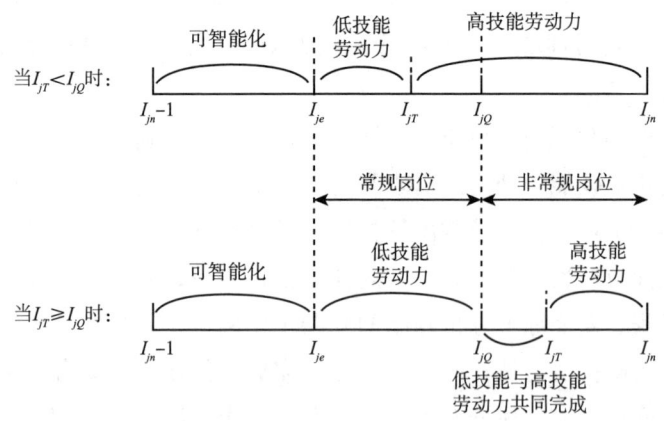

图 3-1 临界点设置

在 $I_{jT} \geq I_{jQ}$ 的情况下,部分低技能劳动力可与高技能劳动力共同完成部分非常规任务,此时低技能劳动力与高技能劳动力进行合作匹配,两者为互补关系。

综合以上分析,产业 j 在岗位 a 上的生产函数可用以下分段函数表示为:

$$y_j(a) = \begin{cases} \gamma_{jm} \cdot m_j(a) & \text{若 } a \in [I_{jn}-1, I_{je}] \\ \gamma_{jl} \cdot l_j(a) & \text{若 } a \in (I_{je}, min\{I_{jQ}, I_{jT}\}) \\ (\gamma_{jl} \cdot l_j(a))^\alpha \cdot (\gamma_{jh} \cdot h_j(a))^{1-\alpha} & \text{若 } a \in [min\{I_{jQ}, I_{jT}\}, I_{jT}] \\ \gamma_{jh} \cdot h_j(a) & \text{若 } a \in [I_{jT}, I_{jn}] \end{cases} \quad (3.3)$$

在 $I_{jT} \geq I_{jQ}$ 时,产业 j 在岗位 a 上的生产函数可以改写为:

$$y_j(a) = \begin{cases} \gamma_{jm} \cdot m_j(a) & \text{若 } a \in [I_{jn}-1, I_{je}] \\ \gamma_{jl} \cdot l_j^Q(a) & \text{若 } a \in (I_{je}, I_{jQ}) \\ (\gamma_{jl} \cdot l_j^T(a))^\alpha \cdot (\gamma_{jh} \cdot h_j^T(a))^{1-\alpha} & \text{若 } a \in [I_{jQ}, I_{jT}] \\ \gamma_{jh} \cdot h_j^n(a) & \text{若 } a \in [I_{jT}, I_{jn}] \end{cases} \quad (3.4)$$

在 $I_{jT} < I_{jQ}$ 时,产业 j 在岗位 a 上的生产函数可以改写为:

$$y_j(a) = \begin{cases} \gamma_{jm} \cdot m_j(a) & \text{若 } a \in [I_{jn}-1, I_{je}] \\ \gamma_{jl} \cdot l_j(a) & \text{若 } a \in (I_{je}, I_{jQ}) \\ \gamma_{jh} \cdot h_j^Q(a) & \text{若 } a \in [I_{jQ}, I_{jT}] \\ \gamma_{jh} \cdot h_j^n(a) & \text{若 } a \in [I_{jT}, I_{jn}] \end{cases} \quad (3.5)$$

其中,$y_j(a)$ 为产业 j 内岗位 a 的产出;γ_{jm} 为机器设备的生产率;γ_{jl} 为低技能劳动力生产率;γ_{jh} 为高技能劳动力生产率;$m_j(a)$ 为岗位 a 的机器设备投入;$l_j(a)$ 为岗位 a 的低技能劳动力投入;$h_j(a)$ 岗位 a 的高技能劳动力投入。参数 α 是在 $[I_{jQ}, I_{jT})$ 区间内高技能与低技能劳动力之间的替代弹性,由于此部分岗位需要由低技能和高技能劳动力通过合作匹配共同完成,即生产函数为 C-D 函数形式,故此处设定 $\alpha < 1$,更加贴近现实情形。式(3.5)中的第三段 $a \in [I_{jQ}, I_{jT})$ 和第四段函数 $a \in [I_{jT}, I_{jn}]$ 可以合为一段,此处分开写是为后续计算做铺垫。

3.2 工业机器人应用对劳动力就业稳定性影响的理论模型均衡求解

3.2.1 市场出清条件

假定岗位生产品的价格为 $p_j(a)$，产业 j 中的市场出清条件如下：

$$M_j = \int_{I_{jn-1}}^{I_{je}} m_j(a) da \tag{3.6}$$

$$L_j = \int_{I_{jn-1}}^{I_{jT}} l_j(a) da \tag{3.7}$$

$$H_j = \int_{I_{jT}}^{I_{jn}} h_j(a) da \tag{3.8}$$

其中，式（3.6）至式（3.8）的左边依次为产业 j 的智能机器、低技能劳动力和高技能劳动力的供给，右边依次为产业 j 的智能机器、低技能劳动力和高技能劳动力的需求。

最终产品部门的市场出清条件为：

$$M = M_v + M_p \tag{3.9}$$

$$L = L_v + L_p \tag{3.10}$$

$$H = H_v + H_p \tag{3.11}$$

假定劳动力是价格的接受者，劳动者个体在短期内工资是固定的，不依赖于市场的供求变化。

3.2.2 劳动者就业稳定性的均衡分析

基于前述关于最终产品部门、中间产品部门的设定，结合市场出清条件，即式（3.1）至式（3.11），求解均衡状态下低技能劳动力与高技能劳动力、常规岗位与非常规岗位就业稳定性的决定方程。在此基础上，进一步探讨工业机器人应用对低技能劳动力与高技能劳动力、常规岗位与非常规岗位就业稳定性的均衡影响效应。

(1) 讨论 $I_{jT} \geqslant I_{jQ}$ 的情况

首先,最终产品生产通过选择产业 j 的最优投入从而使最终产品生产利润最大化:

$$\max_{Y_j} Y - \sum_{j \in [v,p]} Y_j p_j \tag{3.12}$$

将式 (3.1) 代入式 (3.12),结合利润最大化的一阶求导,可得最终产品产出 Y_j 的反需求函数为:

$$p_j = Y^{\frac{1}{\delta}} (Y_j)^{-\frac{1}{\delta}} \tag{3.13}$$

其次,中间产品(产业 j)通过选择岗位 a 的最优投入从而使产业 j 生产利润最大化:

$$\max_{y_j(a)} p_j y_j - \int_{I_{jn-1}}^{I_{jn}} p_j(a) y_j(a) da \tag{3.14}$$

将式 (3.2) 代入式 (3.14),结合利润最大化的一阶求导,可得产业 j 产出 $y_j(a)$ 的反需求函数为:

$$p_j(a) = p_j (Y_j)^{\frac{1}{\varepsilon}} (y_j(a))^{-\frac{1}{\varepsilon}} \tag{3.15}$$

再次,岗位 a 生产产品通过选择智能机器的最优投入从而使岗位 a 生产利润最大化:

$$\max_{m_j(a), l_j^Q(a), l_j^T(a), h_j^T(a), h_j^n(a)} p_j(a) y_j(a) - R_{jm} m_j(a) - W_{jl}(l_j^Q(a) + l_j^T(a)) -$$

$$W_{jh}(h_j^T(a) + h_j^n(a)) \tag{3.16}$$

其中,R_{jm} 为智能机器租金率,W_{jl} 为低技能劳动力的价格,W_{jh} 为高技能劳动力的价格。

结合式 (3.4) 和式 (3.16) 求得最大化解为:

①当 $a \in [I_{jn}-1, I_{je}]$ 时,岗位 a 生产利润最大化:

$$\max_{m_j(a)} p_j(a) y_j(a) - R_{jm} m_j(a)$$

求解可得:

$$p_j(a) = \frac{R_{jm}}{\gamma_{jm}} \tag{3.17}$$

②当 $a \in (I_{je}, I_{jQ}]$ 时,岗位 a 生产利润最大化:

$$\max_{l_j^Q(a)} p_j(a) y_j(a) - W_{jl} l_j^Q(a)$$

求解可得:

$$p_j(a) = \frac{W_{jl}}{\gamma_{jl}} \tag{3.18}$$

③当 $a \in [I_{jQ}, I_{jT})$ 时，岗位 a 生产利润最大化：

$$\max_{l_j^T(a), h_j^T(a)} p_j(a) y_j(a) - W_{jl} l_j^T(a) - W_{jh} h_j^T(a)$$

求解可得：

$$W_{jl} = \alpha \cdot \frac{p_j(a) y_j(a)}{l_j^T(a)} \quad W_{jh} = (1-\alpha) \cdot \frac{p_j(a) y_j(a)}{h_j^T(a)}$$

$$\frac{W_{jh} h_j^T(a)}{W_{jl} l_j^T(a)} = \frac{1-\alpha}{\alpha} \tag{3.19}$$

④当 $a \in [I_{jT}, I_{jn}]$ 时，岗位 a 生产利润最大化：

$$\max_{h_j^n(a)} p_j(a) y_j(a) - W_{jh} h_j^n(a)$$

求解可得：

$$p_j(a) = \frac{W_{jh}}{\gamma_{jh}} \tag{3.20}$$

运用式（3.4）替换 $y_j(a)$，运用式（3.15）替换 $p_j(a)$，基于式（3.17）至式（3.20），化简可得各要素的需求函数为：

①当 $a \in [I_{jn}-1, I_{je}]$ 时：

$$m_j(a) = Y_j (p_j)^\varepsilon (R_{jm})^{-\varepsilon} (\gamma_{jm})^{\varepsilon-1} \tag{3.21}$$

②当 $a \in (I_{je}, I_{jQ}]$ 时：

$$l_j^Q(a) = Y_j (p_j)^\varepsilon (W_{jl})^{-\varepsilon} (\gamma_{jl})^{\varepsilon-1} \tag{3.22}$$

③当 $a \in [I_{jT}, I_{jn}]$ 时：

$$l_j^T(a) = Y_j (p_j)^\varepsilon \left(\frac{W_{jl}}{\alpha \gamma_{jl}}\right)^{-\varepsilon} \left(\frac{1-\alpha}{\alpha} \cdot \frac{W_{jl} \gamma_{jh}}{W_{jh} \gamma_{jl}}\right)^{(1-\alpha)(\varepsilon-1)} (\gamma_{jl})^{-1} \tag{3.23}$$

$$h_j^T(a) = Y_j (p_j)^\varepsilon \left[\frac{W_{jh}}{(1-\alpha) \gamma_{jh}}\right]^{-\varepsilon} \left(\frac{\alpha}{1-\alpha} \cdot \frac{W_{jh} \gamma_{jl}}{W_{jl} \gamma_{jh}}\right)^{\alpha(\varepsilon-1)} (\gamma_{jh})^{-1} \tag{3.24}$$

④当 $a \in [I_{jT}, I_{jn}]$ 时：

$$h_j^n(a) = Y_j (p_j)^\varepsilon (W_{jh})^{-\varepsilon} (\gamma_{jh})^{\varepsilon-1} \tag{3.25}$$

将式（3.21）至式（3.25）分别代入市场出清条件式（3.6）至式（3.8），化简可得中间产品（产业 j）的均衡要素为：

$$M_j = Y_j (p_j)^\varepsilon (R_{jm})^{-\varepsilon} \int_{I_{jn}-1}^{I_{je}} (\gamma_{jm})^{\varepsilon-1} da \tag{3.26}$$

$$L_j = L_j^Q + L_j^T = (I_{jQ} - I_{je}) Y_j (p_j)^\varepsilon (W_{jl})^{-\varepsilon} (\gamma_{jl})^{\varepsilon-1} +$$
$$(I_{jT} - I_{jQ}) Y_j (p_j)^\varepsilon \left(\frac{W_{jl}}{\alpha \gamma_{jl}}\right)^{-\varepsilon} \left(\frac{1-\alpha}{\alpha} \cdot \frac{W_{jl} \gamma_{jh}}{W_{jh} \gamma_{jl}}\right)^{(1-\alpha)(\varepsilon-1)} (\gamma_{jl})^{-1} \quad (3.27)$$

$$H_j = H_j^T + H_j^n = (I_{jT} - I_{jQ}) Y_j (p_j)^\varepsilon \left[\frac{W_{jh}}{(1-\alpha)\gamma_{jh}}\right]^{-\varepsilon} \left(\frac{\alpha}{1-\alpha} \cdot \frac{W_{jh} \gamma_{jl}}{W_{jl} \gamma_{jh}}\right)^{\alpha(\varepsilon-1)}$$
$$(\gamma_{jh})^{-1} + (I_{jn} - I_{jT}) Y_j (p_j)^\varepsilon (W_{jh})^{-\varepsilon} (\gamma_{jh})^{\varepsilon-1} \quad (3.28)$$

将式（3.13）分别代入式（3.26）至式（3.28），重新整理 M_j、L_j、H_j 的表达式可得：

$$M_j = (I_{je} - I_{jn} + 1) Y^{\frac{\varepsilon}{\delta}} (Y_j)^{\frac{\delta-\varepsilon}{\delta}} (R_{jm})^{-\varepsilon} (\gamma_{jm})^{\varepsilon-1} \quad (3.26 - A)$$

$$L_j = L_j^Q + L_j^T = (I_{jQ} - I_{je}) Y^{\frac{\varepsilon}{\delta}} (Y_j)^{\frac{\delta-\varepsilon}{\delta}} (W_{jl})^{-\varepsilon} (\gamma_{jl})^{\varepsilon-1} +$$
$$(I_{jT} - I_{jQ}) Y^{\frac{\varepsilon}{\delta}} (Y_j)^{\frac{\delta-\varepsilon}{\delta}} \left(\frac{W_{jl}}{\alpha \gamma_{jl}}\right)^{-\varepsilon} \left(\frac{1-\alpha}{\alpha} \cdot \frac{W_{jl} \gamma_{jh}}{W_{jh} \gamma_{jl}}\right)^{(1-\alpha)(\varepsilon-1)} (\gamma_{jl})^{-1}$$
$$(3.27 - A)$$

$$H_j = H_j^T + H_j^n = (I_{jT} - I_{jQ}) Y^{\frac{\varepsilon}{\delta}} (Y_j)^{\frac{\delta-\varepsilon}{\delta}} \left[\frac{W_{jh}}{(1-\alpha)\gamma_{jh}}\right]^{-\varepsilon} \left(\frac{\alpha}{1-\alpha} \cdot \frac{W_{jh} \gamma_{jl}}{W_{jl} \gamma_{jh}}\right)^{\alpha(\varepsilon-1)}$$
$$(\gamma_{jh})^{-1} + (I_{jn} - I_{jT}) Y^{\frac{\varepsilon}{\delta}} (Y_j)^{\frac{\delta-\varepsilon}{\delta}} (W_{jh})^{-\varepsilon} (\gamma_{jh})^{\varepsilon-1} \quad (3.28 - A)$$

令：

$$\tau_{jm} = Y^{\frac{\varepsilon}{\delta}} (Y_j)^{\frac{\delta-\varepsilon}{\delta}} (R_{jm})^{-\varepsilon} (\gamma_{jm})^{\varepsilon-1},$$

$$\tau_{jl}^Q = Y^{\frac{\varepsilon}{\delta}} (Y_j)^{\frac{\delta-\varepsilon}{\delta}} (W_{jl})^{-\varepsilon} (\gamma_{jl})^{\varepsilon-1},$$

$$\tau_{jl}^T = Y^{\frac{\varepsilon}{\delta}} (Y_j)^{\frac{\delta-\varepsilon}{\delta}} \left(\frac{W_{jl}}{\alpha \gamma_{jl}}\right)^{-\varepsilon} \left(\frac{1-\alpha}{\alpha} \cdot \frac{W_{jl} \gamma_{jh}}{W_{jh} \gamma_{jl}}\right)^{(1-\alpha)(\varepsilon-1)} (\gamma_{jl})^{-1},$$

$$\tau_{jh}^T = Y^{\frac{\varepsilon}{\delta}} (Y_j)^{\frac{\delta-\varepsilon}{\delta}} \left[\frac{W_{jh}}{(1-\alpha)\gamma_{jh}}\right]^{-\varepsilon} \left(\frac{\alpha}{1-\alpha} \cdot \frac{W_{jh} \gamma_{jl}}{W_{jl} \gamma_{jh}}\right)^{\alpha(\varepsilon-1)} (\gamma_{jh})^{-1},$$

$$\tau_{jh}^n = Y^{\frac{\varepsilon}{\delta}} (Y_j)^{\frac{\delta-\varepsilon}{\delta}} (W_{jh})^{-\varepsilon} (\gamma_{jh})^{\varepsilon-1},$$

故式（3.26 - A）至式（3.28 - A）可以整理为：

$$M_j = (I_{je} - I_{jn} + 1) \tau_{jm} \quad (3.26 - B)$$

$$L_j = L_j^Q + L_j^T = (I_{jQ} - I_{je}) \tau_{jl}^Q + (I_{jT} - I_{jQ}) \tau_{jl}^T \quad (3.27 - B)$$

$$H_j = H_j^T + H_j^n = (I_{jT} - I_{jQ}) \tau_{jh}^T + (I_{jn} - I_{jT}) \tau_{jh}^n \quad (3.28 - B)$$

由式（3.27 - B）和式（3.28 - B），可得高技能与低技能劳动力的比值为：

$$\frac{H_j}{L_j} = \frac{H_j^T + H_j^n}{L_j^Q + L_j^T} = \frac{(I_{jT} - I_{jQ})\tau_{jh}^T + (I_{jn} - I_{jT})\tau_{jh}^n}{(I_{jQ} - I_{je})\tau_{jl}^Q + (I_{jT} - I_{jQ})\tau_{jl}^T} \tag{3.29}$$

将式（3.29）对 I_{je} 求导，可得工业机器人应用引发的智能化技术扩张对高技能与低技能劳动力比值的影响为：

$$\frac{\partial\left(\frac{H_j}{L_j}\right)}{\partial I_{je}} = \frac{\tau_{jl}^Q [(I_{jT} - I_{jQ})\tau_{jh}^T + (I_{jn} - I_{jT})\tau_{jh}^n]}{[(I_{jQ} - I_{je})\tau_{jl}^Q + (I_{jT} - I_{jQ})\tau_{jl}^T]^2} > 0 \tag{3.30}$$

其中，τ_{jh}^T、τ_{jh}^n、τ_{jl}^Q、τ_{jl}^T 均大于 0。可知，工业机器人应用引发的智能化技术扩张使高技能劳动力与低技能劳动力比值上升，即工业机器人应用使高技能劳动力与低技能劳动力就业稳定性下降。

将式（3.29）对 I_{jn} 求导，可得工业机器人应用引发的新岗位创造对高技能与低技能劳动力比值的影响为：

$$\frac{\partial\left(\frac{H_j}{L_j}\right)}{\partial I_{jn}} = \frac{\tau_{jh}^n}{(I_{jQ} - I_{je})\tau_{jl}^Q + (I_{jT} - I_{jQ})\tau_{jl}^T} > 0 \tag{3.31}$$

其中，τ_{jh}^n、τ_{jl}^Q、τ_{jl}^T 均大于 0。可知工业机器人应用引发的新岗位创造使高技能劳动力与低技能劳动力比值上升，同样得出工业机器人应用使高技能劳动力与低技能劳动力就业稳定性下降。

由式（3.27-B）和式（3.28-B），可得非常规岗位与常规岗位的比值为：

$$\frac{H_j + L_j^T}{L_j^Q} = \frac{H_j^T + H_j^n + L_j^T}{L_j^Q} = \frac{(I_{jT} - I_{jQ})\tau_{jh}^T + (I_{jn} - I_{jT})\tau_{jh}^n + (I_{jT} - I_{jQ})\tau_{jl}^T}{(I_{jQ} - I_{je})\tau_{jl}^Q}$$

$$\tag{3.32}$$

将式（3.32）对 I_{je} 求导，可得工业机器人应用引发的智能化技术扩张对非常规岗位与常规岗位所需劳动力比值的影响为：

$$\frac{\partial\left(\frac{H_j^T + H_j^n + L_j^T}{L_j^Q}\right)}{\partial I_{je}} = \frac{\tau_{jl}^Q [(I_{jT} - I_{jQ})\tau_{jh}^T + (I_{jn} - I_{jT})\tau_{jh}^n + (I_{jT} - I_{jQ})\tau_{jl}^T]}{[(I_{jQ} - I_{je})\tau_{jl}^Q]^2} > 0$$

$$\tag{3.33}$$

其中，τ_{jh}^T、τ_{jh}^n、τ_{jl}^Q、τ_{jl}^T 均大于 0。可知，工业机器人应用引发的智能化技术扩张使得非常规岗位与常规岗位所需劳动力比值上升，即工业机器人应用使从事非常规岗位与常规岗位的劳动者就业稳定性下降。

将式（3.32）对 I_{jn} 求导，可得工业机器人应用引发的新岗位创造对非常规岗位与常规岗位所需劳动力比值的影响为：

$$\frac{\partial\left(\dfrac{H_j^T + H_j^n + L_j^T}{L_j^Q}\right)}{\partial I_{jn}} = \frac{\tau_{jh}^n}{(I_{jQ} - I_{je})\tau_{jl}^Q} > 0 \tag{3.34}$$

其中，τ_{jh}^n、τ_{jl}^Q 均大于 0。可知，工业机器人应用引发的新岗位创造使得非常规岗位与常规岗位所需劳动力比值上升，同样得出工业机器人应用使从事非常规岗位与常规岗位的劳动者就业稳定性下降。

（2）讨论 $I_{jT} < I_{jQ}$ 的情况

最终产品与中间产品生产商利润最大化求解与式（3.12）和式（3.13）相同，岗位 a 生产产品通过选择智能机器的最优投入从而使岗位 a 生产利润最大化条件为：

$$\max_{m_j(a), l_j(a), h_j^Q(a), h_j^n(a)} p_j(a) y_j(a) - R_{jm} m_j(a) - W_{jl} l_j(a) - W_{jh}(h_j^Q(a) + h_j^n(a)) \tag{3.35}$$

①当 $a \in [I_{jn} - 1, I_{je}]$ 时：

$$p_j(a) = \frac{R_{jm}}{\gamma_{jm}} \tag{3.36}$$

②当 $a \in (I_{je}, I_{jT})$ 时：

$$p_j(a) = \frac{W_{jl}}{\gamma_{jl}} \tag{3.37}$$

③当 $a \in [I_{jT}, I_{jQ}) \cup [I_{jQ}, I_{jn})$ 时：

$$p_j(a) = \frac{W_{jh}}{\gamma_{jh}} \tag{3.38}$$

运用式（3.5）替换 $y_j(a)$，运用式（3.15）替换 $p_j(a)$，基于式（3.36）至式（3.38），化简可得各要素的需求函数为：

①当 $a \in [I_{jn} - 1, I_{je}]$ 时：

$$m_j(a) = Y_j(p_j)^{\varepsilon}(R_{jm})^{-\varepsilon}(\gamma_{jm})^{\varepsilon - 1} \tag{3.39}$$

②当 $a \in (I_{je}, I_{jT})$ 时：

$$l_j(a) = Y_j(p_j)^{\varepsilon}(W_{jl})^{-\varepsilon}(\gamma_{jl})^{\varepsilon - 1} \tag{3.40}$$

③当 $a \in [I_{jT}, I_{jQ}) \cup [I_{jQ}, I_{jn})$ 时：

$$h_j(a) = Y_j(p_j)^{\varepsilon}(W_{jh})^{-\varepsilon}(\gamma_{jh})^{\varepsilon - 1} \tag{3.41}$$

将式（3.39）至式（3.41）分别代入市场出清条件式（3.6）至式（3.8），化简可得中间产品（产业 j）的均衡要素为：

$$M_j = Y_j(p_j)^{\varepsilon}(R_{jm})^{-\varepsilon}\int_{I_{jn-1}}^{I_{je}}(\gamma_{jm})^{\varepsilon-1}da \tag{3.42}$$

$$L_j = (I_{jT} - I_{je})Y_j(p_j)^{\varepsilon}(W_{jl})^{-\varepsilon}(\gamma_{jl})^{\varepsilon-1} = (I_{jT} - I_{je})\phi_{jl} \tag{3.43}$$

$$H_j = H_j^Q + H_j^n = (I_{jQ} - I_{jT})Y_j(p_j)^{\varepsilon}(W_{jh})^{-\varepsilon}(\gamma_{jh})^{\varepsilon-1} +$$
$$(I_{jn} - I_{jQ})Y_j(p_j)^{\varepsilon}(W_{jh})^{-\varepsilon}(\gamma_{jh})^{\varepsilon-1} = (I_{jn} - I_{jT})\phi_{jh} \tag{3.44}$$

其中，$\phi_{jl} = Y_j(p_j)^{\varepsilon}(W_{jl})^{-\varepsilon}(\gamma_{jl})^{\varepsilon-1}$，$\phi_{jh} = Y_j(p_j)^{\varepsilon}(W_{jh})^{-\varepsilon}(\gamma_{jh})^{\varepsilon-1}$。由式（3.43）和式（3.44），可得高技能劳动力与低技能劳动力的比值为：

$$\frac{H_j}{L_j} = \frac{H_j^T + H_j^n}{L_j^Q + L_j^T} = \frac{(I_{jn} - I_{jT})\phi_{jh}}{(I_{jT} - I_{je})\phi_{jl}} \tag{3.45}$$

将式（3.45）对 I_{je} 求导，可得工业机器人应用引发的智能化技术扩张对高技能劳动力与低技能劳动力比值的影响为：

$$\frac{\partial\left(\frac{H_j}{L_j}\right)}{\partial I_{je}} = \frac{\phi_{jl}[(I_{jn} - I_{jT})\phi_{jh}]}{[(I_{jT} - I_{je})\phi_{jl}]^2} > 0 \tag{3.46}$$

其中，ϕ_{jl}、ϕ_{jh} 均大于 0。可知，工业机器人应用引发的智能化技术扩张使得高技能与低技能劳动力比值上升，即工业机器人应用使高技能与低技能劳动力就业稳定性下降。

将式（3.45）对 I_{jn} 求导，可得工业机器人应用引发的新岗位创造对高技能劳动力与低技能劳动力比值的影响为：

$$\frac{\partial\left(\frac{H_j}{L_j}\right)}{\partial I_{jn}} = \frac{\phi_{jh}}{(I_{jT} - I_{je})\phi_{jl}} > 0 \tag{3.47}$$

其中，ϕ_{jl}、ϕ_{jh} 均大于 0。可知，工业机器人应用引发的新岗位创造使得高技能与低技能劳动力比值上升，同样得出工业机器人应用使高技能劳动力与低技能劳动力就业稳定性下降。

由式（3.43）和式（3.44），可得，非常规岗位与常规岗位的比值为：

$$\frac{H_j^n}{H_j^Q + L_j} = \frac{(I_{jn} - I_{jQ})\phi_{jh}}{(I_{jQ} - I_{jT})\phi_{jh} + (I_{jT} - I_{je})\phi_{jl}} \tag{3.48}$$

将式（3.48）对 I_{je} 求导，可得，工业机器人应用引发的智能化技术扩张对非常规岗位与常规岗位所需劳动力比值的影响为：

$$\frac{\partial\left(\dfrac{H_j^n}{H_j^Q + L_j}\right)}{\partial I_{je}} = \frac{\phi_{jl}[(I_{jn} - I_{jQ})\phi_{jh}]}{[(I_{jT} - I_{je})\phi_{jl} + (I_{jQ} - I_{jT})\phi_{jh}]^2} > 0 \qquad (3.49)$$

其中，ϕ_{jl}、ϕ_{jh} 均大于0。可知，工业机器人应用引发的智能化技术扩张使得非常规岗位与常规岗位所需劳动力比值上升，即工业机器人应用使从事非常规岗位与常规岗位的劳动者就业稳定性下降。

将式（3.48）对 I_{jn} 求导，可得工业机器人应用引发的新岗位创造对非常规岗位与常规岗位所需劳动力比值的影响为：

$$\frac{\partial\left(\dfrac{H_j^n}{H_j^Q + L_j}\right)}{\partial I_{jn}} = \frac{\phi_{jh}}{(I_{jT} - I_{je})\phi_{jl} + (I_{jQ} - I_{jT})\phi_{jh}} > 0 \qquad (3.50)$$

其中，ϕ_{jh}^n、ϕ_{jl}^Q 均大于0。可知，工业机器人应用引发的新岗位创造使得非常规岗位与常规岗位所需劳动力比值上升，同样得出工业机器人应用使从事非常规岗位与常规岗位的劳动者就业稳定性下降。

3.3 工业机器人应用对劳动力就业稳定性传导机制的理论分析

本节主要讨论 $I_{jT} \geq I_{jQ}$ 时，工业机器人应用作用于劳动力就业稳定性的传导机制；当 $I_{jT} < I_{jQ}$ 时，讨论更加简单，且结论类似。

3.3.1 工业机器人应用的劳动岗位更替效应

由已得出的式（3.51）和式（3.52），可知工业机器人应用引发的智能化技术扩张和新岗位创造，对非常规岗位与常规岗位所需劳动力比值的影响为：

$$\frac{\partial\left(\dfrac{H_j^T + H_j^n + L_j^T}{L_j^Q}\right)}{\partial I_{je}} = \frac{\tau_{jl}^Q[(I_{jT} - I_{jQ})\tau_{jh}^T + (I_{jn} - I_{jT})\tau_{jh}^n + (I_{jT} - I_{jQ})\tau_{jl}^T]}{[(I_{jQ} - I_{je})\tau_{jl}^Q]^2} > 0$$

$$(3.51)$$

$$\frac{\partial\left(\frac{H_j^T + H_j^n + L_j^T}{L_j^Q}\right)}{\partial I_{jn}} = \frac{\tau_{jh}^n}{(I_{jQ} - I_{je})\tau_{jl}^Q} > 0 \qquad (3.52)$$

分析可知,工业机器人应用引发的智能化技术扩张(即 I_{je} 增大,区间 $[I_{jn-1}, I_{je}]$ 扩张),会替代常规岗位中的低技能劳动力,减少 $[I_{jQ} - I_{je}]$ 表示的常规岗位数量,使得常规岗位对低技能劳动力的需求减小,从而导致劳动力就业不稳定。

同时,工业机器人应用引发的新岗位创造(即 I_{jn} 的增大,区间 $[I_{jn}, I_{jT}]$ 扩张),会创造非常规岗位,提高对高技能劳动力的需求,增加 $[I_{jn} - I_{jT}]$ 表示的非常规岗位数量,使得非常规岗位对高技能劳动力的需求增大,导致劳动力就业稳定性下降。

综上可知,工业机器人应用导致的智能化技术扩张使得常规岗位数量减少,新岗位创造又使得非常规岗位数量增加,这种岗位更替机制使得常规岗位对低技能劳动力的需求减少以及非常规岗位对高技能劳动力的需求增大,引致劳动力就业不稳定。

3.3.2 工业机器人应用的产业结构升级效应

基于式(3.2),逐步代入式(3.4)、式(3.13)、式(3.21)至式(3.25),可以求得产业 j 的均衡产出为:

$$Y_j = \left\{ \left[(I_{je} - I_{jn} + 1) Y^{\frac{\varepsilon}{\delta}} (Y_j)^{\frac{\delta-\varepsilon}{\delta}} (R_{jm})^{-\varepsilon} (\gamma_{jm})^{\varepsilon} \right]^{\frac{\varepsilon-1}{\varepsilon}} + \right.$$
$$\left[(I_{jQ} - I_{je}) Y^{\frac{\varepsilon}{\delta}} (Y_j)^{\frac{\delta-\varepsilon}{\delta}} (W_{jl})^{-\varepsilon} (\gamma_{jl})^{\varepsilon} \right]^{\frac{\varepsilon-1}{\varepsilon}} +$$
$$\left((I_{jT} - I_{jQ}) Y^{\frac{\varepsilon}{\delta}} (Y_j)^{\frac{\delta-\varepsilon}{\delta}} \left(\frac{W_{jl}}{\alpha\gamma_{jl}}\right)^{-\varepsilon\alpha} \left[\frac{W_{jh}}{(1-\alpha)\gamma_{jh}}\right]^{-(1-\alpha)\varepsilon} \right)^{\frac{\varepsilon-1}{\varepsilon}} +$$
$$\left. \left((I_{jn} - I_{jT}) Y^{\frac{\varepsilon}{\delta}} (Y_j)^{\frac{\delta-\varepsilon}{\delta}} (W_{jh})^{-\varepsilon} (\gamma_{jh})^{\varepsilon} \right)^{\frac{\varepsilon-1}{\varepsilon}} \right\}^{\frac{\varepsilon}{\varepsilon-1}}$$

整理可得:

$$Y_j = Y \left[(I_{je} - I_{jn} + 1)(R_{jm})^{1-\varepsilon}(\gamma_{jm})^{\varepsilon-1} + (I_{jQ} - I_{je})(W_{jl})^{1-\varepsilon}(\gamma_{jl})^{\varepsilon-1} + \right.$$
$$(I_{jT} - I_{jQ}) \left(\frac{W_{jl}}{\alpha\gamma_{jl}}\right)^{\alpha(1-\varepsilon)} \left(\frac{W_{jh}}{(1-\alpha)\gamma_{jh}}\right)^{(1-\alpha)(1-\varepsilon)} +$$

$$(I_{jn} - I_{jT})(W_{jh})^{1-\varepsilon}(\gamma_{jh})^{\varepsilon-1}\Big]^{\frac{\delta}{\varepsilon-1}} \tag{3.53}$$

令：

$$F = (I_{jT} - I_{jQ})\left(\frac{W_{jl}}{\alpha\gamma_{jl}}\right)^{\alpha(1-\varepsilon)}\left(\frac{W_{jh}}{(1-\alpha)\gamma_{jh}}\right)^{(1-\alpha)(1-\varepsilon)} + (I_{jn} - I_{jT})(W_{jh})^{1-\varepsilon}(\gamma_{jh})^{\varepsilon-1}$$

可知，$F > 0$。计算工业机器人应用引发的智能化技术扩张对产业 j 产出的影响为：

$$\frac{\partial Y_j}{\partial I_{je}} = Y\left(\frac{\delta}{\varepsilon-1}\right)F^{\frac{\delta}{\varepsilon-1}-1}\left[\left(\frac{R_{jm}}{\gamma_{jm}}\right)^{1-\varepsilon} - \left(\frac{W_{jl}}{\gamma_{jl}}\right)^{1-\varepsilon}\right] > 0 \tag{3.54}$$

此时，在 $[I_{jn}-1, I_{jQ})$ 的常规任务中，厂商使用智能机器生产的前提条件为 $\frac{R_{jm}}{\gamma_{jm}} < \frac{W_{jl}}{\gamma_{jl}}$，且此时岗位间为替代关系，岗位替代弹性 $\varepsilon > 1$，符合实际。

计算工业机器人应用引发的新岗位创造对产业 j 产出的影响为：

$$\frac{\partial Y_j}{\partial I_{jn}} = Y\left(\frac{\delta}{\varepsilon-1}\right)F^{\frac{\delta}{\varepsilon-1}-1}\left[\left(\frac{W_{jl}}{\gamma_{jl}}\right)^{1-\varepsilon} - \left(\frac{R_{jm}}{\gamma_{jm}}\right)^{1-\varepsilon}\right] > 0 \tag{3.55}$$

此时，在 $[I_{jQ}, I_{jn}]$ 的非常规任务中，智能机器设备无法完成，故 $\gamma_{jm} \to 0$，$\frac{R_{jm}}{\gamma_{jm}} \to +\infty$，$\left(\frac{R_{jm}}{\gamma_{jm}}\right)^{1-\varepsilon} \to 0$。

由式（3.54）和式（3.55）可知，工业机器人应用引发的智能化技术扩张和新岗位创造会提高产业 j 的产出，因此当产业 j 相对于其他产业工业机器人应用程度更高时，工业机器人应用将推动其他产业的产业结构朝产业 j 方向转型。

假设在 v, p 两个产业中，v 是产业结构更为合理的产业，根据式（3.28 – A）可得：

$$\frac{H_v}{H_p} = \frac{(I_{vT} - I_{vQ})Y^{\frac{\varepsilon}{\delta}}(Y_v)^{\frac{\delta-\varepsilon}{\delta}}\left[\frac{W_{vh}}{(1-\alpha)\gamma_{vh}}\right]^{-\varepsilon}\left(\frac{\alpha}{1-\alpha} \cdot \frac{W_{vh}\gamma_{vl}}{W_{vl}\gamma_{vh}}\right)^{\alpha(\varepsilon-1)}(\gamma_{vh})^{-1} + (I_{vn} - I_{vT})Y^{\frac{\varepsilon}{\delta}}(Y_v)^{\frac{\delta-\varepsilon}{\delta}}(W_{vh})^{-\varepsilon}(\gamma_{vh})^{\varepsilon-1}}{(I_{pT} - I_{pQ})Y^{\frac{\varepsilon}{\delta}}(Y_p)^{\frac{\delta-\varepsilon}{\delta}}\left[\frac{W_{ph}}{(1-\alpha)\gamma_{ph}}\right]^{-\varepsilon}\left(\frac{\alpha}{1-\alpha} \cdot \frac{W_{ph}\gamma_{pl}}{W_{pl}\gamma_{ph}}\right)^{\alpha(\varepsilon-1)}(\gamma_{ph})^{-1} + (I_{pn} - I_{pT})Y^{\frac{\varepsilon}{\delta}}(Y_p)^{\frac{\delta-\varepsilon}{\delta}}(W_{ph})^{-\varepsilon}(\gamma_{ph})^{\varepsilon-1}}$$

化简得：

$$\frac{H_v}{H_p} = \left(\frac{Y_v}{Y_p}\right)^{\frac{\delta-\varepsilon}{\delta}} \cdot \frac{\psi_{vh}\left[(I_{vT}-I_{vQ}),(I_{vn}-I_{vT})\right]}{\psi_{ph}\left[(I_{pT}-I_{pQ}),(I_{pn}-I_{pT})\right]} \tag{3.56}$$

可知：

$$\frac{\partial(H_v/H_p)}{\partial(Y_v/Y_p)} \propto \frac{\delta-\varepsilon}{\delta}\left(\frac{Y_v}{Y_p}\right)^{\frac{\delta-\varepsilon}{\delta}-1} \tag{3.57}$$

由式（3.56）和式（3.57）可以发现，产业结构升级对劳动力就业稳定性影响的方向并非确定的，受制于 v，p 产业间弹性 δ 与岗位间弹性 ε 的相对大小：

①当 $\delta > \varepsilon$ 时，$\frac{\partial(H_v/H_p)}{\partial(Y_v/Y_p)} > 0$，表明当产业 v 相对于产业 p 工业机器人应用程度更高时，通过增加产业 v 相对于产业 p 的产量，使得产业 v 相对于产业 p 对高技能劳动力的需求上升，引发劳动力就业不稳定。

②当 $\delta < \varepsilon$ 时，$\frac{\partial(H_v/H_p)}{\partial(Y_v/Y_p)} < 0$，表明当产业 v 相对于产业 p 工业机器人应用程度更高时，通过增加产业 v 相对于产业 p 的产量，使得产业 v 相对于产业 p 对高技能劳动力的需求下降，导致劳动力就业稳定性下降。

3.3.3 工业机器人应用的技能收入分配效应

设低技能劳动力的收入份额为：

$$\hat{W}_{jl} = \frac{W_{jl}L_j}{W_{jl}L_j + W_{jh}H_j} \tag{3.58}$$

设高技能劳动力的收入份额为：

$$\hat{W}_{jh} = \frac{W_{jh}H_j}{W_{jl}L_j + W_{jh}H_j} \tag{3.59}$$

将式（3.27-B）和式（3.28-B）分别代入式（3.58）、式（3.59）可得：

$$\hat{W}_{jl} = \frac{W_{jl}(I_{jQ}-I_{je})\tau_{jl}^Q + W_{jl}(I_{jT}-I_{jQ})\tau_{jl}^T}{W_{jl}(I_{jQ}-I_{je})\tau_{jl}^Q + W_{jl}(I_{jT}-I_{jQ})\tau_{jl}^T + W_{jh}(I_{jT}-I_{jQ})\tau_{jh}^T + W_{jh}(I_{jn}-I_{jT})\tau_{jh}^n}$$

$$\hat{W}_{jh} = \frac{W_{jh}(I_{jT}-I_{jQ})\tau_{jh}^T + W_{jh}(I_{jn}-I_{jT})\tau_{jh}^n}{W_{jl}(I_{jQ}-I_{je})\tau_{jl}^Q + W_{jl}(I_{jT}-I_{jQ})\tau_{jl}^T + W_{jh}(I_{jT}-I_{jQ})\tau_{jh}^T + W_{jh}(I_{jn}-I_{jT})\tau_{jh}^n}$$

工业机器人应用引发的智能化技术扩张对低技能劳动力份额的影响为：

$$\frac{\partial \hat{W}_{jl}}{\partial I_{je}} = \frac{-W_{jl}\tau_{jl}^Q W_{jh}H_j}{(W_{jl}L_j + W_{jh}H_j)^2} < 0 \qquad (3.60)$$

工业机器人应用引发的新岗位创造对低技能劳动力份额的影响为：

$$\frac{\partial \hat{W}_{jl}}{\partial I_{jn}} = \frac{-W_{jh}\tau_{jh}^n}{(W_{jl}L_j + W_{jh}H_j)^2} < 0 \qquad (3.61)$$

由式（3.60）和式（3.61）可知，工业机器人应用引发的智能化技术扩张和新岗位创造均会降低低技能劳动力份额。

工业机器人应用引发的智能化技术扩张对高技能劳动力份额的影响为：

$$\frac{\partial \hat{W}_{jh}}{\partial I_{je}} = \frac{W_{jl}\tau_{jl}^Q}{(W_{jl}L_j + W_{jh}H_j)^2} > 0 \qquad (3.62)$$

工业机器人应用引发的新岗位创造对高技能劳动力份额的影响为：

$$\frac{\partial \hat{W}_{jh}}{\partial I_{jn}} = \frac{W_{jh}\tau_{jh}^n W_{jl}L_j}{(W_{jl}L_j + W_{jh}H_j)^2} > 0 \qquad (3.63)$$

由式（3.62）和式（3.63）可知，工业机器人应用引发的智能化技术扩张和新岗位创造均会提升高技能劳动力份额。

继续探讨低技能劳动力份额变动对劳动力就业稳定性的影响 $\partial\left(\frac{H_j}{L_j}\right)/\partial \hat{W}_{jl}$ 和高技能劳动力份额变动对劳动力就业稳定性的影响 $\partial\left(\frac{H_j}{L_j}\right)/\partial \hat{W}_{jh}$。

令 $B_j = \frac{H_j}{L_j}$，可知 B_j 代表就业稳定性，将 $B_j = \frac{H_j}{L_j}$ 代入式（3.58）和式（3.59），可得：

$$\hat{W}_{jl} = \frac{W_{jl}}{W_{jl} + W_{jh}B_j}$$

$$\hat{W}_{jh} = \frac{W_{jh}B_j}{W_{jl} + W_{jh}B_j}$$

分别求解低技能和高技能劳动收入份额变化对就业稳定性的影响为：

$$\frac{\partial B_j}{\partial \hat{W}_{jl}} = \frac{1}{\frac{\partial \hat{W}_{jl}}{\partial B_j}} = \left[\frac{-1}{(W_{jl} + W_{jh}B_j)^2}\right]^{-1} < 0 \qquad (3.64)$$

$$\frac{\partial B_j}{\partial \hat{W}_{jh}} = \frac{1}{\frac{\partial \hat{W}_{jh}}{\partial B_j}} = \left[\frac{W_{jh}W_{jl}}{(W_{jl} + W_{jh}B_j)^2}\right]^{-1} > 0 \qquad (3.65)$$

由式（3.64）和式（3.65）可知，低技能劳动力收入份额降低和高技能劳动力收入份额提升对劳动力就业稳定性影响的方向虽不同，但两者都会降低劳动力就业稳定性。综合以上分析，工业机器人应用通过改变技能劳动收入分配，进而降低劳动力就业稳定性。

3.4 本章小结

本章通过拓展现有研究的任务模型，构建包含智能设备和技能劳动力在内的一般均衡模型框架，将技能劳动力分类为低技能劳动力和高技能劳动力，将岗位任务分类为常规岗位和非常规岗位，理论探讨工业机器人应用对劳动力就业稳定性的影响机制。首先，最终产品由一系列连续分布的产业生产，产业生产的产品即为中间品，中间品由一系列连续分布的工作岗位生产，各岗位依据智能化技术可行性、低技能劳动力与高技能劳动力差别化、常规岗位与非常规岗位劳动力需求差别化原则，选择最优要素投入。其次，将工业机器人应用的技术形态划分为智能化技术扩张和新岗位创造，分别探讨智能化技术扩张和新岗位创造对低技能劳动力与高技能劳动力、常规岗位与非常规岗位就业稳定性的均衡影响效应。最后，在理论探讨工业机器人应用对劳动力就业稳定性影响的基础上，进一步分析工业机器人应用对劳动力就业稳定性的劳动岗位更替、产业结构升级和技能收入分配等传导机制。主要研究结论如下：

第一，工业智能化通过智能化技术扩张和新岗位创造两种形式作用于劳动力就业稳定性，使劳动力就业稳定性下降。理论模型分析发现，智能化技术扩张和新岗位创造分别对高技能劳动力与低技能劳动力需求的比值、非常规岗位与常规岗位所需劳动力的比值产生正向影响，即工业智能化技术使得对高技能劳动力相对需求上升、对低技能劳动力相对需求下降，并使得对非常规岗位劳动力相对需求上升、对常规岗位劳动力相对需求下降，导致劳动力就业稳定性下降。

第二，工业机器人应用可通过劳动岗位更替机制降低劳动力就业稳定性。工业机器人应用引发的智能化技术扩张降低对常规岗位的低技能劳动力的需求，工业机器人应用引发的新岗位创造增大对非常规岗位的高技能劳动力的需求，因此，常规岗位和非常规岗位对不同技能劳动力的需求有所改变，导致劳动力就业稳定性下降。

第三，工业机器人应用可通过产业结构升级机制使得劳动力就业稳定性下降。工业机器人应用引发的智能化技术扩张和新岗位创造均会提升产业产出水平。当某一产业相对于其他产业工业机器人应用水平更高时，工业机器人应用将推动其他产业的产业结构朝智能机器人应用水平较高产业转型。产业结构升级对劳动力就业稳定性影响的方向并非确定的，受制于产业间弹性与岗位间弹性的相对大小。当产业间弹性大于岗位间弹性时，相比于工业机器人应用水平较低的产业，工业机器人应用水平较高的产业对高技能劳动力的需求上升，从而降低劳动力就业稳定性；当产业间弹性小于岗位间弹性时，相比于工业机器人应用水平较低的产业，工业机器人应用水平较高的产业对高技能劳动力的需求下降，导致劳动力就业稳定性降低。

第四，工业机器人应用可通过技能收入分配机制降低劳动力就业稳定性。理论分析发现，工业机器人应用引发的智能化技术扩张和新岗位创造均会提高高技能劳动力收入份额，并降低低技能劳动力收入份额。低技能劳动力收入份额降低和高技能劳动力收入份额提升对劳动力就业稳定性影响的方向虽不同，但两者都会使劳动力就业稳定性下降，即工业机器人应用通过改变技能劳动收入分配进而降低劳动力就业稳定性。

第 4 章

中国工业机器人应用与劳动力就业稳定性的特征性事实

根据前述对工业机器人应用与劳动力就业稳定性概念的界定，依据相关文献以及政策文件，基于IFR发布的工业机器人安装量、万方专利数据库中关于工业智能技术专利的信息、中国"天眼查"企业数据库中关于应用工业智能技术企业的信息，分别从工业机器人渗透度、工业智能化技术专利数量和工业智能化技术应用企业数量三个角度衡量区域工业机器人应用水平；基于中国劳动力动态调查（CLDS）数据库和中国家庭收入调查（CHIP）数据库，立足于劳动合同期限、工作转换时间和工作转换频率三个方面测度微观个体层面的劳动力就业稳定性，同时基于统计年鉴及CSMAR国泰安数据库，立足于就业环境、就业报酬和就业保障三个方面测度宏观城市层面的劳动力就业稳定性。在此基础上，分析工业机器人应用与劳动力就业稳定性的演化及分布特征，为后续的实证研究奠定基础。

4.1 工业机器人应用的特征性事实

首先，本节阐述工业机器人应用水平的衡量思路，细致介绍所运用的数据库、从数据库中搜寻数据的技术方法以及对搜寻到数据的处理过程。其次，分别从工业机器人渗透度、工业智能化技术专利数量和工业智能化技术应用企业数量三个角度，对全国工业机器人应用水平的演化特征及演化趋势进行分析，并基于不同区位、不同知识产权保护程度以及不同市场化程度的角度进行区域对比分析。

4.1.1 工业机器人应用的测度方法与数据说明

以往文献对工业机器人应用的测度方法可概括为以下三类：一是基于机器人安装量或产量数据计算工业机器人渗透度，用以测度工业机器人应用水平（Acemoglu 和 Restrepo，2020b；Graetz 和 Michaels，2018；刘斌和潘彤，2020；王永钦和董雯，2020；孙早和侯玉琳，2021；陈媛媛等，2022；陈秋霖等，2018）；二是运用工业智能化技术相关专利数或企业数衡量工业智能化技术水平（王林辉等，2022；董直庆等，2023；胡晟明等，2021b；Damioli 等，2021），其中，工业智能化技术相关专利侧重工业机器人的研发与创新，工业智能化技术应用企业数则侧重于工业机器人的应用与实践；三是以职业为研究对象，运用机器学习模型计算各职业被智能化技术替代的概率，以此衡量各职业的智能化程度（Frey 和 Osborne，2017；David，2017；Arntz 等，2017；周广肃等，2021；Pouliakas，2018；Nedelkoska 和 Quintini，2018）。由于本书的被解释变量"劳动力就业稳定性"是以职业层面去考量的，如果选用各职业被智能化技术替代的概率来衡量工业机器人应用，则在解释变量与被解释变量之间不可避免地产生内生性问题。因此，本书选取工业机器人渗透度、工业智能化技术专利数量和工业智能化技术应用企业数量三个指标来衡量工业机器人应用水平。

第一，基于 IFR 发布的中国工业机器人安装量，运用巴蒂克工具变量法（Bartik，1991；Golgsmith-Pinkham 等，2020），以行业就业人数占比作为权重计算各个地级市工业机器人渗透度，具体计算方法如下：

首先，计算工业机器人安装量：

$$CRobot_{it} = \sum_{j=1}^{n} \frac{CLabor_{ijt_0}}{Labor_{jt_0}} \cdot Robot_{jt} \qquad (4.1)$$

式（4.1）中，$CRobot_{it}$ 表示第 t 年城市 i 的工业机器人安装量；$Robot_{jt}$ 表示第 t 年中国在行业 j 的工业机器人安装量；$\frac{CLabor_{ijt_0}}{Labor_{jt_0}}$ 表示基期 t_0 年城市 i 在行业 j 的就业人数与全国在行业 j 的就业人数之比。

其次，计算工业机器人渗透度指标：

$$EXRobot_{it} = \frac{CRobot_{it}}{CLabor_{it_0}} = \left[\sum_{j=1}^{n} \frac{CLabor_{ijt_0}}{Labor_{jt_0}} \cdot Robot_{jt}\right] / CLabor_{it_0} \qquad (4.2)$$

式（4.2）中，$EXRobot_{it}$ 表示第 t 年城市 i 的工业机器人渗透度；$CRobot_{it}$ 表示第 t 年城市 i 的工业机器人安装量；$CLabor_{it_0}$ 表示基期 t_0 年城市 i 的就业人数；基期 t_0 年是本书研究样本期的滞后一年。

由于 IFR 对行业的分类标准与我国行业分类标准（GB/T 4754—2017）有所不同，本书基于闫雪凌等（2020）提出的行业匹配思路，并将计算机、通信和其他电子设备制造业进行单独分类，最终获得 2004—2019 年 284 个地级市的工业机器人渗透度指标，以此指标表征各地级市工业智能化技术水平。

第二，基于万方专利数据库，运用 Python 文本爬取技术获得工业智能化技术专利数量测度区域工业机器人应用水平。具体测算过程如下：

建立与工业智能化技术相关的关键词词库。此关键词词库同时也是下文识别工业智能化技术应用企业的关键词。工业智能化技术关键词的选取依据及结果为：①参考 Acemoglu 和 Restrepo（2020b）关于机器人的关键词描述，本书选取关键词包括：工业机器人、机器学习、计算机视觉、机器视觉、深度学习、智能聊天机器人、图像识别、对象识别、神经网络、文本挖掘、无监督学习、推荐系统、支持向量机、随机森林、潜在语义分析、情感分析/观点挖掘、潜在狄利克雷分配、预测模型、核方法、机器翻译和情感分类。②依据《国家新一代人工智能标准体系建设指南》中所展示的标准体系框架，本书选取关键词如下：智能机器人、智能机器运载工具、智能终端、智能机器服务、智能机器制造、大数据、物联网、云计算、边缘计算、智能传感器、数据存储及传输设备、智能芯片、机器学习、知识图谱、类脑智能计算、量子智能计算、模式识别、自然语言处理、智能语音、计算机视觉、生物特征识别、人机交互、智能农业、智能交通、智能医疗、智能教育、智能商务、智能能源、智能物流、智能金融、智能家居、智能政务、智能城市、智能环保。③根据 2017 年工业和信息化部发布的《促进新一代人工智能产业发展三年行动计划 2018—2020 年》，选取关键词如下：智能机器人、工业机器人、智能语音、智能语音、智能翻译、视频图像识别、新型人机交互、机器学习、生物特征识别、视频理解、三维成像定位、人机协作接口、智能服务机器人环境感知、自然交互、自主学习、人机协作、语音识别、视觉识别、自然语言处理、模式识别、语义理解、自动驾驶、复杂环境识别、智能语音交互系统、智能翻译系统、智能家居产品。④依据国务院 2017 年发布的《新一代人工智能发展规划》，选取智能化技术关键词如下：工业机器人、服务机器人、视觉识别、中文信息处理、智能监控、生物特征识别、语音识别、视觉识别、图像识别、人机协同增强智能、群体集成智能、自主智能系统、类脑智能计算、量子智能计算、自主无人系统、实时精准定位、适应性智能导航、新型传感器件、深度搜索、可视交互。⑤依据深圳《新一代人工智能发展行动计划（2019—2023 年)》，选取的关键词如下：智能机器人、智能交通系统、计算机视觉技术、智能芯片、智能传感器、智能医疗系统、智能网联汽车、语音识别技术、自然语言处理技术、自主无人智能技术。此外，通过在关键词前面添加"无""不是""缺少""没有"等词汇进行反向识别，剔除不符合关键词选取依据的样本，大大减少了噪声数据对工业智能化技术指标测度的影响。

上述关于工业智能化技术关键词的选取既考虑了智能化技术领域研究者的国际前沿文献，也参考了政府官方发布的权威政策文件，学术文献与政策文件的结合保证了本书对工业智能化技术关键词选取的完备性、合理性和客观性。最终获得工业智能化技术的发明专利、外观设计专利和实用新型专利数三类指标，将此三类指标分别加总至地级市层面，再除以地级市科研从业人员数，作为地级市工业机器人应用的测算指标。其中，科研从业人员数以科学研究、技术服务和地质勘察从业人员数来衡量。

第三，基于中国"天眼查"企业数据库公布的企业经营范围，运用特征关键词提取方法识别出应用工业智能化技术的企业，识别工业智能化技术应用企业的关键词与上文中爬取工业智能化技术专利时所用关键词相一致。将识别出的工业智能化技术应用企业数量加总至地级市层面，取对数后作为各地级市工业机器人应用的衡量指标。

上述三类衡量工业机器人应用水平的数据来源于国际机器人联合会（IFR）、万方专利数据库（WFPD）、中国"天眼查"企业数据库、《中国城市统计年鉴》和《中国劳动统计年鉴》。IFR 对全球各个国家的机器人制造商进行一年一度的调查访问，根据制造商提供数据资料整理得到 70 多个国家各细分行业工业机器人安装量，属于"国家—行业—年度"维度的机器人安装量统计数据，是世界范围内最具权威性的机器人安装量数据，也是国内外研究者最为认可、使用较多的数据。万方专利数据库包含了超 1.3 亿条国内外专利数据，其中，中国专利数据收录始于 1985 年，共收录 3300 万余条专利全文,并可下载查看专利说明书,万方专利数据库数据与国家知识产权局发布的专利数据保持同步,将专利细分为发明申请、外观设计和实用新型三种专利类型,每月新增 30 余万条专利信息,能够较为准确地反映我国实时的专利申请和授权状况。万方专利数据库提供高级检索、专业检索和作者发文检索等多种检索渠道,为本书运用 Python 网络爬虫技术进行专利信息爬取提供了便捷且全面的方式。中国"天眼查"企业数据库创办于 2014 年,目前已收录全国近 3 亿家社会实体,包括企业、事业单位、学校、律所等信息,提供企业名称、注册资本、成立日期、所属地区、所属行业、经营状态、经营范围、经营风险、上市信息、知识产权等超 300 种维度的数据信息,所提供的信息来源于国家工商总局、国家知识产权局及全国企业信用信息公示系统等权威平台。相比于国家知识产权局仅统计规模以上企业数据信息,以及中国工业企业数据库样本空缺值较多且年份较早,"天眼查"企业数据库能够更为全面且准确地提供企业实时数据信息。

部分地级市在样本期内数据缺失严重,或发生行政级别变更导致前后期数据无法比较,本书剔除以下区域样本:贵州省(铜仁市、毕节市)、内蒙古自治区(海拉尔区)、安徽省(巢湖市)、云南省(普洱市、思茅市)、海南省(儋州市、三沙市)、青海省(海东市)、新疆维吾尔自治区(吐鲁番市、哈密市)、西藏自治区(所有地级市),本书选取 2004—2018 年中国 284 个地级市作为样本数据。对于缺失值,采用多项式拟合法填补差值。

4.1.2 工业机器人应用的演化特征

为进一步展示工业机器人应用的演化趋势及演化特征,本部分从工业机器人安装数量、工业机器人渗透度、工业智能化技术专利数量、应用工业智能化技术企业数量的角度,多维度分析工业机器人应用的演化历程。其中,工业机器人渗透度是根据国际机器人联合会(IFR)公布的工业机器人安装量以行业就业人数占比为权重计算得到,可以反映工业机器人的实际投入以及应用水平;工业智能化技术专利数量是根据万方专利数据库中与工业智能化技术相关专利信息的披露,基于与工业智能技术相关的关键词信息,运用 Python 文本搜集方法得到的各地级市工业智能化技术专利数量,并将专利具体细分为发明专利、实用新型专利和外观设计专利,可以具体反映工业机器人的研发投入及研发成果；应用工业智能化技术企业数量是根据"天眼查"企业数据库，同样基于工业智能技术相关关键词，运用文本抓取方法得到各地级市应用工业智能化技术的企业数量，并进一步计算应用工业智能化技术企业数量对地区总企业数量的占比，以反映工业机器人技术的实际应用水平及应用成果。

图4-1呈现从工业机器人渗透度视角来反映全国层面工业机器人应用的演化趋势。其中，图4-1左图的纵轴为全国2001—2019年的工业机器人安装数量。可以发现自2001年来，我国工业机器人安装数量虽在2009年、2018年及2019年有小幅下降，但总体上呈上升趋势。2009年之后，我国工业机器人安装数量的增速明显加快，这可能与我国逐渐摆脱2008年金融危机带来的不良影响以及国家出台的一系列推进工业机器人应用以及工业智能化体系建设的政策有关；2017年我国工业机器人安装数量达到峰值。图4-1右图的纵轴为2004—2019年我国工业机器人渗透度，是对各个地级市工业机器人渗透度求平均值得到，可以发现我国工业机器人渗透度整体上呈不断上升的趋势，且在2012年之后增速明显上升，最大增幅为2014年的53.52%，至2019年，我国整体的工业机器人渗透度为0.7361。综合可知，在国家政府部门的政策支持下，从工业机器人渗透度视角看，我国工业机器人应用水平在2001—2019年以较快速度逐年增长。

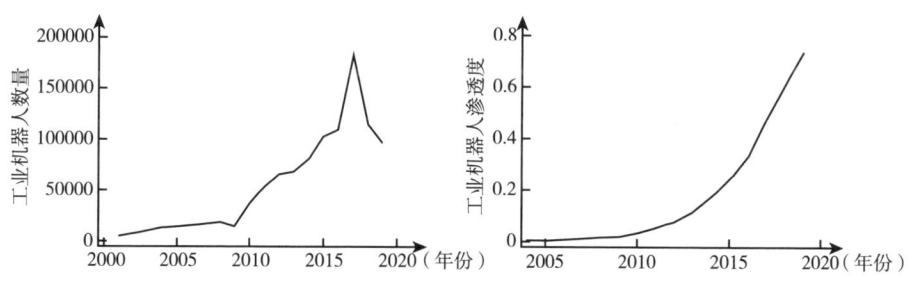

图4-1 全国工业机器人应用的演化趋势——工业机器人安装量及工业机器人渗透度视角

图4-2呈现从工业智能化技术专利数视角来反映全国层面工业机器人应用的演化趋势。其中，图4-2左图的纵轴为全国2000—2020年工业智能化技术专利总数。可以看出，自2000年以来，我国工业智能化技术专利数量呈现不断上升趋势，且在2011年后增速明显加大，最大增速为2015年的59.72%。工

业智能技术专利是衡量工业智能技术研发层面的重要指标,可知我国工业机器人的技术研发规模自2000年以来呈不断增长趋势,至2020年,我国工业智能化技术专利总数已达51799项。图4-2右图的纵轴为全国2000—2020年发明、实用新型和外观设计三种类型的工业智能化技术专利的数量,可以发现在三种类型的工业智能化技术专利中,发明专利的数量最多、增速最快,实用新型专利的数量次之、增速次之,外观设计专利的数量最少且增速不明显。由此可知,发明专利依然是我国工业智能化技术专利的主要类型。综合可知,从工业智能化技术专利视角来看,我国工业机器人应用水平在2000—2020年呈大幅上升趋势。

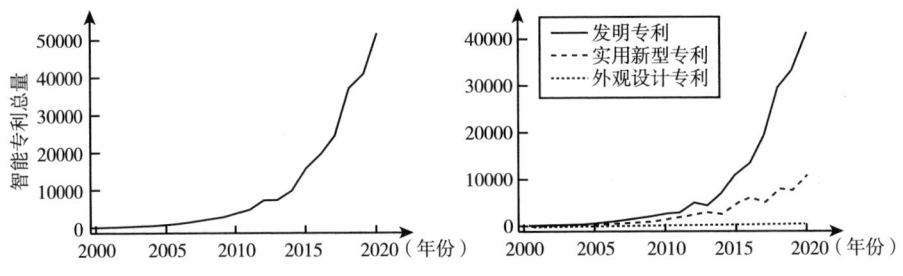

图4-2 全国工业机器人应用的演化趋势——工业智能技术专利数视角

图4-3呈现从工业智能化技术应用企业数视角来反映全国层面工业机器人应用的演化趋势。图4-3左图的纵轴为我国2000—2019年应用工业智能技术企业的总数,是对各个地级市工业智能技术应用企业数求总和得到。可以看出,我国应用工业智能技术企业数量呈不断上升趋势,且在2013年后增速明显加快,这与我国大力建设工业智能化体系的政策支持密不可分,至2020年,我国应用工业智能技术企业数已达139348个。图4-3右图的纵轴为我国2000—2019年工业智能技术应用企业数对企业总数的占比,是对各个地级市工业智能技术应用企业占比求平均值得到。可以发现,我国工业智能技术应用企业占比虽在2008年小幅下降,这可能是受全球金融危机的波及影响,但在2000—2019年总体上呈现不断增长的趋势,且在2010年之后增速上升,至2020年,我国工业智能技术应用企业占比已达0.0044。综合可知,从应用工业智能技术企业数视角来看,我国工业机器人应用规模呈不断扩大趋势。

第4章 中国工业机器人应用与劳动力就业稳定性的特征性事实

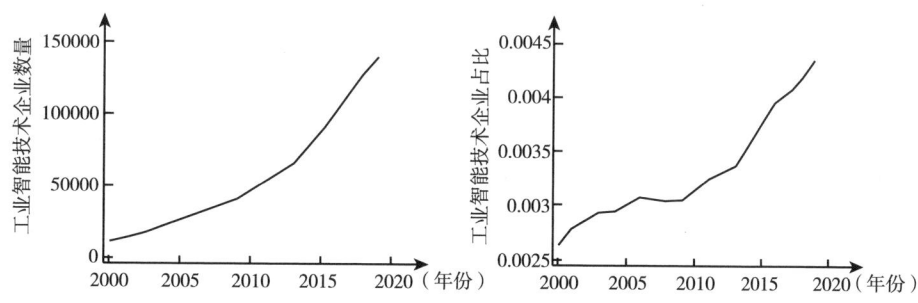

图4-3 全国工业机器人应用的演化趋势——工业智能技术应用企业数视角

4.1.3 工业机器人应用的分布特征

本部分从城市区位、城市知识产权保护程度、城市市场化水平三个方面，每个方面从工业机器人渗透度、工业智能化技术专利数、工业智能化技术应用企业数占比三个维度，分析我国工业机器人应用的分布特征。

中国地域面积广阔，各地区经济发展、资源禀赋以及产业结构呈现差异化，因此，有必要探讨不同区位城市工业机器人应用水平的不同。不同于一般意义上将我国区域划分为东、中、西三个部分，鉴于沿海地区、长三角地区相比内陆地区的工业机器人使用量有较大差异，进而在东、中、西三大区域的基础上将我国区域划分为七个区域：北部沿海地区、长三角地区、南部沿海地区、中部内陆地区、西北地区、西南地区、东北地区，分区域考察我国工业机器人应用在不同区域所呈现的差异化发展水平及演化趋势。各区域具体所辖地区如表4-1所示。

表4-1 七大区域划分方法

区域	所辖地区
北部沿海地区	北京、天津、河北、山东
长三角地区	上海、安徽、浙江、江苏
南部沿海地区	广东、福建、海南
中部内陆地区	湖北、湖南、山西、河南、江西、内蒙古
西北地区	宁夏、陕西、甘肃、青海、新疆、西藏
西南地区	贵州、四川、重庆、云南、广西
东北地区	黑龙江、吉林、辽宁

图 4-4 呈现从工业机器人渗透度视角来看,工业机器人应用在不同区域的演化特征。图 4-4 的纵轴为 2004—2019 年各个区域的工业机器人渗透度,是由该区域内各地级市工业机器人渗透度求均值后得出。可以发现,各个区域的工业机器人渗透度在整体上均呈现上升趋势。其中,北部沿海地区的工业机器人渗透度最高,至 2019 年已达 1.44;长三角地区的工业机器人渗透度次之,至 2019 年达到 0.96;南部沿海地区的工业机器人渗透度在七个区域中排名第三,东北地区和中部内陆地区的工业机器人渗透度在七个区域中分别排名第四和第五,排名较后的为西北地区和西南地区。从增速上看,整体看来,自 2016 年起各个区域的工业机器人渗透度的增速均明显增大,但北部沿海地区工业机器人渗透度的增速最高。综合看来,从工业机器人渗透度的视角出发,我国各个区域的工业机器人应用水平及增长速度呈现较大差异,北部沿海地区、长三角地区和南部沿海地区的工业机器人应用水平较高,因此,应重点扶持西北地区和西南地区的工业机器人应用与发展。

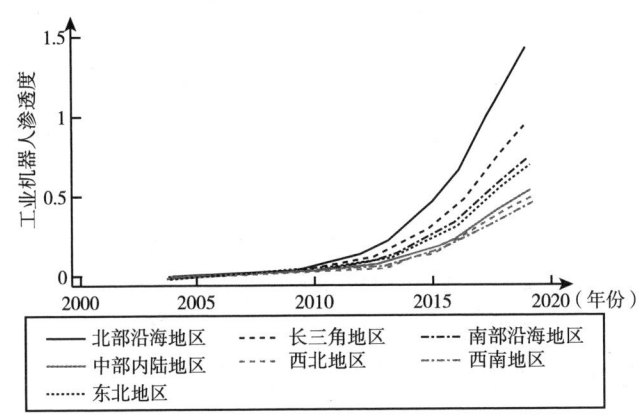

图 4-4　工业机器人应用在不同区位城市的分布特征——工业机器人渗透度视角

图 4-5 展示从工业智能技术专利视角来看,工业机器人应用在七大区域的演化特征。图 4-5 的纵轴为 2000—2020 年各地区工业智能化技术专利总数,是由各地区所辖地级市的工业智能化技术专利数加总得到。可以看出,各地区工业智能化技术专利数在 2000—2020 年整体上呈现上升趋势。北部沿海地区、长三角地区和南部沿海地区的工业智能化技术专利总数一直在七大区域中排名前三,但这三个区域的发展态势却不尽相同。具体来说,2000—

2016年，在七大区域中北部沿海地区的工业智能化技术专利总数最大，长三角地区次之，南部沿海地区工业智能化技术专利总量在七大区域中排名第三；2017—2020年，南部沿海地区的工业智能化技术专利数大幅增长，在七大区域中增速最快，至2020年一跃成为七大区域中工业智能化技术专利数最多的地区，北部沿海地区次之，长三角地区工业智能化技术专利总量在七大区域中的排名由第二变为第三。中部内陆地区、西北地区、西南地区和东北地区的工业智能化技术专利数量在2000—2020年一直呈现平稳增长趋势，至2020年，西南地区工业智能化技术专利数在七大区域中排名第四，中部内陆地区、西北地区和东北地区分别排名第五、第六、第七。综合来看，从工业智能化技术专利数视角来看，我国工业机器人应用在七大区域呈现差异化化发展，南部沿海地区、北部沿海地区和长三角地区依然是七大区域中工业机器人应用的领军区域。

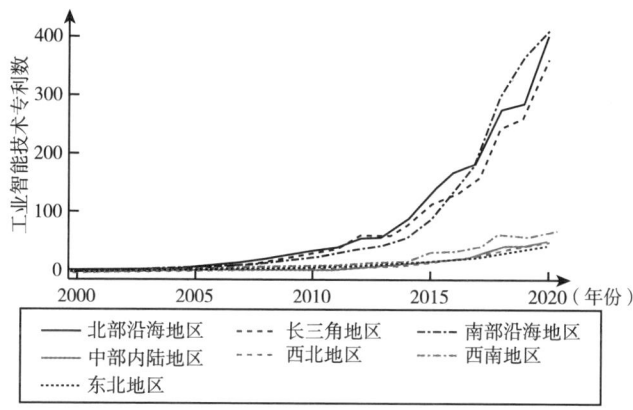

图4-5 工业机器人应用在不同区位城市的分布特征——工业智能技术专利数视角

图4-6呈现从工业智能技术应用企业数视角来看，工业机器人应用在七大区域的演化特征。图4-6的纵轴为2000—2019年各地区工业智能化技术应用企业数占比，是由各地区所辖地级市的工业智能化技术应用企业数占比求均值得到。可以看出，除西北地区以外，其余六个区域的工业智能化技术应用企业数占比呈现逐年上升趋势，且西北地区的应用工业智能化技术企业占比在2014年之后也表现出缓慢增长的趋势。具体来看，长三角地区、南部沿海地区和北部沿海地区的工业智能化技术应用企业占比在七大区域中排名

前三，且长三角地区的工业智能化技术应用企业占比的增速最大，至 2019 年，长三角地区工业智能化技术应用企业占比达到 0.0067。2019 年，东北地区、西北地区、中部内陆地区的工业智能化技术应用企业数占比在七大区域中分别排名第四、第五、第六，西南地区的应用工业智能化技术企业数占比最低。综合来看，长三角地区、南部沿海地区和北部沿海地区依然是我国工业机器人应用水平较高的地区，同时应进一步推进西南地区工业智能化企业的进驻以及工业智能化体系的建设。

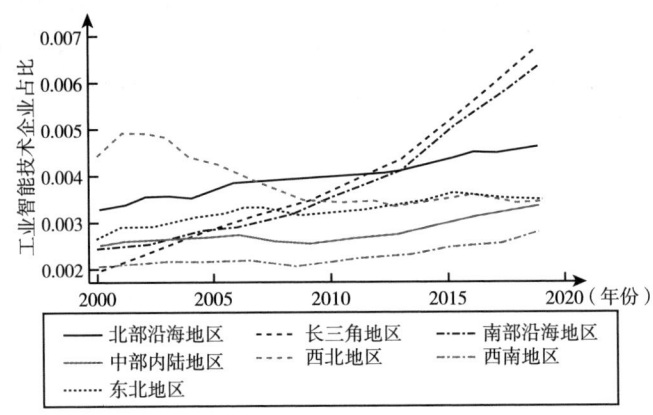

图 4-6　工业机器人应用在不同区位城市的分布特征——
应用工业智能技术企业数视角

知识产权保护能促进企业创新质量提升（方慧和霍启欣，2023），从而有利于企业工业智能技术的研发和应用。强知识产权保护不仅对企业创新绩效有直接提升作用，还会增大企业研发投入和技术溢出，从而间接提升企业创新绩效（方中秀，2022），而知识产权保护通过企业创新绩效路径提升企业研发技术复杂度（方杰玮炜和施炳展，2022），因此知识产权保护可能促进工业智能技术发展以及工业机器人应用水平的提升。为此，本书借鉴许春明和单晓光（2008）对知识产权保护程度的测算方法，测算区域知识产权保护程度，将低于和高于平均值的城市分类为低知识产权保护程度地区和高知识产权保护程度地区，以探究不同知识产权保护程度地区的工业机器人应用水平。

图 4-7 分别展示在工业机器人渗透度、工业智能化技术专利数和工业智能化技术应用企业数三个维度下，低知识产权保护区域和高知识产权保护区域的工业机器人应用水平。图 4-7 显示，2005 年之前不同知识产权保护程

度区域在三个维度表征下的工业机器人应用水平差距较小，原因可能是在2005年之前工业智能化技术发展缓慢或者尚处于发展起始阶段，此阶段工业机器人的应用水平较低；2005年之后，高知识产权保护程度地区在三个维度表征下的工业机器人应用水平的增速明显高于低知识产权保护程度地区，表现为高知识产权保护程度地区与低知识产权保护程度地区的工业机器人应用水平的差距不断拉大。

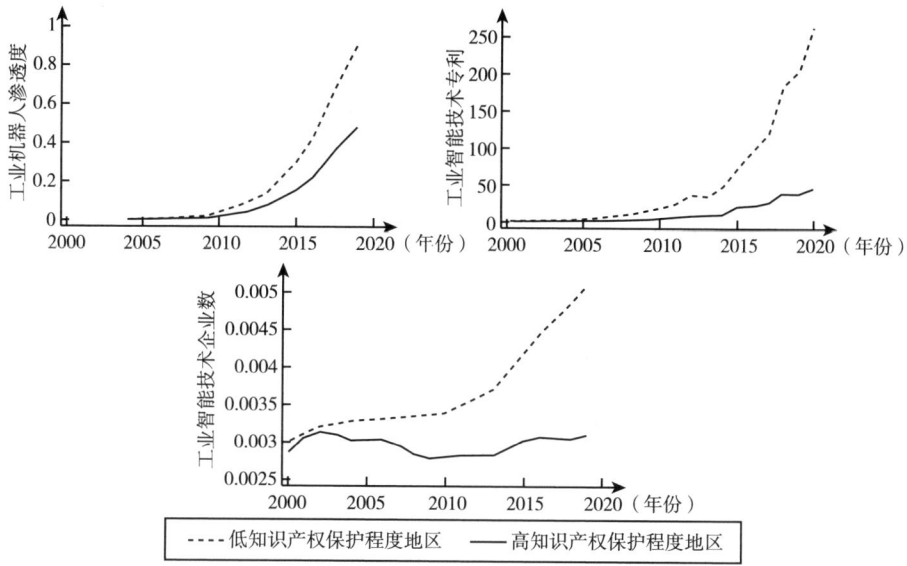

图4-7 工业机器人应用在不同知识产权保护程度城市的分布特征

市场化改革通过提升创新效率路径提高企业出口技术复杂度（田晖等，2022），同时，市场化进程有助于研发资本流动的高级化和合理化（谭玉松和王林辉，2021），而研发资本流动效率的提升能够促进技术研发广度和复杂度的双向提升（沈路等，2022；王钺，2021），因此区域市场化水平可能对工业智能技术研发和工业机器人应用起到促进作用。本书按照樊纲等（2011）的方法测量区域市场化指数，将市场化水平低于均值的城市分类为低市场化水平地区，高于均值的城市分类为高市场化水平地区，用以探究不同市场化水平下工业机器人应用水平的差异性。

图4-8分别展示在工业机器人渗透度、工业智能化技术专利数和工业智能化技术应用企业数三个维度下，低市场化水平地区和高市场化水平地区的

工业机器人应用水平。可以发现，低市场化水平地区和高市场化水平地区在三个维度衡量下的工业机器人应用水平，在整体上均呈现不断上升的趋势。具体来说，2007年之前，低市场化水平地区和高市场化水平地区在三种维度衡量下的工业机器人应用水平的差距较小，而在2007年之后，高市场化水平地区的工业机器人应用水平的增速显著高于低市场化水平地区，两者的工业机器人应用水平的差距呈现不断扩大的发展趋势。

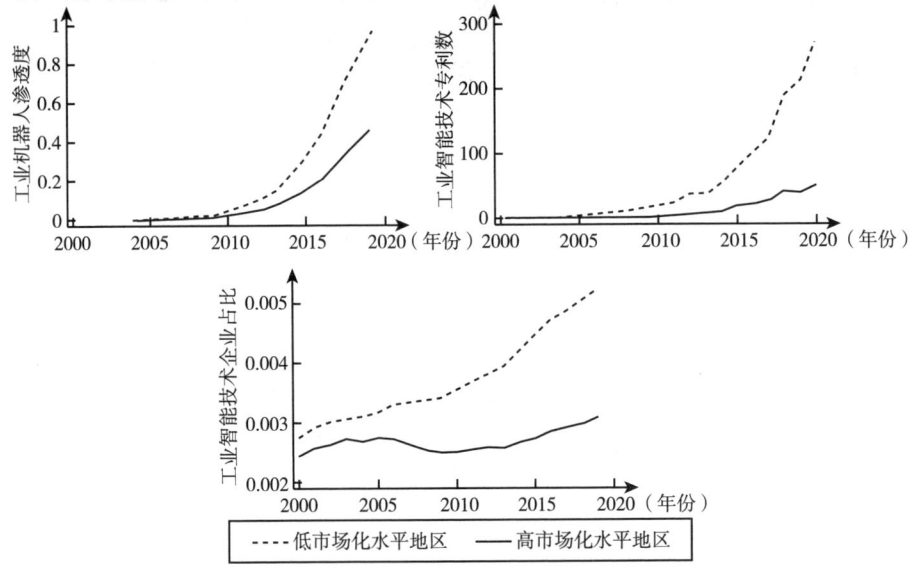

图4-8　工业机器人应用在不同市场化水平城市的分布特征

4.2　劳动力就业稳定性的特征性事实

本节介绍劳动力就业稳定性的衡量方法，并阐述指标设计思路与所用数据来源，从微观个体层面探讨劳动力就业稳定性的测度，分析整体的劳动力就业稳定性演化趋势及不同劳动力个体、不同职业属性和不同区域劳动力就业稳定性的分布特征。

4.2.1　劳动力就业稳定性的测度方法与数据说明

"就业"的经济学含义通常是指有劳动能力和劳动意愿的劳动者所从事

第4章 中国工业机器人应用与劳动力就业稳定性的特征性事实

的以获取劳动报酬或经营收入为目的的活动。"就业"的概念既可用于宏观层面，如国家或地区的就业量和就业率，也可用于微观层面，如某一劳动者找到了某一项具体的工作。劳动者就业状态变化引发了对就业稳定性问题的探讨，国内外文献关于"就业稳定性"的概念并未有统一界定，且"就业稳定性"多与"正规就业""标准劳动关系"等概念通用，着重强调劳动者工作的"安全性"特征，包括工作收入安全（稳定的工资和相关福利待遇）、工作关系安全（正规劳动合同的签订）和工作保障安全（设立工会并能够保障劳动者利益）等（Olsthoorn，2014）。经济学意义上微观层面的就业稳定性，还用来描述劳动者与其工作岗位之间的适配性。当劳动者的人力资本水平与工作岗位的技能要求和收入水平相一致时，劳动者与雇主均愿意维持当下的雇佣关系不变，则具有就业稳定性；相反，劳动者人力资本水平高于就业岗位需求时，劳动者会主动寻求工作关系转换，劳动者人力资本水平低于就业岗位需求时，劳动者会被解雇从而被动地进行工作关系转换，这些均是缺乏就业稳定性的表现。

本书主要使用个体数据从微观层面测度劳动力就业稳定性，并使用地级市数据从宏观层面对劳动力就业稳定性的测度进行补充。微观层面的就业稳定性用于描述个体劳动力就业状态是否稳定，以反映劳动者工作间转换或者由工作转换为不工作的情况。微观层面就业稳定性的测度主要是根据劳动者的工作情况度量个体就业稳定性，常用的测度指标有劳动合同期限、雇员人数、工作持续时间、工作转换频率、劳动合同签订率等。基于个体劳动力数据的可得性，本书采用劳动合同期限、工作持续时间和工作转换频率三个维度测度劳动力就业稳定性。

一方面，本书使用中国劳动力动态调查（CLDS）数据测度微观个体层面的劳动力就业稳定性指标，具体测度方法如下：第一，从劳动合同期限的维度，魏下海等（2015）的研究表明签订正规劳动合同的劳动者能够获取更稳定的收入以及更全面的社会保障，故依据问卷中对"您签订的是哪种类型的劳动合同"和"这次合同，您与本单位/企业签订了几年"的回答，将与用人单位签订永久劳动合同以及5年以上劳动合同的劳动者，划分为稳定就业者，取值为"1"，其余为非稳定就业者，取值为"0"。第二，从工作持续时间的维度，借鉴张艳华和沈琴琴（2013）的测度方法，依据问卷中对"您目前或最近这份工作是什么时候开始的"和"您这份工作是哪一年结束的"两个问题的回答，计算劳动者目前或者最近一份工作的持续时间，取对数后用于衡量劳动者就业稳定性指标。第三，从工作转换频率的维度，参考邵敏和武鹏（2019）的衡量方式，依据问卷中对"您自工作以来，一共有过几次工作经历"问题的回答，运用工作经历次数与参加工作年限的比值来测度劳动力就业稳定性。第四，运用熵权法和TOPSIS法，将上述三个维度的就业稳定性指标合成一个衡量劳动力就业稳定性的综合指标，用以进一步测度微观个体层面的劳动力就业稳定性。

中国劳动力动态调查（CLDS）数据由中山大学社会科学调查中心执行，对城市和农村的劳动力进行两年一次的追踪调查，涵盖了劳动力个体、家庭和社区三个层面的追踪以及横截面数据，自2011年广东省试调查之后，2012年完成全国基线调查，并于2014年、2016年和2018年进行追踪调查。CLDS数据以16—64周岁的劳动力为调查对象，对劳动力的教育、就业、职业转换、劳动权益与职业保护、职业满足感以及幸福感等现状和变化情况进行数据采集，同时对劳动力所在社区的经济背景和社会发展状况等展开调研，是涉及多学科的大型综合调查。该调查样本覆盖全国29个省市、14214户家庭和23594个个体，涵盖东、中、西部地区以及广东地区和珠三角地区，并采用分层次且与劳动力数量成比例的概率抽样方法进行数据采集，具有样本涵盖范围的广泛性及抽样方法的合理性。由于2012年数据的问卷中缺失用于测度就业稳定性变量的相关问题，本书选取2014年、2016年和2018三年的数据进行分析。

另一方面，本书使用中国家庭收入调查（CHIP）数据作为微观个体层面劳动力就业稳定性研究的稳健性检验，以增加结果的可信度，具体衡量方法如下：第一，依据问卷中对"这份工作的劳动合同性质"的回答，将回答为"固定职工（包括公务员、事业单位和在编人员）"和"长期合同"的劳动者划分为稳定就业者，赋值为"1"，将回答为"短期或临时合同"和"没有合同（包括临时打工）"的劳动者划分为非稳定就业者，赋值为"0"。第二，从工作持续时间的维度，依据问卷中对"您开始这份工作的时间"问题的回答，计算劳动者目前工作的持续时间，取对数后作为劳动者就业稳定性的测度指标。第三，从工作转换频率的维度，依据问卷中对"这份工作是您自参加工作以来的第几个工作"问题的回答来衡量劳动力就业稳定性变量。第四，运用熵权法和TOPSIS法，将上述三个维度的就业稳定性指标合成为一个衡量劳动力就业稳定性的综合指标，进一步全面刻画微观层面劳动力就业稳定性。至此可知，本书所用 CLDS 数据库和 CHIP 数据库衡量就业稳定性变量的维度和指标是一致的。

中国家庭收入调查（CHIP）数据由中国社会科学院经济研究所收入分配课题组采集，自 1988 年第一次开展中国住户收入调查开始，至今已相继完成六轮全国性入户调查，分别收集了 1988 年、1995 年、2002 年、2007 年、2013 年和 2018 年的家庭和个人收支信息，形成了一套时间跨越达 30 年的多时期的住户数据库。CHIP 数据针对城镇和农村住户进行分别调查，且从 2002 年的数据开始，加入了对流动人口的调查，即 2002 年及之后年份的调查包含了城镇住户、农村住户和流动人口三类样本，保证了调查对象的全面性与完整性。基于劳动力就业稳定性变量的数据可得性，并考虑到中国工业机器人应用是于 2010 年之后才开始大规模发展并投入生产实践的，本书选取 2013 年和 2018 年的数据为研究样本进行分析。

4.2.2 劳动力就业稳定性的演化特征

为考察中国劳动力就业稳定性的演化特征，本部分基于微观个体层面数据，采用劳动合同签订时长、目前或最近一份工作的持续时间、工作转换频率以及加权综合指标考察个体层面的劳动力就业稳定性水平，并采用熵权法、TOPSIS 法和主成分分析法测算宏观城市层面数据作为就业稳定性指标的补充。

（1）基于个体层面 CLDS 数据测算

本书根据 2014 年、2016 年和 2018 年中国劳动力动态调查（CLDS）数据的问卷内容，从劳动合同期限、工作持续时间、工作转换频率三个维度分别表征个体层面劳动力就业稳定性水平，并采用熵权法和 TOPSIS 法，将上述三个维度指标合成为衡量个体层面劳动力就业稳定性的综合指标。

图 4-9 呈现以劳动合同期限表征劳动力就业稳定性的演化趋势，图 4-9 的纵轴为我国个体劳动力劳动合同签订时长，是该年被访问个体劳动合同签订时长的平均值。由图 4-9 可知，2014—2018 年，个体劳动力签订的劳动合同时长不断下降，即个体劳动力就业稳定性呈下降趋势。具体来说，2014 年个体劳动力合同签订平均时长为 7.28 年，2016 年为 6.73 年，2018 年为 4.44 年，合同签订时长越短，劳动力就业稳定性越低。

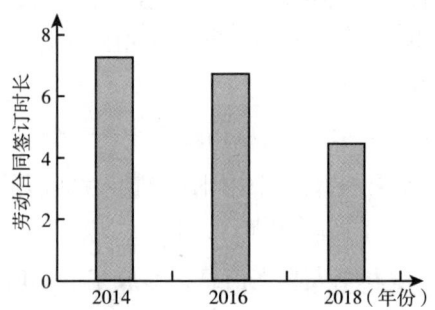

图4-9 劳动力就业稳定性个体层面演化特征

图4-10展示以目前或最近一份工作持续时间衡量劳动力就业稳定性的演化趋势,图4-10的纵轴为我国个体劳动力目前或最近一份工作的持续时间,是该年被访问个体目前或最近一份工作时间的平均值。图4-10显示,2014—2018年个体劳动力目前或最近一份工作的持续时间呈不断下降趋势,其中2014年个体劳动力目前或最近一份工作的平均持续时间为4.30年,2016年为2.86年,2018年为1.91年,工作持续时间越短,劳动力就业稳定性越低,即2014—2018年个体劳动力就业稳定性不断降低。

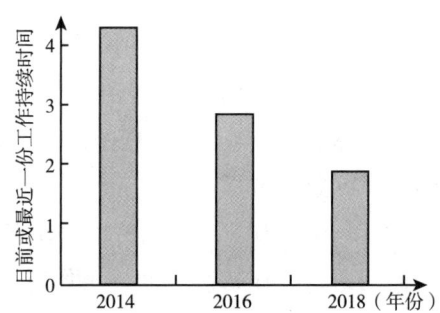

图4-10 劳动力就业稳定性个体层面演化特征

图4-11呈现以工作转换频率表征劳动力就业稳定性的演化特征,图4-11的纵轴表示我国劳动力工作转换频率,是该年被采访个体劳动力自工作以来工作转换次数与工作年限比值的平均值。由图4-11可知,2014—2018年我国个体劳动力平均工作转换频率呈逐年上升的趋势,其中2014年个体劳动力平均工作转换频率为1.90次,2016年为2.86次,2018年为4.20次,工作转换频率越高,劳动力就业稳定性越低,即2014—2018年劳动力就业稳定性不断下降。

第4章 中国工业机器人应用与劳动力就业稳定性的特征性事实

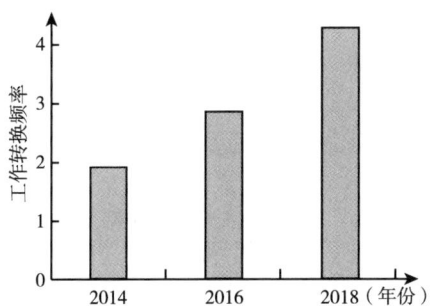

图4-11 劳动力就业稳定性个体层面演化特征

图4-12展示将劳动合同期限、目前或最近一份工作持续时间、工作转换频率合并为综合指标表征个体劳动力就业稳定性的演化特征。由图4-12可知，无论运用熵权法还是TOPSIS法将上述三个维度的就业稳定性指标合成为综合指标，运用综合指标衡量的个体劳动力就业稳定性在2014—2018年均呈现不断下降趋势。

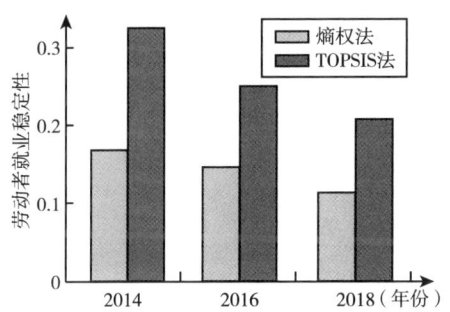

图4-12 劳动力就业稳定性个体层面演化特征

综上可知，无论是以劳动合同期限、目前或最近一份工作持续时间、工作转换频率三个维度分别衡量个体劳动力就业稳定性，还是将上述三个维度运用熵权法或TOPSIS法合成综合指标衡量个体劳动力就业稳定性，基于CLDS微观数据库测度得到的我国个体劳动力就业稳定性均呈不断下降趋势，具体表现为个体劳动合同签订时长不断缩短、目前或最近一份工作持续时长减少以及工作转换频率的增大。

（2）基于城市层面数据测算

城市层面就业稳定性数据是以就业环境、就业报酬和就业保障3个一级指标、下设 10 个二级指标建立的就业稳定性指标体系。其中，一级指标就业环境包含就业比率、城乡工资收入差异、工伤发生率 3 个二级指标；一级指标就业报酬包含职工平均工资、平均工资增长率、工资总额占 GDP 的比重 3 个二级指标；一级指标就业保护包含劳动争议案件结案率、工会调解效率、人均财政社保支出比率、平均社保参与率 4 个二级指标。分别以熵权法、TOPSIS 法、主成分分析法将上述指标加权为衡量城市就业稳定性水平的综合指标，以地级市为单位测度的城市劳动力就业稳定性水平。

图 4-13 依次呈现熵权法、TOPSIS 法和主成分分析法测算得到的城市层面劳动力就业稳定性水平的演化趋势，图 4-13 纵轴为 2011—2018 年全国的劳动力就业稳定性水平，是由地级市劳动力就业稳定性水平求均值得到。由图 4-13 可知，采用熵权法、TOPSIS 法和主成分分析法表征的劳动力就业稳定性水平在 2011—2018 年整体上均呈现波动上升的趋势。具体来说，除在 2015 年及 2016 年表现为小幅下降外，其余年份均呈上升趋势，且在 2013 年劳动力就业稳定性水平的增速达到最大。综合可知，构建就业稳定性指标体系表征城市层面就业稳定性水平，可得我国劳动力就业稳定性水平呈现上升趋势，即用综合指标衡量的我国整体劳动力就业逐年趋于稳定，具体可解释为劳动力就业环境更加优化、就业报酬更高和就业保障水平更加完善。

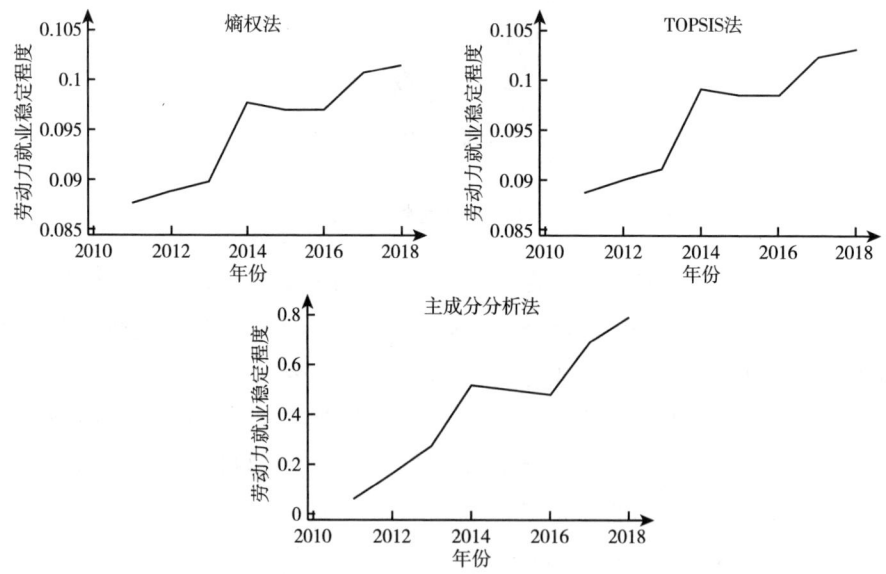

图 4-13 劳动力就业稳定性在城市层面的演化特征

4.2.3 劳动力就业稳定性的分布特征

本部分基于 CLDS 微观个体数据库测度劳动力就业稳定性，从劳动者个体属性、所从事职业的职业属性和所属城市的城市属性，探讨个体劳动力就业稳定性的分布特征。

(1) 个体特征

不同性别、户籍、受教育程度和年龄段个体的先天条件、成长环境和劳动能力有所差别，不同特征个体的劳动力就业稳定性可能存在差异，因此，本书基于 CLDS 数据库测算不同性别、户籍、受教育程度和年龄段个体的劳动力就业稳定性，以探究劳动力就业稳定性的个体属性分布特征。

图 4-14 展示以劳动合同期限衡量个体劳动力就业稳定性的性别分布特征，可以发现 2014—2018 年男性和女性的劳动力就业稳定性均呈现下降趋势，但男性相比女性而言劳动合同签订期限更长，即男性相比女性具有更稳定的就业。这可能是由于雇佣单位考虑到女性在生育子女期间的劳动产出效率较低，故与女性劳动者签订劳动合同的期限更短。

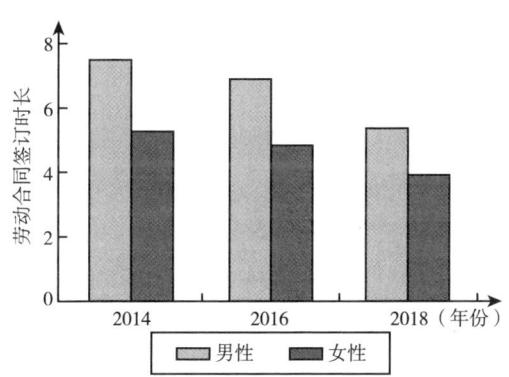

图 4-14 劳动力就业稳定性的个体性别分布特征

图 4-15 呈现以劳动合同期限衡量个体劳动力就业稳定性的户籍分布特征，由图 4-15 可知，非农户口和农业户口的劳动力在 2014—2018 年就业稳定性整体上不断下降，但农业户口的个体劳动者相比非农户口劳动合同签订时长更短。原因可能是，非农户口的劳动者在人力资本水平、技能水平、家庭背景等方面相比于农业户口劳动者更具有优势，在雇佣市场上非农户口的劳动者更具有竞

争优势，故非农户口劳动者相比于农业户口劳动者签订劳动合同期限更长。

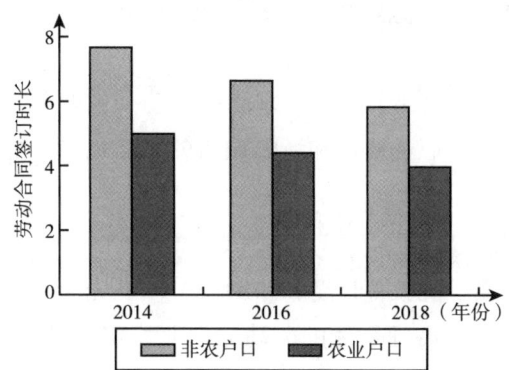

图 4-15 劳动力就业稳定性的个体户籍分布特征

图 4-16 呈现以劳动合同期限衡量个体劳动力就业稳定性的受教育程度分布特征。按照个体学历将初中及以下学历划分为初等受教育程度、初中以上且大专以下（不含大专）学历划分为中等受教育程度、大专及以上学历划分为高等受教育程度。图 4-16 显示，初等、中等和高等受教育程度个体劳动者就业稳定性在 2014—2018 年均呈现下降趋势，但受教育程度越高的劳动者签订劳动合同的期限越长，即劳动者受教育程度与就业稳定程度成正比。

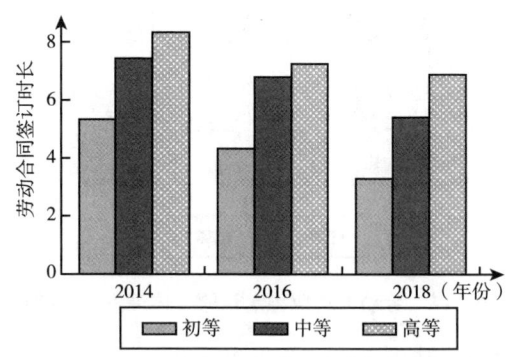

图 4-16 劳动力就业稳定性的个体受教育程度分布特征

图 4-17 展示以劳动合同期限衡量个体劳动力就业稳定性的年龄分布特征。将年龄 30 岁及以下个体划分为青年，30 岁以上且 55 岁及以下个体划分为中年，55 岁及以上个体划分为老年。可以发现青年、中年和老年劳动者的

就业稳定性在2014—2018年均不断下降,但年龄越大的劳动者劳动合同签订时长就越短,即劳动者年龄与就业稳定性成反比。

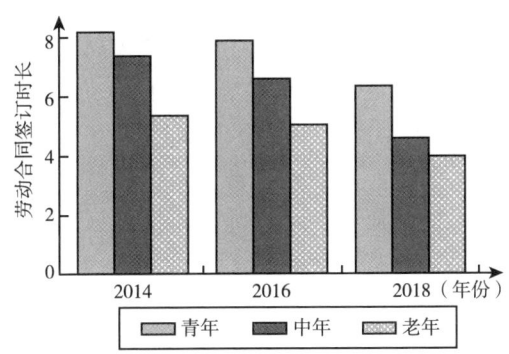

图 4-17 劳动力就业稳定性的个体年龄分布特征

(2) 职业特征

职业环境、安全性、场所和自主决定程度的差异,可能会导致劳动力在此类职业就业稳定性的差异,因此本书基于CLDS数据库测算从事不同环境、安全性、场所和自主决定程度职业的劳动力就业稳定性,以分析劳动力就业稳定性的职业属性分布特征。

图4-18呈现以劳动合同期限衡量个体劳动力就业稳定性的职业环境分布特征。根据受访个体对工作环境满意度的评价,将回答"非常满意"和"比较满意"划分为职业环境良好,其余回答划分为职业环境较差。可以发现,从事环境良好职业和从事环境较差职业的劳动者就业稳定性在2014—

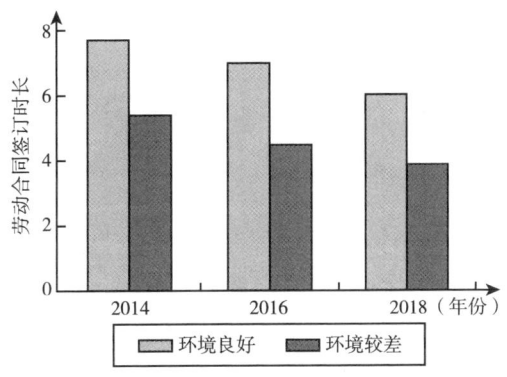

图 4-18 劳动力就业稳定性的职业环境分布特征

2018年均呈下降趋势，但相比于从事环境较差职业劳动者，从事环境良好职业的劳动者与用人单位签订的劳动合同期限更长，即良好的职业环境有利于劳动者就业稳定性的提升。

图4-19展示以劳动合同期限衡量个体劳动力就业稳定性的职业安全性分布特征。基于受访个体对工作安全性满意度的评价，将回答"非常满意"和"比较满意"划分为安全职业，其余回答划分为危险职业。图4-19显示，从事安全职业和危险职业的劳动者就业稳定性呈逐年下降趋势，但从事安全职业的劳动者与雇佣单位签订更长期限的劳动合同，即从事安全性较高职业的劳动者就业稳定性更高。

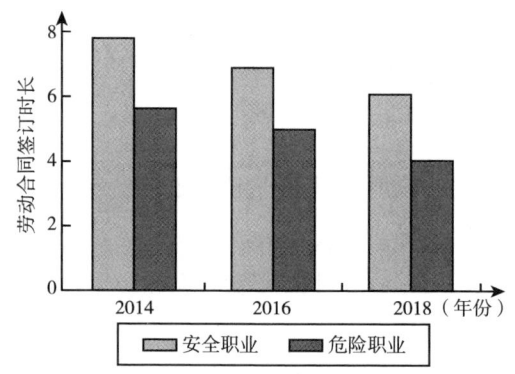

图4-19 劳动力就业稳定性的职业安全性分布特征

图4-20呈现以劳动合同期限衡量个体劳动力就业稳定性的职业环境分布特征。根据受访个体对"您的工作场所主要是"问题的回答，将回答"户

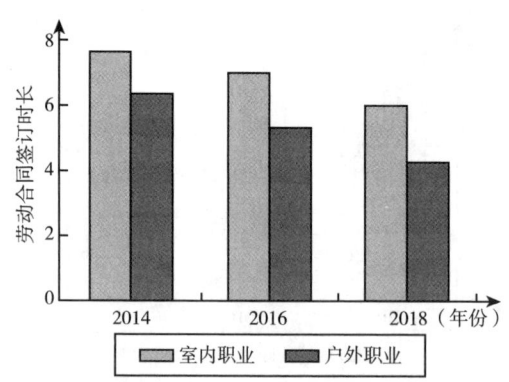

图4-20 劳动力就业稳定性的职业场所分布特征

第4章 中国工业机器人应用与劳动力就业稳定性的特征性事实

外"划分为户外职业,其余划分为室内职业。由图4-20可知,从事室内职业和户外职业劳动者就业稳定性在2014—2018年不断降低,但从事户外职业的劳动者签订劳动合同的时长低于从事室内职业的劳动者。

图4-21呈现以劳动合同期限衡量个体劳动力就业稳定性的职业自主程度分布特征。根据受访个体对工作内容、工作进度、工作强度三个方面的自主决定程度的回答,将三个方面的回答均为"完全由自己决定"划分为自主性较高职业,将三个方面的回答均为"完全由他人决定"划分为自主性较低职业,其余回答为自主性中等职业。可以发现,从事自主性较高、中等和较低职业的劳动者就业稳定性均呈现逐年降低的趋势,但相比于从事自主性中等和较低职业劳动者,从事自主性较高职业的劳动者签订劳动合同的期限更长,即劳动者就业稳定性随着职业自主决定程度的上升而增强。

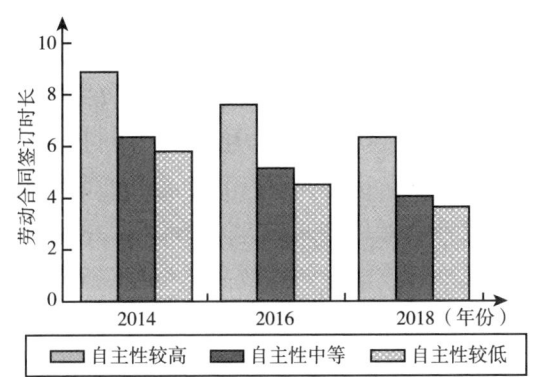

图4-21 劳动力就业稳定性的职业自主程度分布特征

(3) 城市特征

不同地理区位的城市,其资源禀赋、经济结构等条件不尽相同,因此,探讨不同区位城市的劳动力就业稳定性水平是必要的。图4-22是以签订劳动合同期限表征劳动力就业稳定性的城市区位分布特征,可以发现,虽然南部沿海地区和西北地区在2016—2018年劳动者签订劳动合同平均时长有小幅上涨,但七大区域的劳动者签订劳动合同的平均时长整体呈下降趋势,至2018年,北部沿海地区的劳动者签订劳动合同的期限最短。综合看来,从劳动合同签订时长来看,东北地区、西北地区和中部内陆地区是劳动力就业稳定性较高的地区,而北部沿海地区、长三角地区和南部沿海地区的劳动力就业稳定性较低。

工业机器人应用与劳动力就业稳定性

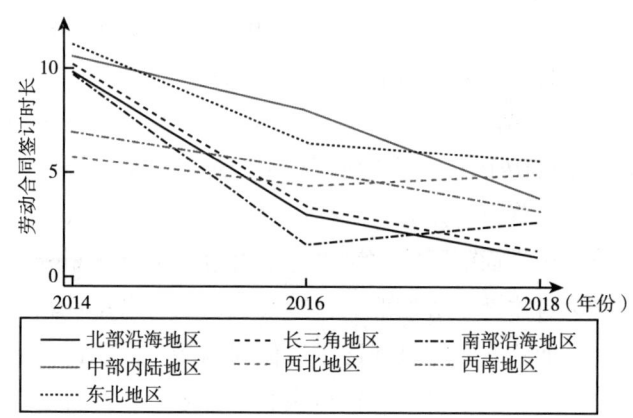

图 4-22 劳动力就业稳定性的城市区位分布特征——劳动合同签订时长视角

图 4-23 是以劳动者目前或最近一份工作的持续时间表征劳动力就业稳定性的城市区位分布特征。可以发现,七大区域的劳动者目前或最近一份工作平均持续时间整体上呈下降趋势,至 2018 年,中部内陆地区的劳动者平均工作持续时间最长,西北地区次之,而长三角地区的劳动者平均工作持续时间最短。综合可知,从劳动者目前或最近一份工作的持续时间来看,中部内陆地区和西北地区的劳动者就业稳定性较高,而长三角地区、北部沿海地区和南部沿海地区的劳动者就业稳定性较低。

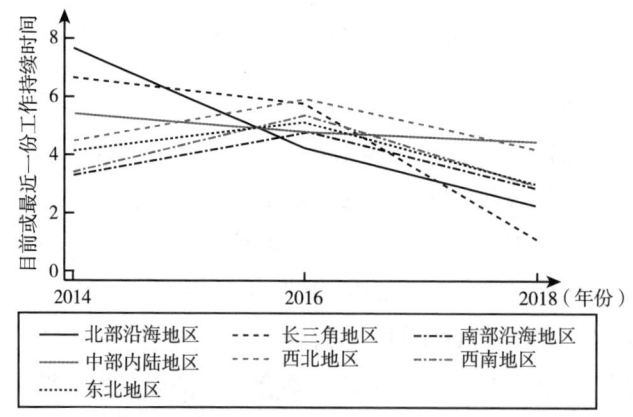

图 4-23 劳动力就业稳定性的城市区位分布特征——工作持续时间视角

图 4-24 是以劳动者工作转换频率表征劳动力就业稳定性的城市区位分

布特征。由图 4-24 可知，七大区域的劳动者工作转换频率在 2014—2018 年是逐年上升的，至 2018 年，南部沿海地区的工作转换频率最高，西北地区的工作转换频率最低。综合看来，从劳动者工作转换频率来看，西北地区、中部内陆地区和东北地区的劳动者就业稳定性较高，而南部沿海地区、长三角地区和北部沿海地区的劳动力就业稳定性较低。

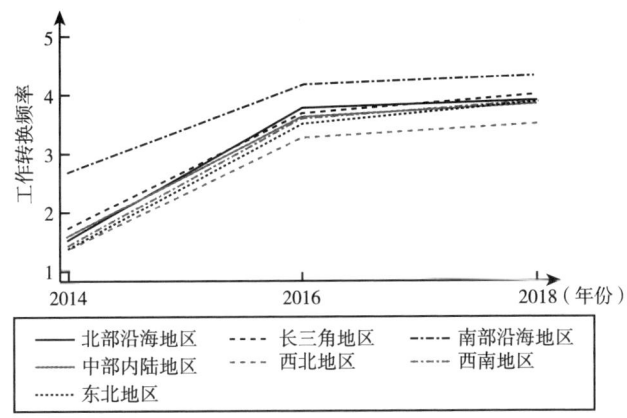

图 4-24　劳动力就业稳定性的城市区位分布特征——
工作转换频率视角

劳动保护通过提高劳动力市场运行效率进而促进劳动者就业达到均衡（刘家强等，2018；方浩和姚先国，2012），劳动保护能够有效降低劳动者失业风险（于长永等，2021），同时，城市劳动保护强度会对企业用工决策产生直接影响，因此不同劳动力保护强度地区的劳动力就业稳定性可能有所差异。本书参考孔高文等（2020）方法，运用区域劳动工会组织数量与区域劳动者就业人数的比值衡量区域劳动力保护强度，将高于和低于劳动力保护强度平均值的城市分别划分为高劳动保护强度地区和低劳动保护强度地区，以探究劳动力就业稳定性的劳动力保护强度分布特征。图 4-25 呈现分别以劳动合同期限、目前或最近一份工作持续时间、工作转换频率三个维度衡量劳动力就业稳定性下，高劳动保护强度地区和低劳动保护强度地区的劳动者就业稳定性水平。可以发现在上述三个维度下，高劳动保护强度地区和低劳动保护地区的劳动者就业稳定性整体均呈现下降的趋势，但相比于低劳动保护地区，高劳动保护地区的劳动者就业稳定性更高，即劳动保护强度越高，越有利于劳动者就业稳定。

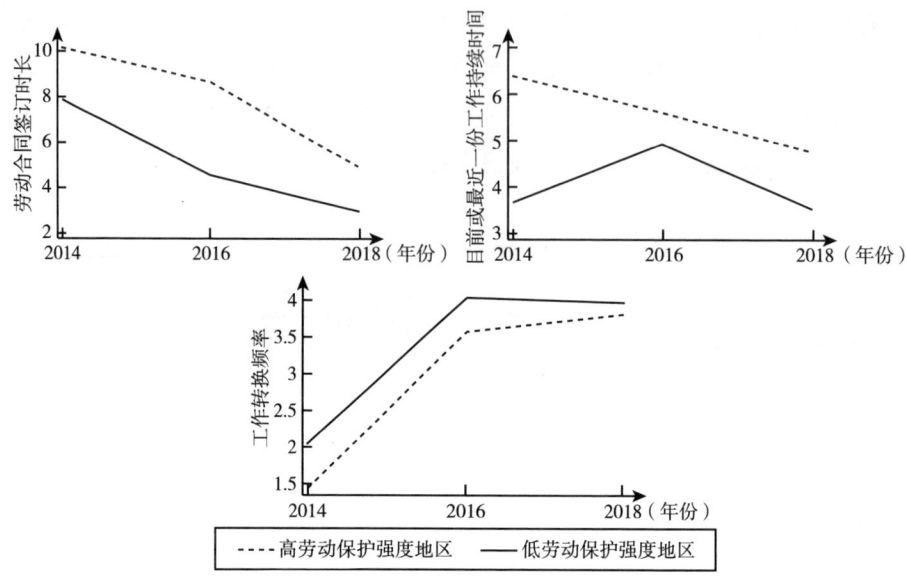

图4-25 劳动力就业稳定性的劳动力保护强度分布特征

财政教育支出水平的加大能够显著促进个体人力资本水平提升（刘文杰等，2022；孙萌和台航，2018；张苏和唐婧，2010），而人力资本提升能够促进劳动者就业（邱立成等，2021），因此不同财政教育支出水平地区的劳动力就业稳定性可能不同。本书依据各地区一般公共财政预算支出中的财政教育支出水平，将高于和低于平均值的区域分别划分为高财政教育支出水平地区和低财政教育支出水平地区，以分析劳动力就业稳定性的财政教育支出水平分布特征。图4-26展示分别以劳动合同期限、目前或最近一份工作持续时间、工作转换频率三个维度衡量劳动力就业稳定性下，高财政教育支出水平地区和低财政教育支出水平地区的劳动力就业稳定性水平。由图4-26可知，高财政教育支出水平地区和低财政教育支出水平地区的就业稳定性在上述三个衡量维度下均呈现逐年降低的趋势，但高财政教育支出水平地区的劳动力就业稳定性在各个年份均高于低财政教育支出水平地区，即区域财政教育支出增大能够促进劳动力就业稳定性水平提升。

第4章 中国工业机器人应用与劳动力就业稳定性的特征性事实

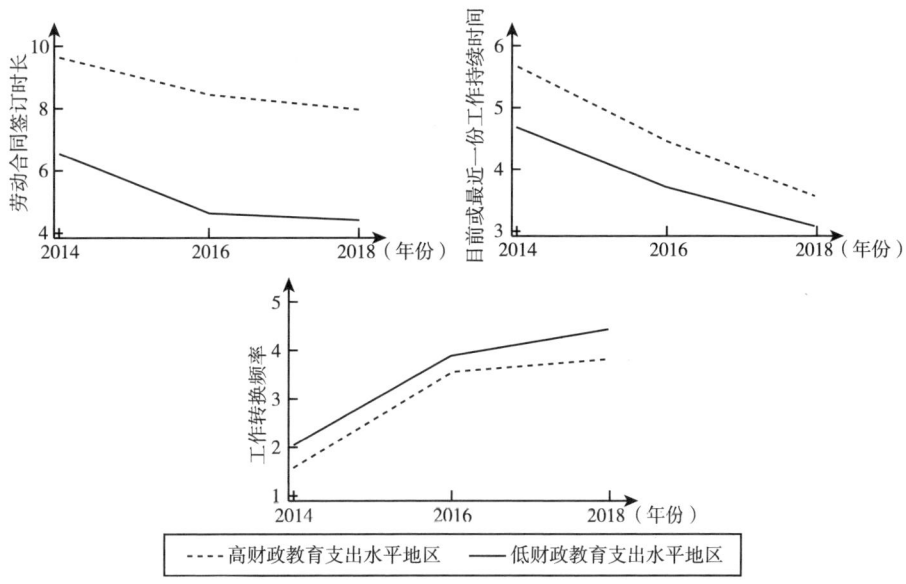

图 4-26 劳动力就业稳定性的财政教育支出水平分布特征

4.3 本章小结

首先，本章介绍工业机器人应用水平的测度方法，阐述运用工业机器人渗透度、工业智能化技术专利数、工业智能化技术应用企业数三个维度衡量城市层面工业机器人应用水平的具体方法与数据来源，最终测得2004—2019年284个地级市的工业机器人应用水平，在此基础上分析三个维度的工业机器人应用水平指标在全国层面的演化特征，并对不同地理区位、知识产权保护程度以及市场化水平城市中工业机器人应用水平的差异化发展进行对比分析。其次，基于中国劳动力调查CLDS微观个体数据，采用劳动合同期限、工作持续时间、工作转换频率三个维度以及此三个维度经过熵权法和TOPSIS法合成后的综合指标，全方位衡量微观个体层面的劳动力就业稳定性水平。最后，基于就业环境、就业报酬和就业保障3个一级指标，以及就业比率、城乡工资收入差异、工伤发生率、职工平均工资、平均工资增长率、工资总额占GDP的比重、劳动争议案件结案率、工会调解效率、人均财政社保支出比率、平均社保参与率 10 个二级指标，运用熵权法、TOPSIS 法和主成分分析法构建城市层面劳动力就业稳定性综合指标。在此基础上，从城市层面和微观层面考察全国劳动力稳定性水平的演化趋势，并从个体属性、职业属性、城市属性进一步剖析个体劳动力就业稳定性水平的分布特征。本章的主要研究结论如下：

第一，本书在分析已有文献对工业机器人应用水平测度方法的基础上，从工业机器人渗透度、工业智能化技术专利数、工业智能化技术应用企业数三个维度衡量城市层面工业机器人应用水平。工业机器人渗透度由 IFR 发布的工业机器人安装量，按行业就业人数占比作为权重计算求得；工业智能化技术专利数是基于万方专利数据库，根据与工业智能技术相关关键词，运用 Python 文本搜集方法提取得到城市层面工业智能化技术专利数；工业智能化技术应用企业数是基于"天眼查"企业数据库，运用特征关键词提取方法识别出应用工业智能化技术的企业，将工业智能技术应用企业数占企业总数的比值作为城市层面工业机器人应用水平的测度指标。通过分析工业机器人应用水平的演化特征，可知中国工业机器人应用水平在 2004—2019 年呈现不断上升趋势。在政府部门出台的一系列推进工业智能化体系建设的政策支持下，中国工业机器人应用水平的增速在 2012 年之后显著加快，表明我国工业机器人应用正以更快的增速不断发展。对比不同区位城市工业机器人应用水平的分布特征，发现北部沿海地区、长三角地区、南部沿海地区的工业机器人应用水平较高，而西北地区和西南地区的工业机器人应用水平较低。对比不同知识产权保护程度和市场化水平城市，发现高知识产权保护程度和高市场化水平城市的工业机器人应用水平较高。

第二，本书基于 CLDS 微观个体数据测度个体层面劳动力就业稳定性水平，同时基于统计年鉴数据构建指标体系测度城市层面劳动力就业稳定性水平作为补充。城市层面劳动力就业稳定性演化特征分析表明，各个城市的就业稳定性在 2011—2018 年整体呈现上升趋势，表明以综合指标测度的城市层面就业环境、就业报酬和就业保障水平均有所提升。个体层面劳动力就业稳定性演化特征分析表明，个体劳动力在劳动合同签订时长、工作持续时间和工作转换频率三个维度以及将此三维度加权后的综合指标衡量下的就业稳定性呈逐年下降的趋势。对比不同性别、户籍、受教育程度和年龄的就业稳定性个体属性分布特征，可知男性、非农户口、受教育程度较高和青年劳动者的就业稳定性水平更高。对比不同职业环境、安全性、场所和自主决定程度的就业稳定性职业属性分布特征，可知从事环境良好、安全性高、室内场所和自主决定程度较高工作的劳动者就业稳定性水平更高。对比不同区位、劳动力保护强度和财政教育支出水平区域的劳动力就业稳定性城市属性分布特征，可知北部沿海地区、长三角地区和南部沿海地区的劳动力就业稳定性较低，劳动力保护强度较低和财政教育支出水平较低城市的劳动力就业稳定性水平较低。

第 5 章

中国工业机器人应用对劳动力就业稳定性影响的实证检验

党的二十大报告指出,就业是民生之本,实施就业优先战略,强化就业保障政策,健全就业公共服务体系,以更好实现"稳就业、保民生"目标。随着《中国制造 2025》及一系列推进工业智能化文件的不断推出,加大工业机器人应用、提升工业体系智能化水平成为新一轮工业技术革命的重要内容。那么结合中国具体国情下工业机器人应用是否会导致劳动力就业不稳定呢?为此,在前述测度工业机器人应用水平和劳动力就业稳定性水平的基础上,进一步探讨工业机器人应用对劳动力就业稳定性的影响。本章主要基于中国劳动力动态调查数据(CLDS),就工业机器人应用对劳动力就业稳定性的作用进行基准检验,通过更换核心变量指标的度量方法、更换不同数据来源、样本调整等方式进行稳健性检验,并采用工具变量回归法解决工业机器人应用对劳动力就业影响可能存在的内生性问题。

5.1 工业机器人应用对劳动力就业稳定性影响的基准检验

本节首先基于中国劳动力动态调查(CLDS)数据和中国家庭收入调查(CHIP)数据,以劳动合同期限、工作持续时间和工作转换频率三个维度测算劳动者就业稳定性,以 IFR 发布的工业机器人安装量,按行业就业人数占比作为权重计算得出的地级市层面工业机器人渗透度衡量工业机器人应用水平,构建计量模型;再选取影响劳动者就业稳定性的关键因素作为控制变量,对工业机器人应用影响劳动者就业稳定性的基准回归结果进行探讨。

5.1.1 计量模型构建、指标设计与数据说明

基于地级市混合截面数据，本书构造如下模型检验工业机器人应用对劳动力就业稳定性的影响。

$$jobst_{ijt} = \alpha + \beta \cdot exrobot_{jt} + \theta_1 \cdot I_{it} + \theta_2 \cdot C_{jt} + \lambda_j + \nu_t + \varepsilon_{ijt} \quad (5.1)$$

其中，$jobst_{ijt}$ 表示第 t 年地区 j 的个体 i 的就业稳定性，从三个维度予以度量：①劳动合同期限维度，用是否签订永久或5年以上劳动合同来度量，该变量为0-1变量，此时模型为 Porbit 模型。②工作持续时间维度，运用目前或最近工作的持续时间来度量，此时模型为固定效应回归模型。③工作转换频率维度，用自工作以来拥有的工作经历次数与工作时长的比值来衡量，此时模型为固定效应回归模型。$exrobot_{jt}$ 表示第 t 年地区 j 的工业机器人应用水平，用工业机器人渗透度衡量。I_{it} 为个体层面的控制变量，包括个体年龄、婚姻状况、受教育程度、户籍、健康状况。C_{jt} 为城市层面的控制变量，包括经济增长水平、工业企业规模、人力资本水平、贸易开放程度。λ_j 为城市固定效应项，ν_t 为时间固定效应项，ε_{ijt} 为随机误差项。式（5.1）中的系数 β，即为工业机器人应用对劳动力就业稳定性的影响程度。

第4章已详述关于工业机器人应用水平和劳动者就业稳定性变量的测度方法及数据来源，此处重点介绍控制变量的指标选取和数据来源。

个体层面控制变量如下：①年龄 age。曾江辉等（2015）、杨雪和魏洪英（2016）的研究表明，个体年龄是影响劳动者就业稳定性的关键原因，年龄较大的劳动者由于自身体能往往选取较为稳定的就业模式。因此，本书根据问卷中对出生年份的回答计算得到个体年龄作为控制变量。②婚姻状况 $marry$。陈为民和韩培培（2022）分析认为，个体婚姻状况会对个人就业模式选择决策产生影响，故本书依据问卷中对婚姻状态问题的回答，将"初婚""再婚""同居"的有配偶状态赋值为"1"，将"未婚""离异""丧偶"的无配偶状态赋值为"0"。③受教育程度 edu。刘长全（2022）研究认为，个体受教育程度直接影响劳动者就业稳定性及择业方向，因此本书依据问卷中对"您的最高学历是"这一问题的回答，计算个体相应的受教育年限用以衡量个体受教育程度。具体地，回答"未上过学"赋值为"0"、回答"小学/

私塾"赋值为6、回答"初中"赋值为9、回答"普通高中/职业高中/技校/中专"赋值为12、回答"大专"赋值为15、回答"本科"赋值为16、回答"硕士"赋值为19,回答"博士"赋值为23。同时,考虑到学历在读状态对受教育年限的影响,将"仍在读"个体的受教育年限赋值减去1。④户籍 $horeg$。周闯(2022)分析发现,劳动者户籍状态对劳动者迁移及就业稳定性具有重要影响,故本书依据问卷中对"目前户口类型"问题的回答,将"非农户口"和"农业户口"分别赋值为1和0。⑤健康状况 $health$。李晓峰和李珊珊(2020)认为,个体健康状况能够直接影响个体的就业决策,进而影响劳动力就业稳定性,本书根据问卷中对"您认为自己现在的健康状况如何"问题的回答,由低到高对个体健康状况进行赋值。具体地,回答"非常不健康"赋值为1、回答"比较不健康"赋值为2,回答"一般"赋值为3,回答"健康"赋值为4,回答"非常健康"赋值为5。

城市层面控制变量如下:①经济增长水平 $gdpg$。区域经济增长带来内需扩张,进一步释放区域就业岗位需求,进而提升区域就业规模(赵领娣等,2022;吴昊和李萌,2022)。借鉴王晓鲁和樊纲(2005)的研究,本书运用地区生产总值的增长率来衡量地区经济增长水平。②工业企业规模 $inent$。张俊荣等(2022)研究发现,工业行业内规模类型企业通过拉动内需从而扩大就业的效应,不仅在拉动就业的总量上超过外需,且单位内需在拉动就业的幅度上也高于外需,工业企业规模变化带来的最终需求规模变化是促进就业效应大幅提升的决定性动力。因此,本书采用城市规模以上工业总产值与规模以上工业企业数的比值来测度工业企业规模。③人力资本水平 hcl。我国各地区财政教育支出水平不尽相同,使各城市的人力资本水平有所差异,而人力资本水平较高的劳动者往往就业稳定性更高(刘诗濛等,2021;王轶等,2020;邢敏慧和张航,2020)。因此,本书参考吴晓怡和邵军(2016)的方法,采用普通本科及专科在校学生数与年末总人口数的比值衡量城市层面人力资本水平。④贸易开放程度 fdi。魏浩等(2013)指出,发展中国家的出口贸易有利于促进就业水平提升,而进口贸易对国内就业的不利影响较小且并不显著,贸易开放对发展中国家的就业水平整体而言具有积极的促进作用。史恩义等(2021)研究发现,贸易开放显著促进人力资本水平的提升,进而促进劳动者就业质量的提高。故本书借鉴董直庆和王辉（2021）的测度方法，采用各城市外商直接投资额与 GDP 的比值来度量区域贸易开放程度。

5.1.2 基准检验结果评价与分析

表 5-1 以 IFR 公布的工业机器人安装量计算得出的工业机器人渗透度衡量的工业机器人应用水平作为解释变量，分别以个体劳动合同期限、工作持续时间、工作转换频率三个维度衡量的劳动力就业稳定性作为被解释变量，基于 CLDS 数据和 CHIP 数据就工业机器人应用对就业稳定性的作用进行基准检验。（1）—（3）列为基于 CLDS 数据库测算劳动力就业稳定性，选取的数据样本时间分别为 2014 年、2016 年和 2018 年，样本量为 3420。（4）—（6）列为基于 CHIP 数据衡量劳动力就业稳定性，选取的数据样本时间为 2013 年和 2018 年，样本量为 12392。同时，（1）—（6）列保持城市和时间效应固定。

表 5-1　工业机器人应用影响劳动力就业稳定性的基准检验

	CLDS 数据			CHIP 数据		
	$jobst1$	$jobst2$	$jobst3$	$jobst1$	$jobst2$	$jobst3$
	（1）	（2）	（3）	（4）	（5）	（6）
$exrobot$	-0.1533**	-0.6762***	0.2136***	-0.1815***	-1.9883***	0.1098**
	(0.0770)	(0.2525)	(0.0805)	(0.0492)	(0.3138)	(0.0545)
age	0.0069***	0.0248***	0.0004	0.0134***	0.5095***	-0.0049***
	(0.0025)	(0.0079)	(0.0026)	(0.0014)	(0.0111)	(0.0015)
$marry$	0.4488***	1.1572***	0.0054	0.2092***	1.0036***	0.2165***
	(0.0707)	(0.1959)	(0.0806)	(0.0400)	(0.1911)	(0.0408)
edu	0.2621	-0.0244	-0.6853***	0.1781***	0.4978***	-0.0458***
	(0.7281)	(1.1978)	(0.2048)	(0.0047)	(0.0265)	(0.0048)
$horeg$	-0.5947***	-2.0463***	0.4460***	0.4356***	1.5332***	-0.1715***
	(0.0505)	(0.1670)	(0.0537)	(0.0280)	(0.1654)	(0.0328)
$health$	-0.0766**	-0.2360**	0.1878***	0.0455***	0.2647**	-0.1339***
	(0.0300)	(0.0957)	(0.0409)	(0.0165)	(0.1082)	(0.0199)

续表

	CLDS 数据			CHIP 数据		
	$jobst1$	$jobst2$	$jobst3$	$jobst1$	$jobst2$	$jobst3$
	(1)	(2)	(3)	(4)	(5)	(6)
$gdpg$	-0.0367***	-0.0839**	0.0424***	0.0857*	-0.8835***	0.2601***
	(0.0119)	(0.0373)	(0.0136)	(0.0495)	(0.2958)	(0.0537)
$inent$	-0.0033	-0.0141	0.0039	0.0025	0.0105	-0.0014
	(0.0035)	(0.0115)	(0.0040)	(0.0021)	(0.0134)	(0.0022)
hcl	0.0008	-0.0130	-0.0125***	0.2509**	-0.1903	-0.1190
	(0.0026)	(0.0085)	(0.0027)	(0.1092)	(0.6869)	(0.1141)
fdi	-0.0045	-0.0218	0.1132***	-0.0223	-0.3010	0.6487***
	(0.0158)	(0.0451)	(0.0178)	(0.0672)	(0.3171)	(0.0915)
Cons	-0.1048	6.3439***	1.1726***	-3.9956***	-16.9670***	3.2268***
	(0.2737)	(0.9033)	(0.2946)	(0.1894)	(1.1837)	(0.1954)
城市效应	固定	固定	固定	固定	固定	固定
时间效应	固定	固定	固定	固定	固定	固定
N	3420	3420	3420	12392	12392	12392
R^2	0.0895	0.0966	0.2594	0.176	0.2880	0.0452

注：括号内数值为城市层面聚类标准误。*表示 $p<0.10$，**表示 $p<0.05$，***表示 $p<0.01$。

基于微观个体数据的基准检验结果表明，对于 CLDS 数据库，工业机器人应用至少在5%的显著性水平对以劳动合同期限测度的劳动力就业稳定性水平（$jobst1$）作用系数为负，至少在1%的显著性水平对以工作持续时间衡量的劳动力就业稳定性水平（$jobst2$）作用系数为负，至少在1%的显著性水平对以工作转换频率测量的就业稳定性（$jobst3$）水平作用系数为正。而劳动合同期限越短、工作持续时间越短、工作转换频率越高，劳动力就业稳定性越低。因此，工业机器人应用使得以劳动合同期限、工作持续时间、工作转换频率三个维度下测得的劳动力就业稳定性均降低。当采用 CHIP 数据库时，工业机器人应用对以劳动合同期限和工作持续时间测度的劳动力就业稳定性作用系数仍然为负，对以工作转换频率测度的劳动力就业稳定性作用系数依然为正，即无论以劳动合同期限、工作持续时间、工作转换频率测度劳动力就业稳定性，均可得出工业机器人应用使得劳动力就业稳定性下降的结论。综合可知，现阶段中国工业机器人应用会导致劳动力就业稳定性降低。

5.2 工业机器人应用对劳动力就业稳定性影响的稳健性检验

仅采用单一的指标测度方法及样本数据来探讨工业机器人应用对劳动力就业稳定性的影响还不足以令人信服。为检验基准回归结果是否稳健，本节通过更换核心变量指标的度量方法、更换不同的数据来源、调整样本等方式对基准回归结果展开稳健性检验。首先，将工业机器人应用的度量方法分别更换为工业智能化技术专利数、工业智能化技术企业数、人工智能技术专利数，将劳动力就业稳定性的测度指标更换为以劳动合同期限、工作持续时间和工作转换频率加权后的综合指标；其次，将测算劳动力就业稳定性的微观个体数据更换为城市层面数据；最后，运用数据缩尾处理和剔除部分样本等样本调整方法，全面检验工业机器人应用降低劳动力就业稳定性这一基准结果是否稳健。

5.2.1 更换核心变量指标的度量方法

（1）更换工业机器人应用的度量方法为工业智能化技术专利数

本书将基准回归中工业机器人应用水平的测度指标由工业机器人渗透度更换为工业智能化技术专利数，工业智能化技术专利更偏向于表征工业机器人应用的研发基础，稳健性检验结果如表5-2所示。表5-2中的解释变量为运用工业智能技术专利数衡量的工业机器人应用水平，被解释变量依然为以劳动合同期限（$jobst1$）、工作持续时间（$jobst2$）和工作转换频率（$jobst3$）度量的劳动力就业稳定性，其余控制变量与基准回归中一致，保持城市和时间效应固定，同样基于CLDS数据库和CHIP数据库对工业机器人应用对劳动力就业稳定性的影响进行稳健性检验。

表5-2　稳健性检验：更换工业机器人应用的度量方法为工业智能化技术专利数

	CLDS 数据			CHIP 数据		
	*jobst*1	*jobst*2	*jobst*3	*jobst*1	*jobst*2	*jobst*3
	(1)	(2)	(3)	(4)	(5)	(6)
intep	-0.0564**	-0.1827**	0.1296***	-0.0543***	-0.3611***	0.0891***
	(0.0229)	(0.0818)	(0.0263)	(0.0093)	(0.0577)	(0.0113)
age	0.0070***	0.0247***	0.0003	0.0127***	0.5131***	-0.0049***
	(0.0025)	(0.0079)	(0.0025)	(0.0014)	(0.0112)	(0.0015)
marry	0.4444***	1.1318***	0.0160	0.2054***	1.0416***	0.2155***
	(0.0706)	(0.1953)	(0.0801)	(0.0400)	(0.1913)	(0.0407)
edu	0.2873	0.0780	-0.7298***	0.1750***	0.5214***	-0.0463***
	(0.7611)	(1.4638)	(0.0992)	(0.0047)	(0.0260)	(0.0048)
horeg	-0.5968***	-2.0729***	0.4415***	0.4421***	1.5307***	-0.1764***
	(0.0501)	(0.1652)	(0.0534)	(0.0281)	(0.1661)	(0.0328)
health	-0.0707**	-0.2160**	0.1734***	0.0399**	0.2349**	-0.1262***
	(0.0301)	(0.0960)	(0.0409)	(0.0165)	(0.1085)	(0.0198)
gdpg	-0.0551***	-0.1416***	0.0824***	0.1671***	-0.3935	0.1344**
	(0.0139)	(0.0431)	(0.0168)	(0.0514)	(0.3083)	(0.0569)
inent	-0.0004	-0.0048	-0.0024	0.0025	0.0056	-0.0007
	(0.0037)	(0.0118)	(0.0044)	(0.0021)	(0.0134)	(0.0022)
hcl	-0.0007	-0.0176*	-0.0089***	0.5416***	1.5693**	-0.5739***
	(0.0027)	(0.0091)	(0.0027)	(0.1187)	(0.7438)	(0.1237)
fdi	-0.0083	-0.0380	0.1220***	-0.0027	0.0009	0.5922***
	(0.0159)	(0.0456)	(0.0179)	(0.0676)	(0.3183)	(0.0917)
Cons	-0.3286	5.5308***	1.5832***	-3.8688***	-18.3411***	3.3052***
	(0.2741)	(0.8982)	(0.3020)	(0.1854)	(1.1612)	(0.1923)
城市效应	固定	固定	固定	固定	固定	固定
时间效应	固定	固定	固定	固定	固定	固定
N	3420	3420	3420	12392	12392	12392
R^2	0.0900	0.0962	0.2633	0.177	0.2879	0.0504

注：括号内数值为城市层面聚类标准误。* 表示 $p<0.10$，** 表示 $p<0.05$，*** 表示 $p<0.01$。

表 5-2 是通过更换工业机器人应用水平的测度指标为工业智能化技术专利数得到的稳健性检验结果，由（1）—（3）列可知，当基于 CLDS 数据库测算劳动力就业稳定性时，工业机器人应用仍然在 5% 的显著性水平上对以劳动合同期限（$jobst1$）、工作持续时间（$jobst2$）维度表征的劳动力就业稳定性的作用系数为负，仍然在 1% 的显著性水平上对以工作转换频率（$jobst3$）表征的劳动力就业稳定性的作用系数为正，也得出工业机器人应用使在三个维度衡量下的劳动力就业稳定性水平降低这一结论。根据（4）—（6）列可知，当基于 CHIP 数据测算劳动力就业稳定性时，依然能够得到工业机器人应用使以劳动期限合同、工作持续时间和工作转换频率衡量的劳动力就业稳定性水平降低。综合可知，更换工业智能化技术专利数测度工业机器人应用水平，仍然得出工业机器人应用降低劳动力就业稳定性的结论，对基准回归中的结果予以佐证。

（2）更换工业机器人应用的度量方法为工业智能化企业数占比

本书进一步将工业机器人应用水平的度量指标更换为工业智能化企业数占比，是由应用工业智能化技术的企业数量占企业总数的比值求得，能够更好地反映工业机器人在企业中的实际应用水平，其稳健性检验结果如表 5-3 所示。表 5-3 中的解释变量为运用工业智能化技术应用企业数占比衡量的工业机器人应用水平，被解释变量与基准回归（表 5-1）一致，即以劳动合同期限（$jobst1$）、工作持续时间（$jobst2$）和工作转换频率（$jobst3$）度量的劳动力就业稳定性，控制变量选取以及城市固定效应和时间固定效应的控制与基准回归（表 5-1）相同，依然基于 CLDS 和 CHIP 两个数据库测度劳动力就业稳定性水平。

表 5-3　稳健性检验：更换工业机器人应用的度量方法为工业智能化企业数占比

	CLDS 数据			CHIP 数据		
	$jobst1$	$jobst2$	$jobst3$	$jobst1$	$jobst2$	$jobst3$
	(1)	(2)	(3)	(4)	(5)	(6)
$intee$	-0.1030**	-0.5112***	0.1674***	-0.0426	-0.4468***	0.0852***
	(0.0456)	(0.1574)	(0.0432)	(0.0284)	(0.1557)	(0.0309)
age	0.0069***	0.0246***	0.0004	0.0128***	0.5130***	-0.0050***
	(0.0025)	(0.0079)	(0.0026)	(0.0014)	(0.0112)	(0.0015)

续表

	CLDS 数据			CHIP 数据		
	*jobst*1	*jobst*2	*jobst*3	*jobst*1	*jobst*2	*jobst*3
	(1)	(2)	(3)	(4)	(5)	(6)
marry	0.4485***	1.1468***	0.0086	0.2055***	1.0524***	0.2131***
	(0.0706)	(0.1950)	(0.0805)	(0.0399)	(0.1910)	(0.0408)
edu	0.2753	0.0424	-0.7063***	0.1750***	0.5228***	-0.0468***
	(0.7644)	(1.5276)	(0.1040)	(0.0047)	(0.0260)	(0.0048)
horeg	-0.5886***	-2.0170***	0.4356***	0.4400***	1.5245***	-0.1738***
	(0.0506)	(0.1662)	(0.0546)	(0.0280)	(0.1660)	(0.0329)
health	-0.0747**	-0.2234**	0.1837***	0.0434***	0.2519**	-0.1312***
	(0.0301)	(0.0959)	(0.0409)	(0.0166)	(0.1084)	(0.0199)
gdpg	-0.0505***	-0.1524***	0.0648***	0.1356**	-0.4397	0.1721***
	(0.0133)	(0.0418)	(0.0154)	(0.0573)	(0.3495)	(0.0619)
inent	-0.0007	0.0000	-0.0008	0.0025	0.0051	-0.0007
	(0.0037)	(0.0119)	(0.0040)	(0.0021)	(0.0135)	(0.0022)
hcl	0.0021	-0.0064	-0.0147***	0.2311**	-0.5909	-0.0574
	(0.0027)	(0.0086)	(0.0028)	(0.1106)	(0.7020)	(0.1157)
fdi	-0.0093	-0.0440	0.1205***	-0.0119	0.0270	0.5988***
	(0.0158)	(0.0454)	(0.0179)	(0.0690)	(0.3232)	(0.0936)
Cons	-0.3730	5.0195***	1.6014***	-3.8320***	-18.0103***	3.2414***
	(0.2800)	(0.9162)	(0.2945)	(0.1868)	(1.1742)	(0.1945)
城市效应	固定	固定	固定	固定	固定	固定
时间效应	固定	固定	固定	固定	固定	固定
N	3420	3420	3420	12392	12392	12392
R^2	0.0898	0.0977	0.2603	0.175	0.2859	0.0455

注：括号内数值为城市层面聚类标准误。*表示 $p<0.10$，**表示 $p<0.05$，***表示 $p<0.01$。

表5-3是通过更换工业机器人应用水平的测度指标为工业智能化企业数占比的稳健性检验结果，由（1）—（3）列可知，当基于 CLDS 数据库测算劳动力就业稳定性时，工业机器人应用依然在5%的显著性水平上对以劳动合同期限（*jobst*1）表征的劳动力就业稳定性指标作用为负，在1%的显著性水平上对以工作持续时间（*jobst*2）表征的劳动力就业稳定性指标作用为负，在

1%的显著性水平上对以工作转换频率（jobst3）表征的劳动力就业稳定性指标作用为正，即工业机器人应用会减短劳动合同签订时长、减少目前或最近一份工作的持续时间、加大工作转换频率，进而降低劳动者就业稳定性。由（4）—（6）列可知，当基于CHIP数据库分析工业机器人应用对劳动力就业稳定性的影响时，仍然得出工业机器人应用会降低以劳动合同期限、工作持续时间和工作转换频率度量的劳动力就业稳定性水平。综合而言，更换工业智能化企业数占比来度量工业机器人应用水平依然能够得出基准检验结论，进一步增强工业机器人应用会降低个体劳动力就业稳定性这一结论的可靠性和准确性。

（3）更换工业机器人应用的度量方法为人工智能技术专利数

本书继续将工业机器人应用水平的测度指标更换为人工智能技术专利数，人工智能技术专利数同样基于万方专利数据库、运用Python文字提取方法获得。人工智能技术与工业智能化技术密不可分，人工智能技术发展是工业机器人应用水平提升的前提，人工智能技术专利数能够较好地表征工业机器人应用的研发基础，稳健性检验结果如表5-4所示。表5-4的解释变量为以人工智能技术专利数衡量的工业机器人应用水平，被解释变量依然是以劳动合同期限（jobst1）、工作持续时间（jobst2）和工作转换频率（jobst3）三个维度度量的劳动者就业稳定性，控制变量选取以及城市固定效应和时间固定效应的控制与基准检验（表5-1）一致，同样分别基于CLDS数据和CHIP数据探讨工业机器人应用对劳动力就业稳定性的影响。

表5-4　稳健性检验：更换工业机器人应用的度量方法为人工智能技术专利数

	CLDS 数据			CHIP 数据		
	jobst1	jobst2	jobst3	jobst1	jobst2	jobst3
	（1）	（2）	（3）	（4）	（5）	（6）
aip	-0.1296*	-0.4935*	0.1895**	-0.4064***	-0.5464*	0.0263
	(0.0738)	(0.2730)	(0.0879)	(0.0754)	(0.3189)	(0.0561)
age	0.0066***	0.0251***	0.0002	0.0126***	0.5121***	-0.0052***
	(0.0025)	(0.0079)	(0.0026)	(0.0014)	(0.0112)	(0.0015)
marry	0.4419***	1.1498***	0.0070	0.1986***	0.9932***	0.2133***
	(0.0706)	(0.1960)	(0.0807)	(0.0400)	(0.1899)	(0.0408)

续表

	CLDS 数据			CHIP 数据		
	jobst1	jobst2	jobst3	jobst1	jobst2	jobst3
	(1)	(2)	(3)	(4)	(5)	(6)
edu	0.3183	0.1541	-0.7489***	0.1677***	0.5102***	-0.0477***
	(0.7558)	(1.3670)	(0.1557)	(0.0048)	(0.0264)	(0.0048)
horeg	-0.6200***	-2.0643***	0.4488***	0.4307***	1.5366***	-0.1697***
	(0.0509)	(0.1670)	(0.0532)	(0.0280)	(0.1661)	(0.0328)
health	-0.0798***	-0.2332**	0.1867***	0.0438	0.2105*	-0.1340***
	(0.0301)	(0.0958)	(0.0410)	(0.0166)	(0.1091)	(0.0199)
gdpg	-0.0373***	-0.0839**	0.0422***	0.0928*	-0.7964***	0.2621***
	(0.0119)	(0.0373)	(0.0136)	(0.0496)	(0.1764)	(0.0537)
inent	-0.0031	-0.0140	0.0039	0.0029	-0.0163	-0.0012
	(0.0035)	(0.0115)	(0.0041)	(0.0021)	(0.0114)	(0.0022)
hcl	0.0012	-0.0131	-0.0124***	0.2621**	-0.8901*	-0.1129
	(0.0026)	(0.0085)	(0.0027)	(0.1091)	(0.5136)	(0.1141)
fdi	-0.0068	-0.0273	0.1149***	-0.0476	-1.0219***	0.6422***
	(0.0158)	(0.0451)	(0.0179)	(0.0673)	(0.2929)	(0.0915)
Cons	-0.2470	6.2709***	1.1719***	-3.6309***	-16.3290***	3.3219***
	(0.2703)	(0.9095)	(0.3016)	(0.1904)	(1.0777)	(0.1967)
城市效应	固定	固定	固定	固定	固定	固定
时间效应	固定	固定	固定	固定	固定	固定
N	3420	3420	3420	12392	12392	12392
R^2	0.0893	0.0955	0.2590	0.2863	0.0450	0.2863

注：括号内数值为城市层面聚类标准误。* 表示 $p<0.10$，** 表示 $p<0.05$，*** 表示 $p<0.01$。

表 5-4 是将工业机器人应用的测度指标更换为人工智能技术专利数进行的稳健性检验结果，由（1）—（3）列可知，当基于 CLDS 数据库测算个体劳动力就业稳定性时，工业机器人应用在 10% 的显著性水平上对以劳动合同期限（jobst1）表征的劳动力就业稳定性指标作用为负，在 10% 的显著性水平上对以工作持续时间（jobst2）表征的劳动力就业稳定性指标作用为负，在 5% 的显著性水平上对以工作转换频率（jobst3）表征的劳动力就业稳定性指标作用为正，即工业机器人应用使三个维度衡量下的劳动力就业稳定性下降。

由（4）—（6）列可知，当基于 CHIP 数据库测度个体劳动力就业稳定性时，工业机器人应用对以劳动合同期限和工作持续时间度量的劳动力就业稳定性的作用系数显著为负，即工业机器人应用在劳动合同期限和工作持续时间两个维度下降低劳动者就业稳定性。综合可知，以人工智能技术专利数衡量工业机器人应用水平，仍然可以得出工业机器人应用对劳动力就业稳定性具有负向影响，进一步佐证基准回归结果的准确性。

（4）更换劳动力就业稳定性度量方法为加权综合指标

本书不仅通过更换解释变量工业机器人应用水平的衡量方法，还将被解释变量劳动力就业稳定性的测度指标更换为加权综合指标进行稳健性检验。具体地，分别运用熵权法、TOPSIS 法、主成分分析法对劳动合同期限、工作持续时间和工作转换频率三个维度下的就业稳定性指标进行加权，运用加权后的综合指标重新度量劳动力就业稳定性水平，稳健性检验结果如表 5-5 所示。表 5-5 中的被解释变量劳动力就业稳定性分别运用熵权法、TIPSIS 法、主成分分析法计算得到的加权综合指标度量，解释变量工业机器人应用的测度方法与基准检验（表 5-1）一致，控制变量的选取以及城市固定效应和时间固定效应的控制与基准检验（表 5-1）相同，且同样选取 CLDS 数据库和 CHIP 数据库探讨工业机器人应用对劳动力就业稳定性的影响。

表 5-5　稳健性检验：更换劳动力就业稳定性度量方法为加权综合指标

	CLDS 数据			CHIP 数据		
	injobst_ewm	injobst_top	injobst_pca	injobst_ewm	injobst_top	injobst_pca
	(1)	(2)	(3)	(4)	(5)	(6)
exrobot	-0.0173 *	-0.0486 **	-0.1172 **	-0.0222 ***	-0.0230 **	-0.1725 ***
	(0.0105)	(0.0225)	(0.0566)	(0.0050)	(0.0112)	(0.0404)
age	0.0018 ***	0.0021 ***	0.0055 ***	0.0068 ***	0.0060 ***	0.0262 ***
	(0.0003)	(0.0007)	(0.0018)	(0.0002)	(0.0003)	(0.0009)
marry	0.0479 ***	0.1143 ***	0.2843 ***	0.0094 ***	0.0520 ***	0.1064 ***
	(0.0079)	(0.0176)	(0.0442)	(0.0031)	(0.0090)	(0.0205)
edu	0.0722	0.0607	0.0634	0.0141 ***	0.0422 ***	0.0936 ***
	(0.1071)	(0.1851)	(0.4317)	(0.0004)	(0.0009)	(0.0024)

续表

	CLDS 数据			CHIP 数据		
	injobst_ewm	injobst_top	injobst_pca	injobst_ewm	injobst_top	injobst_pca
	(1)	(2)	(3)	(4)	(5)	(6)
horeg	-0.0944***	-0.1840***	-0.4373***	0.0404***	0.1031***	0.2459***
	(0.0069)	(0.0149)	(0.0375)	(0.0026)	(0.0062)	(0.0149)
health	-0.0089**	-0.0212**	-0.0409*	0.0035**	0.0099***	0.0363***
	(0.0040)	(0.0086)	(0.0215)	(0.0017)	(0.0037)	(0.0094)
gdpg	-0.0021	-0.0095***	-0.0198**	-0.0145***	0.0082	-0.0304
	(0.0018)	(0.0034)	(0.0084)	(0.0048)	(0.0113)	(0.0276)
inent	-0.0009*	-0.0010	-0.0024	0.0003	0.0007	0.0017
	(0.0005)	(0.0010)	(0.0026)	(0.0002)	(0.0005)	(0.0012)
hcl	-0.0009***	-0.0003	-0.0023	0.0160	0.0622**	0.1172*
	(0.0003)	(0.0008)	(0.0019)	(0.0108)	(0.0247)	(0.0612)
fdi	0.0006	-0.0007	0.0053	-0.0011	-0.0107	-0.0830**
	(0.0017)	(0.0040)	(0.0103)	(0.0055)	(0.0153)	(0.0348)
Cons	0.2491***	0.4539***	0.3310	-0.2096***	-0.6404***	-2.6403***
	(0.0379)	(0.0805)	(0.2027)	(0.0186)	(0.0407)	(0.1036)
城市效应	固定	固定	固定	固定	固定	固定
时间效应	固定	固定	固定	固定	固定	固定
N	3420	3420	3420	12392	12392	12392
R^2	0.1052	0.1003	0.0838	0.2498	0.2189	0.2250

注：括号内数值为城市层面聚类标准误。* 表示 $p<0.10$，** 表示 $p<0.05$，*** 表示 $p<0.01$。

由表5-5可知，（1）—（3）列为基于CLDS数据分别运用熵权法（injobst_ewm）、TOPSIS法（injobst_top）、主成分分析法（injobst_pca）计算加权综合指标测度劳动力就业稳定性的结果，可知工业机器人应用至少在10%的显著性水平上对熵权法测得的劳动力就业稳定性综合指标（injobst_ewm）产生负向影响，至少在5%的显著性水平上对TOPSIS法测得的劳动力就业稳定性综合指标（injobst_top）产生负向作用，至少在5%的显著性水平上对主成分分析法测得的劳动力就业稳定性综合指标（injobst_pca）产生负向影响，即工业机器人应用对熵权法、TOPSIS法、主成分分析法加权计算得到的劳动力就业稳定性综合指标的影响均为负向。(4)—(6)列为基于CHIP数据分别运用熵权法($injobst\_ewm$)、TOPSIS法($injobst\_top$)、主成分分析法($injobst\_pca$)计算加权综合指标测度劳动力就业稳定性的结果,结果显示工业机器人应用至少在5%的显著性水平上对熵权法、TOPSIS法、主成分分析法加权计算得到的劳动力就业稳定性综合指标产生负向作用。由此表明,将劳动力就业稳定性指标分别替换为由熵权法、TOPSIS法、主成分分析法加权计算的综合测度指标后,工业机器人应用使得个体劳动力就业稳定性降低的结论仍然成立,基准检验中的结果得到佐证。

5.2.2 更换不同数据来源

(1)基于地级市数据测度城市层面劳动力就业稳定性

在基准检验以及稳健性检验部分中,测算劳动力就业稳定性的数据来源无论是CLDS数据库还是CHIP数据库,均是在微观个体层面测度劳动力就业稳定性的。而事实上,测度劳动力就业稳定性不仅可以从个体劳动力视角分析,还可以从城市的视角分析,即将城市层面能够反映就业稳定性的各项指标加权为综合指标测度城市的就业稳定性水平,用于反映这一城市整体的就业状况是否稳定(张顺和郭娟娟,2022;戚聿东等2020)。由于本书主要从微观劳动个体的角度出发分析工业机器人应用对就业稳定性的作用效应,且城市层面测度劳动力就业稳定性分项指标的选取与衡量个体劳动力就业稳定性的指标设定并不一致,因而本书并未在基准检验中使用地级市数据测度城市层面劳动力就业稳定性,而只是在稳健性检验部分探讨工业机器人应用对城市层面劳动力就业稳定性的影响。

从城市层面来讲,就业稳定性是一个综合指标,包含就业状况、就业报酬、劳动关系等,用于评估地区整体就业稳定性的优劣。就业状况的测度子指标有:就业率(或其反向指标失业率)、行业工资收入差异、工伤死亡发生率等;就业报酬的测度子指标有:平均工资、工资增长率、工资总额占GDP比重等;劳动关系的测度子指标有:劳动争议结案率、工会调节效率等。借鉴苏丽锋(2013)和赖德胜等(2011)对就业稳定性指标的构建,侧重考虑劳动者的就业环境、薪酬待遇以及劳工关系等方面对就业稳定性的影响,对部分指标加以删减和修改,最终建立以就业环境、就业报酬和就业保障3个一级指标，下设10个二级指标的就业稳定性指标体系。其中，一级指标就业环境，包含就业比率、城乡工资收入差异、工伤发生率3个二级指标；一级指标就业报酬，包含职工平均工资、平均工资增长率、工资总额占GDP的比重3个二级指标；一级指标就业保护，包含劳动争议案件结案率、工会调解效率、人均财政社保支出比率、平均社保参与率4个二级指标。上述二级指标中，城乡工资收入差异和工伤发生率为负向指标，其余为正向指标。此外，工伤发生率、劳动争议案件结案率、工会调解效率和人均财政社保支出比率为省级层面数据，按照城市就业人数占该省就业人数的比重将省级层面数据划分至城市层面。鉴于部分年份的关键指标有所缺失，本书最终选取2011—2018年的相关指标数据用于测度宏观层面的就业稳定性。

本书使用10个二级指标计算合成劳动力就业稳定性指标，本质上是由多维度分散指标到单一维度综合指标的构建过程，在指标构建中涉及对各个二级指标赋予相应的权重以及对不同年度数据的统一化处理，为使赋予二级指标的权重更加客观并使各年度数据能够跨年度、跨区域比较，选用熵权法、熵权TOPSIS法、主成分分析法作为劳动力就业稳定性综合指标的合成方法，具体计算方法如下：

第一，熵权法测算步骤为：

①数据标准化处理。由于各个二级指标具有不同的量纲，无法比较，首先对各指标进行无量纲化处理。

$$X'_{pq} = \frac{[X_{pq} - \min(X_{pq})]}{[\max(X_{pq}) - \min(X_{pq})]} \quad (5.2)$$

$$X''_{pq} = \frac{[\max(X_{pq}) - X_{pq}]}{[\max(X_{pq}) - \min(X_{pq})]} \quad (5.3)$$

式中，X_{pq}是标准化处理前的数据，表示城市p的第q个指标；$\max(X_{pq})$，表示指标在所有数据内的最大值；$\min(X_{pq})$，表示指标在所有数据内的最小值；其中X'_{pq}为正向指标的标准化结果，X''_{pq}为负向指标的标准化结果，以下统称为Y_{pq}。

②计算指标q的信息熵。

$$S_q = -\frac{1}{\ln k} \sum_{p=1}^{p} V_{pq} \ln V_{pq} \quad (5.4)$$

其中，$V_{pq} = \dfrac{Y_{pq}}{\sum\limits_{p=1}^{p} Y_{pq}}$。$p$为城市总数，$S_q$为指标$q$的信息熵。

③确定指标 q 的权重。

$$W_q = \frac{S_q}{\sum_{q=1}^{q} S_q} \tag{5.5}$$

其中，W_q 为指标 q 的权重，q 为指标总数。

④对所有指标计算加权平均值。

$$jobst\_ewm_p = \sum_{q=1}^{q} W_q Y_{pq} \tag{5.6}$$

其中，$jobst\_ewm_p$ 表示城市 p 基于熵权法计算得到的劳动力就业稳定性水平。

第二，熵权 TOPSIS 法（以下简称 TOPSIS 法）。参考魏敏和李书昊（2018）的方法，具体步骤如下：

①以熵权法中计算得到的各指标信息熵为基础，重新确定指标 q 的权重。

$$R_q = \frac{1 - S_q}{\sum_{q=1}^{q} (1 - S_q)} \tag{5.7}$$

其中，R_q 为指标 q 的权重，q 为指标总数。

②构建加权矩阵。

$$Z = R_q \times \begin{bmatrix} X_{11} & \cdots & X_{1q} \\ \vdots & \ddots & \vdots \\ X_{p1} & \cdots & X_{pq} \end{bmatrix} \tag{5.8}$$

③求解正理想解和负理想解。

$$Z^+ = \{(\max(X_{pq}) \mid q \in q^+), (\min(X_{pq}) \mid q \in q^-)\} \tag{5.9}$$

$$Z^- = \{(\min(X_{pq}) \mid q \in q^+), (\max(X_{pq}) \mid q \in q^-)\} \tag{5.10}$$

其中，q^+ 为正向指标，q^- 为负向指标。

④分别计算各城市指标取值与正理想解与负理想解的欧式距离。

$$D_p^+ = \sqrt{\sum_{q=1}^{q} (z_q^+ - Z_{pq})^2} \tag{5.11}$$

$$D_p^- = \sqrt{\sum_{q=1}^{q} (z_q^- - Z_{pq})^2} \tag{5.12}$$

⑤分别计算各城市与理想解的相对贴近度。

$$jobst\_top_p = \frac{D_p^-}{D_p^+ + D_p^-} \tag{5.13}$$

其中，$jobst\_top_p$ 表示城市 p 基于 TOPSIS 法计算得到的劳动力就业稳定性水平。

第三，主成分分析法测算步骤为：

在进行标准化数据处理以去量纲化的基础上，在提取主成分之前，先判定因子分析的有效性。KMO 检验的统计量为 0.589，大于 0.5。Bartlett 检验的卡方为 236.723，显著性为 0.000，小于 0.05。KMO 检验和 Bartlett 检验结果表明二级指标之间存在相关性，因子分析是有效的，可以采用主成分分析，最终提取到 3 个主因子及其累计贡献率 η，且 3 个主因子的累加贡献率达到了 78.23%，表明这 3 个主因子可以解释原指标的大部分信息。在确定成分得分系数矩阵后，可知各个指标所占比重 θ，依据公因子的得分系数线性表达式：$T = \theta_1 \cdot X_1 + \theta_2 \cdot X_2 + \theta_3 \cdot X_3$，计算各个城市劳动力就业稳定性的综合得分：$jobst\_pca_p = T_1 \cdot \eta_1 + T_2 \cdot \eta_2 + T_3 \cdot \eta_3$。$jobst\_pca_p$ 表示城市 p 基于主成分分析法计算得到的劳动力就业稳定性水平。

分别以熵权法、TOPSIS 法、主成分分析法将 10 个二级指标加权为衡量城市就业稳定性水平的综合指标，以地级市为单位测度的城市劳动力就业稳定性水平的稳健性检验结果如表 5-6 所示。表 5-6 中的解释变量为由工业机器人渗透度表征的工业机器人应用水平，被解释变量为城市层面劳动力就业稳定性，控制变量的选取以及城市固定效应、时间固定效应的控制均与基准检验（表 5-1）相一致。

表 5-6　稳健性检验：基于地级市数据测度城市层面劳动力就业稳定性

	cjobst_ewm		cjobst_top		cjobst_pca	
	(1)	(2)	(3)	(4)	(5)	(6)
exrobot	-0.0234***	-0.0234***	-0.0232***	-0.0232***	-0.3248***	-0.3248***
	(0.0011)	(0.0019)	(0.0011)	(0.0019)	(0.0153)	(0.0268)
gdpg	-0.0100	-0.0100	-0.0045	-0.0045	0.2728	0.2728
	(0.0459)	(0.0570)	(0.0455)	(0.0570)	(0.6251)	(0.8247)
inent	-0.0014***	-0.0014***	-0.0014***	-0.0014***	-0.0184***	-0.0184***
	(0.0002)	(0.0002)	(0.0002)	(0.0002)	(0.0021)	(0.0026)
hcl	-0.0385	-0.0385	-0.0378	-0.0378	-0.3270	-0.3270
	(0.0325)	(0.0276)	(0.0323)	(0.0275)	(0.4437)	(0.3791)

续表

	cjobst_ewm		cjobst_top		cjobst_pca	
	(1)	(2)	(3)	(4)	(5)	(6)
fdi	0.0299***	0.0299***	0.0298***	0.0298***	0.4442***	0.4442***
	(0.0020)	(0.0045)	(0.0020)	(0.0045)	(0.0270)	(0.0617)
Cons	0.1479***	0.1479***	0.1476***	0.1476***	0.2023	0.2023
	(0.0336)	(0.0300)	(0.0333)	(0.0298)	(0.4577)	(0.4094)
城市效应	固定	固定	固定	固定	固定	固定
时间效应	固定	固定	固定	固定	固定	固定
标准误	—	异方差稳健	—	异方差稳健	—	异方差稳健
N	2272	2272	2272	2272	2272	2272
R^2	0.4938	0.4938	0.4953	0.4953	0.5350	0.5350

注：括号内数值为省份层面聚类标准误。* 表示 $p<0.10$，** 表示 $p<0.05$，*** 表示 $p<0.01$。

表5-6的（1）—（2）列、（3）—（4）列、（5）—（6）列分别为运用熵权法（cjobst_ewm）、TOPSIS法（cjobst_top）、主成分分析法（cjobst_pca）测得的城市劳动力就业稳定性水平，其中（1）列、（3）列和（5）列未调整标准误，（2）列、（4）列和（6）列采用异方差稳健标准误。可以发现，无论是采用熵权法、TOPSIS法，还是采用主成分分析法测算城市劳动力就业稳定性指标，工业机器人应用均会在1%的显著性水平上对城市劳动力就业稳定性产生负向影响。综上可知，即使将劳动力就业稳定性的测算层面从微观个体层面更换为宏观城市层面，工行业机器人应用仍然会导致城市劳动力就业稳定性水平降低，更加能够说明我国现阶段工业机器人应用水平的增大会导致劳动力就业趋于不稳定。

5.2.3 样本调整

（1）数据缩尾处理

在整理原始数据的过程中，可能会发现部分原始数据存在测度误差，使得样本数据中存在违背常理或逻辑的异常值，这可能会影响本书实证结果的可信度。为此，本书进一步对样本数据进行缩尾处理以排除异常值对实证检验结果的影响。通过对样本数据缩尾处理进行稳健性检验的回归结果如表5-7所示。表5-7中的解释变量为以工业机器人渗透度测度的工业机器人应用水平，被解释变量为由劳动合同期限、工作持续时间和工作转换频率三个维度衡量的劳动力就业稳定性，控制变量的选取以及城市固定效应、时间固定效应的控制与基准检验（表5-1）保持一致，基于CLDS样本数据通过缩尾1%和缩尾5%两种方式进行工业机器人应用对劳动力就业稳定性影响的稳健性分析。

表5-7　　　　　稳健性检验：核心变量按年份缩尾

	$jobst1\_t$		$jobst2\_t$		$jobst3\_t$	
	数据缩尾1%	数据缩尾5%	数据缩尾1%	数据缩尾5%	数据缩尾1%	数据缩尾5%
$exrobot\_t$	-0.1533**	-0.1513**	-0.6762***	-0.6254**	0.2136***	0.2267**
	(0.0770)	(0.0769)	(0.2525)	(0.2502)	(0.0805)	(0.0964)
age_t	0.0069***	0.0073***	0.0248***	0.0247***	0.0004	-0.0018
	(0.0025)	(0.0025)	(0.0079)	(0.0082)	(0.0026)	(0.0032)
$marry\_t$	0.4488***	0.4435***	1.1572***	1.1684***	0.0054	0.0274
	(0.0707)	(0.0693)	(0.1959)	(0.2117)	(0.0806)	(0.0816)
edu_t	0.2621	0.3063	-0.0244	-0.1754	-0.6853***	-0.9799
	(0.7281)	(0.9879)	(1.1978)	(3.0953)	(0.2048)	(1.1930)
$horeg\_t$	-0.5947***	-0.6401***	-2.0463***	-1.9221***	0.4460***	0.7607***
	(0.0505)	(0.0497)	(0.1670)	(0.1619)	(0.0537)	(0.0624)
$health\_t$	-0.0766**	-0.0887***	-0.2360**	-0.2211**	0.1878***	0.2646***
	(0.0300)	(0.0300)	(0.0957)	(0.0966)	(0.0409)	(0.0372)
$gdpg\_t$	-0.0367***	-0.0351***	-0.0839**	-0.0908**	0.0424***	0.0295**
	(0.0119)	(0.0118)	(0.0373)	(0.0381)	(0.0136)	(0.0147)
$inent\_t$	-0.0033	-0.0051	-0.0141	-0.0099	0.0039	0.0183***
	(0.0035)	(0.0035)	(0.0115)	(0.0113)	(0.0040)	(0.0044)
hcl_t	0.0008	-0.0030	-0.0130	-0.0076	-0.0125***	0.0140***
	(0.0026)	(0.0024)	(0.0085)	(0.0079)	(0.0027)	(0.0030)
fdi_t	-0.0045	0.0072	-0.0218	0.0087	0.1132***	0.0462***
	(0.0158)	(0.0145)	(0.0451)	(0.0449)	(0.0178)	(0.0173)

续表

	jobst1_t		jobst2_t		jobst3_t	
	数据缩尾1%	数据缩尾5%	数据缩尾1%	数据缩尾5%	数据缩尾1%	数据缩尾5%
Cons	−0.1048 (0.2737)	0.1647 (0.2635)	6.3439*** (0.9033)	5.8324*** (0.8586)	1.1726*** (0.2946)	−0.8272** (0.3309)
城市效应	固定	固定	固定	固定	固定	固定
时间效应	固定	固定	固定	固定	固定	固定
N	3420	3420	3420	3420	3420	3420
R^2	0.0895	0.0851	0.0966	0.0841	0.2594	0.1151

注：括号内数值为城市层面聚类标准误。*表示$p<0.10$，**表示$p<0.05$，***表示$p<0.01$。

表5−7中的（1）—（2）列、（3）—（4）列、（5）—（6）列分别为以劳动合同期限（jobst1_t）、工作持续时间（jobst2_t）和工作转换频率（jobst3_t）衡量的劳动力就业稳定性，其中（1）列、（3）列和（5）列为将样本数据缩尾1%的结果，（2）列、（4）列和（6）列为将样本数据缩尾5%的结果。可以发现，无论采用1%还是5%数据缩尾处理，工业机器人应用对劳动合同期限、工作持续时间测度的劳动力就业稳定性指标均会产生负向影响，在至少5%显著性水平上对工作转换频率测度的劳动力就业稳定性指标产生正向作用。综上可知，通过对样本数据进行1%和5%的缩尾处理，仍然可以得出工业机器人应用使个体劳动力就业稳定性水平降低的结论，与基准检验的结果相一致。

（2）剔除部分样本

由于经济发达地区的经济基础较好、工业体系完备、创新环境优良，国家对某些经济发达地区的工业智能化体系建设可能存在政策倾向，且在初始阶段多选择直辖市和长三角地区城市作为试点。为排除外生政策倾向对实证检验结果的影响，本书运用剔除直辖市和长三角地区城市后的数据重新进行实证检验，以分析工业机器人应用降低劳动力就业稳定性这一结论的稳健性，检验结果如表5−8所示。表5−8中的解释变量、被解释变量的测度方法与基准检验（表5−1）一致，控制变量的选取以及城市固定效应、时间固定效应的控制也与基准检验（表5−1）的设定相同，基于CLDS数据就工业机器人应用影响劳动力就业稳定性进行稳健性检验。

表 5-8 稳健性检验：剔除部分样本

	jobst1		jobst2		jobst3	
	剔除直辖市	剔除长三角地区城市	剔除直辖市	剔除长三角地区城市	剔除直辖市	剔除长三角地区城市
$exrobot\_t$	-0.0652 (0.0842)	-0.0292*** (0.0084)	-0.6734** (0.2650)	-0.7385*** (0.2834)	0.2307** (0.1026)	0.2689** (0.1086)
age_t	0.0140*** (0.0029)	0.0159*** (0.0030)	0.0256*** (0.0087)	0.0307*** (0.0096)	-0.0026 (0.0034)	-0.0032 (0.0037)
$marry\_t$	0.4426*** (0.0741)	0.4066*** (0.0758)	1.1481*** (0.2259)	1.1147*** (0.2393)	0.0512 (0.0874)	0.0529 (0.0917)
edu_t	6945.6139*** (1149.5181)	8075.4574*** (1196.2510)	1.8515 (4.4019)	1.7490 (4.4995)	0.0415 (1.7038)	-0.0875 (1.7231)
$horeg\_t$	-0.5140*** (0.0568)	-0.5213*** (0.0597)	-2.1595*** (0.1729)	-1.9616*** (0.1838)	0.6546*** (0.0669)	0.8607*** (0.0704)
$health\_t$	-0.0971*** (0.0321)	-0.0969*** (0.0331)	-0.2778*** (0.1026)	-0.2769** (0.1090)	0.2452*** (0.0397)	0.2540*** (0.0418)
$gdpg\_t$	-0.0383** (0.0157)	-0.0319** (0.0141)	-0.2313*** (0.0503)	-0.0961** (0.0465)	-0.1177*** (0.0195)	0.0448** (0.0178)
$inent\_t$	-0.0045 (0.0037)	-0.0066* (0.0038)	-0.0063 (0.0120)	-0.0135 (0.0124)	0.0203*** (0.0047)	0.0173*** (0.0047)
hcl_t	-0.0031 (0.0040)	-0.0029 (0.0029)	0.0309** (0.0128)	-0.0012 (0.0098)	0.0555*** (0.0049)	0.0177*** (0.0037)
fdi_t	0.0155 (0.0164)	0.0102 (0.0165)	0.1204** (0.0501)	0.0107 (0.0522)	0.1457*** (0.0194)	0.0181 (0.0200)
Cons	-0.6029* (0.3351)	-0.8398*** (0.3190)	4.5908*** (0.9849)	5.7470*** (0.9793)	-2.2569*** (0.3812)	-0.9838*** (0.3750)
城市效应	固定	固定	固定	固定	固定	固定
时间效应	固定	固定	固定	固定	固定	固定
N	3044	2812	3044	2812	3044	2812
R^2	0.101	0.103	0.0980	0.0889	0.1476	0.1398

注：括号内数值为城市层面聚类标准误。* 表示 $p<0.10$，** 表示 $p<0.05$，*** 表示 $p<0.01$。

表 5-8 中的（1）—（2）列、（3）—（4）列、（5）—（6）列分别为以劳动合同期限（$jobst1$）、工作持续时间（$jobst2$）和工作转换频率（$jobst3$）衡量的劳动力就业稳定性，其中（1）列、（3）列和（5）列为剔除直辖市样本的结果，（2）列、（4）列和（6）列为剔除长三角地区城市的结果。可以发现，无论是剔除直辖市样本还是剔除长三角地区样本，工业机器人应用仍然对以劳动合同期限和工作持续时间衡量劳动力就业稳定性的作用系数显著为负，对以工作转换频率衡量的劳动力就业稳定性的作用系数显著为正，即依然可以得出工业机器人应用显著降低劳动者就业稳定性这一结论，进一步佐证基准检验结果的可信度和可靠性。

5.3 工业机器人应用对劳动力就业稳定性影响的内生性处理

工业机器人应用对劳动力就业稳定性的影响可能存在内生性问题。一方面，工业机器人应用与劳动力就业稳定性之间可能存在双向因果的影响。就业稳定性水平较高的劳动者往往拥有较高的职业技能，而拥有较高职业技能的劳动者更能够满足工业机器人应用对相关人才的需求，即就业稳定性较高的劳动者能够促进工业机器人应用水平的提升。另一方面，虽然本书已在模型中加入个体及城市层面控制变量，并控制城市和时间固定效应，但仍无法控制同时影响工业机器人应用和劳动力就业稳定性的不可观测变量，诸如劳动者先天禀赋、城市政策倾向等难以衡量和控制的变量，从而导致遗漏变量问题。为解决实证检验中可能存在的内生性问题，本书一方面选取外部工具变量，另一方面基于异方差生成工具变量，运用两阶段最小二乘法（2SLS）进行内生性问题的实证检验，进一步识别工业机器人应用对劳动力就业稳定性的影响。

5.3.1 基于外部工具变量的内生性处理

（1）以美国机器人渗透度作为工具变量

本书参考王永钦和董雯（2020）的思路，基于 IFR 发布的工业机器人安装量数据构造巴蒂克工具变量。具体地,将美国按行业划分的机器人安装量按照中国各行业就业份额折算至城市层面,以测度美国工业机器人安装量对中国城市层面的渗透度。具体测算方法如下:

$$EXRobot\_usa_{it} = \frac{Robot\_usa_{it}}{CLabor_{it_0}} = \left[\sum_{j=1}^{n} \frac{CLabor_{ijt_0}}{Labor_{jt_0}} \times Robot\_usa_{jt}\right] / CLabor_{it_0}$$

(5.14)

式(5.14)中,$EXRobot\_usa_{it}$ 表示美国工业机器人安装量对中国的渗透度;$Robot\_usa_{it}$ 表示美国第 t 年城市 i 的工业机器人安装量;$CLabor_{it_0}$ 表示基期 t_0 年城市 i 的就业人数;基期 t_0 年是本书研究样本期的滞后一年;$\frac{CLabor_{ijt_0}}{Labor_{jt_0}}$ 表示城市 i 中 j 行业从业人数在 t_0 年全国该行业总从业人数中的占比。由于 IFR 对行业的分类标准与我国国民经济行业分类标准(GB/T 4754—2017)有所不同,本书参考闫雪凌等(2020)的思路进行行业匹配。

选取美国工业机器人渗透度作为工业机器人应用水平的工具变量具有一定的合理性。一方面,根据中国机器人产业联盟(CRIA)公布的数据,2020 年外资品牌机器人的市场占有率高达 71.5%,即我国目前工业机器人的安装量仍然以进口外资机器人为主,其他国家的机器人产出会对我国工业机器人使用产生影响。同时,美国作为全球工业智能化技术领先国家,中国和美国两大经济体在工业智能技术领域存在合作与共享。美国工业机器人安装量的变化一定程度上反映出中国工业机器人进口及存量的变化,即工具变量选取满足相关性条件。另一方面,美国工业机器人安装量是美国工业机器人应用与发展的测度指标,并不会对中国劳动力就业造成直接影响,只可能通过将工业机器人出口到中国进而影响中国劳动力就业,因此工具变量选择符合外生性假设。

表 5-9 基于 CLDS 数据库,以劳动合同期限($jobst1$)、工作持续时间($jobst2$)、工作转换频率($jobst3$)三个维度衡量的劳动力就业稳定性作为被解释变量,选取美国工业机器人渗透度($exrobot\_usa$)作为中国工业机器人应用水平的工具变量,运用 2SLS 检验工业机器人应用对劳动力就业稳定性的影响。其中,第(1)列为工具变量最小二乘回归第一阶段的结果,表明美国工业机器人渗透度对中国工业机器人应用在 1% 的显著性水平上存在正向影响,工具变量选取符合相关性假设,且第一阶段 Kleibergen - Paap rk Wald

F 统计量（以下简称"K-P F 统计量"）远大于经验值 10，即选取美国工业机器人渗透度不存在弱工具变量问题。(2)—(4) 列为 2SLS 第二阶段的回归结果，可知采用美国工业机器人渗透度作为工具变量后，工业机器人应用对以劳动合同期限测度的劳动力就业稳定性的作用系数在 5% 的显著性水平上为负，对以工作持续时间衡量的劳动力就业稳定性的作用系数在 10% 的显著性水平上为负，对以工作转换频率测度的劳动力就业稳定性作用系数在 1% 的显著性水平上为正，即工业机器人应用显著降低以劳动合同期限、工作持续时间、工作转换频率三个维度测得的劳动力就业稳定性水平。综合可知，在选取美国工业机器人渗透度为工具变量缓解内生性问题后，本书的基准检验结论仍然成立：工业机器人应用会导致个体劳动力就业稳定性水平降低。

表 5-9　内生性处理：以美国工业机器人渗透度为工具变量

	第一阶段	第二阶段		
	exrobot	jobst1	jobst2	jobst3
	(1)	(2)	(3)	(4)
exrobot_usa	0.7366 ***	—	—	—
	(0.0451)	—	—	—
exrobot	—	-0.0413 **	-0.4082 *	0.8959 ***
	—	(0.0193)	(0.2285)	(0.0943)
age	0.0004	0.0024 ***	0.0240 ***	-0.0024
	(0.0017)	(0.0008)	(0.0081)	(0.0031)
marry	-0.0111	0.1316 ***	1.1646 ***	0.0636
	(0.0439)	(0.0201)	(0.1997)	(0.0918)
edu	0.3332	0.1480	-0.1612	-1.1196 ***
	(0.3115)	(0.2545)	(1.3714)	(0.1512)
horeg	0.1153 ***	-0.2195 ***	-2.0704 ***	0.5759 ***
	(0.0359)	(0.0174)	(0.1726)	(0.0662)
health	0.1133 ***	-0.0223 **	-0.2733 ***	0.1506 ***
	(0.0216)	(0.0101)	(0.1007)	(0.0475)
gdpg	-0.3215 ***	-0.0240 ***	0.0307	0.3023 ***
	(0.0080)	(0.0062)	(0.0783)	(0.0309)

续表

	第一阶段	第二阶段		
	exrobot	*jobst*1	*jobst*2	*jobst*3
	(1)	(2)	(3)	(4)
inent	0.0304 ***	0.0049 ***	-0.0286 *	-0.0251 ***
	(0.0029)	(0.0018)	(0.0157)	(0.0069)
hcl	-0.0005	-0.0019 *	0.0035	0.0362 ***
	(0.0025)	(0.0010)	(0.0099)	(0.0039)
fdi	-0.0223 **	-0.0036	0.0301	0.1122 ***
	(0.0105)	(0.0049)	(0.0468)	(0.0219)
K-PF统计量	1221.69	—	—	—
城市效应	固定	固定	固定	固定
时间效应	固定	固定	固定	固定
N	3420	3420	3420	3420
R^2	0.7699	0.1039	0.0674	-0.0277

注：括号内数值为城市层面聚类标准误。* 表示 $p<0.10$，** 表示 $p<0.05$，*** 表示 $p<0.01$。

(2) 以历史计算机数量作为工具变量

由于完全满足相关性和排他性的工具变量难以获得，本书进一步选用其他工具变量来缓解内生性问题。运用历史变量作为工具变量能较好地满足外生性假设，切断了工业机器人应用的相关因素对劳动力就业稳定性的影响。由于《中国统计年鉴》公布的各省份计算机数量最早始于 2001 年，因此本书基于 2001 年各省份计算机数量，依据 2001 年各城市互联网接入率将省级层面的计算机数量划分到地级市层面，考虑到历史变量不具有时变性，使用各城市 2001 年计算机数量与年份的交互项作为工具变量。

本书选取城市 2001 年计算机数量与年份的交互项作为工业机器人应用水平的工具变量具有一定的合理性。从工具变量的相关性假设来看，工业机器人应用的本质就是工业智能化技术发展，而工业智能化技术发展是以对海量数据资源进行搜集和整理为基础，运用学习策略提升工业智能化水平的过程，在此过程中，计算机作为工业智能化技术的基础与载体，对海量数据资源的搜集和整理工作起到关键性作用，即计算机数量对工业机器人应用水平的提升具有较大作用，因此历史计算机数量满足工具变量相关性条件。从工具变量的外生性假设来看，由于 2001 年的计算机数量属于历史数据，且 20 多年来，我国各城市计算机数量已发生巨大变化，2001年各城市的计算机数量对当前劳动力就业的影响微乎其微，只可能通过作用于当前工业机器人应用水平进而影响劳动力就业稳定性，因此历史计算机数量满足工具变量外生性假设。

表5-10以工业机器人渗透度衡量的工业机器人应用水平作为解释变量，以劳动合同期限（$jobst1$）、工作持续时间（$jobst2$）、工作转换频率（$jobst3$）三个维度衡量的劳动力就业稳定性作为被解释变量，选取2001年计算机数量与年份的交互项（$compyear$）作为中国工业机器人应用水平的工具变量，基于CLDS数据库运用2SLS检验工业机器人应用对劳动力就业稳定性的作用。其中，第（1）列为2SLS第一阶段的回归结果，可知历史计算机数量与年份的交互项在1%的显著性水平上对中国工业机器人应用存在正向作用。同时，第一阶段K-PF统计量远大于经验值10，即选取2001年计算机数量与年份的交互项不存在弱工具变量问题。（2）—（4）列为2SLS第二阶段的回归结果，在采用2001年计算机数量与年份的交互项作为工具变量后，工业机器人应用对以劳动合同期限测度的劳动力就业稳定性作用系数显著为负，对以工作持续时间测度的劳动力就业稳定性作用系数在1%的显著性水平上为负，对以工作转换频率测度的劳动力就业稳定性作用系数在1%的显著性水平上为正，即工业机器人应用以缩短劳动者签订劳动合同期限、减少目前或最近一份工作持续时间以及增大劳动者工作转换频率的方式，降低劳动者就业稳定性水平。综合以上分析，选取历史计算机数量与年份交互项作为工具，仍然能够得出工业机器人应用显著降低个体劳动力就业稳定性这一结论，与基准检验中的结论保持一致。

表5-10　　内生性处理：以历史计算机数量为工具变量

	第一阶段	第二阶段		
	$exrobot$	$jobst1$	$jobst2$	$jobst3$
	（1）	（2）	（3）	（4）
$compyear$	0.2516***	—	—	—
	(0.0121)	—	—	—
$exrobot$	—	-0.0405*	-0.8733***	0.3249***
	—	(0.0215)	(0.2100)	(0.0894)

续表

	第一阶段	第二阶段		
	exrobot	jobst1	jobst2	jobst3
	(1)	(2)	(3)	(4)
age	0.0006	0.0024***	0.0237***	-0.0019
	(0.0017)	(0.0008)	(0.0082)	(0.0028)
marry	0.0170	0.1332***	1.1802***	0.0446
	(0.0431)	(0.0203)	(0.2042)	(0.0871)
edu	0.6216***	0.1160	-0.2211	-1.0459***
	(0.1654)	(0.2285)	(1.1662)	(0.3959)
horeg	0.1724***	-0.2345***	-2.1766***	0.7064***
	(0.0356)	(0.0174)	(0.1762)	(0.0602)
health	0.1190***	-0.0325***	-0.3325***	0.2233***
	(0.0213)	(0.0103)	(0.1014)	(0.0427)
gdpg	-0.3009***	0.0010	0.1719**	0.1290***
	(0.0079)	(0.0077)	(0.0751)	(0.0305)
inent	0.0501***	-0.0035**	-0.0509***	0.0024
	(0.0027)	(0.0016)	(0.0151)	(0.0062)
hcl	-0.0132***	-0.0001	0.0152	0.0218***
	(0.0021)	(0.0010)	(0.0098)	(0.0038)
fdi	0.0230***	0.0056	0.0629	0.0718***
	(0.0086)	(0.0046)	(0.0467)	(0.0196)
K-PF统计量	1178.48	—	—	—
城市效应	固定	固定	固定	固定
时间效应	固定	固定	固定	固定
N	3420	3420	3420	3420
R^2	0.7757	0.0855	0.0307	0.1207

注：括号内数值为城市层面聚类标准误。* 表示 $p<0.10$，** 表示 $p<0.05$，*** 表示 $p<0.01$。

(3) 以历史信息基础设施水平作为工具变量

既满足外生性又满足相关性的工具变量选取较为困难，诸如劳动力成本、市场需求、市场竞争程度、设备供给等与工业机器人应用相关的因素，同时也与劳动力就业稳定性相关，因而只满足相关性假设而未满足外生性条件。

第5章 中国工业机器人应用对劳动力就业稳定性影响的实证检验

鉴于历史数据具有相对严格的外生性，能够较好地隔断工业机器人应用相关因素对劳动力就业稳定性的影响，本书在选取历史计算机数量作为工具变量的基础上，进一步采用历史信息基础设施水平进行工具变量检验，具体借鉴黄群慧等（2019）的思路，选取1984年各城市人均拥有固定电话数量表征历史信息基础设施水平，同时，考虑到历史数据不随时间而发生变动，参考董直庆和王辉（2021）的思路，将历史信息基础设施水平与时间的交互项作为工具变量。

本书选取城市历史信息基础设施水平与年份的交互项作为工业机器人应用水平的工具变量具有一定的合理性。从工具变量的相关性假设分析，回顾工业智能化技术的发展历程，可知当前的工业智能化技术是由早期的信息通讯技术发展而来的，信息基础设施一直是工业机器人应用与发展的基础保障，良好且完备的信息基础设施是工业智能化技术发展的前提条件，同时，信息基础设施作为智能化技术远程传输的关键性力量，也对工业智能化技术的智慧程度产生影响，因此优良的基础设施水平能够促进工业智能技术的发展，即选取历史信息基础设施水平满足工具变量相关性条件。从工具变量的外生性假设分析，鉴于近几十年信息基础设施数量呈现快速增长，本书尽可能选取早期的信息基础设施数据即1984年各城市人均拥有固定电话数量，对于1984年各城市人均拥有固定电话数量对当前劳动力市场的影响可以忽略不计，仅会通过影响当前工业机器人应用进而作用于劳动力就业稳定性，因此采用历史信息基础设施水平满足工具变量外生性条件。

表5-11以工业机器人渗透度衡量的工业机器人应用水平作为解释变量，以劳动合同期限（$jobst1$）、工作持续时间（$jobst2$）、工作转换频率（$jobst3$）三个维度衡量的劳动力就业稳定性作为被解释变量，选取1984年各城市人均拥有固定电话数量与年份的交互项（$infoyear$）作为中国工业机器人应用水平的工具变量，基于CLDS数据库运用2SLS检验工业机器人应用对劳动力就业稳定性的影响。其中，（1）列为2SLS第一阶段的回归结果，（2）—（4）列为2SLS第二阶段的回归结果。根据第一阶段回归结果可知，历史信息基础设施水平与时间的交互项在1%的显著性水平上对中国工业机器人应用存在正向影响，即历史信息基础设施水平较高城市往往工业机器人应用水平也较高。同时，第一阶段的K-P F统计量大于经验值10，可知采用历史信息基础设施水平与年份交互项排除了弱工具变量问题。由第二阶段回归结果可知，选

取 1984 年各城市人均拥有固定电话数量与年份的交互项作为工具变量后，工业机器人应用对以劳动合同期限和工作持续时间衡量的劳动力就业稳定性的系数在 5% 的显著性水平上为负，对以工作转换频率测度的劳动力就业稳定性的系数在 1% 的显著性水平上为正，即工业机器人应用显著降低以劳动合同期限、工作持续时间、工作转换频率三个维度测度的劳动力就业稳定性水平。综上可知，本书在使用历史计算机数量与年份交互项作为工具变量之后，重新选取历史信息基础设施水平与年份交互项进一步进行 2SLS 工具变量检验，仍然能够得出工业机器人应用对劳动力就业稳定性具有显著负向影响，即工业机器人应用水平的提升会降低个体劳动者就业稳定性，具体表现为劳动者签订劳动合同期限缩短、目前或最近一份工作持续时间减少以及工作转换频率的上升。

表 5-11　内生性处理：以历史信息基础设施水平为工具变量

	第一阶段	第二阶段		
	exrobot	*jobst*1	*jobst*2	*jobst*3
	(1)	(2)	(3)	(4)
infoyear	0.1879***	—	—	—
	(0.0113)	—	—	—
exrobot	—	-0.1173**	-0.5892**	0.6333***
	—	(0.0573)	(0.2452)	(0.0951)
age	0.0004	0.0023***	0.0239***	-0.0022
	(0.0018)	(0.0009)	(0.0081)	(0.0029)
marry	-0.0070	0.1358***	1.1707***	0.0549
	(0.0441)	(0.0213)	(0.2013)	(0.0886)
edu	0.2741	0.1061	-0.1845	-1.0857***
	(0.2713)	(0.1945)	(1.2914)	(0.2610)
horeg	0.1122***	-0.2521***	-2.1117***	0.6359***
	(0.0366)	(0.0219)	(0.1773)	(0.0646)
health	0.1017***	-0.0423***	-0.2964***	0.1841***
	(0.0217)	(0.0126)	(0.1016)	(0.0455)
gdpg	-0.2747***	0.0243	0.0856	0.2226***
	(0.0081)	(0.0178)	(0.0823)	(0.0323)

续表

	第一阶段	第二阶段		
	$exrobot$	$jobst1$	$jobst2$	$jobst3$
	(1)	(2)	(3)	(4)
$inent$	0.0387***	-0.0072**	-0.0373**	-0.0125**
	(0.0029)	(0.0030)	(0.0158)	(0.0062)
hcl	-0.0171***	0.0018	0.0080	0.0296***
	(0.0020)	(0.0017)	(0.0105)	(0.0039)
fdi	-0.0569***	0.0111*	0.0428	0.0936***
	(0.0094)	(0.0060)	(0.0477)	(0.0206)
K-P F统计量	1310.28	—	—	—
城市效应	固定	固定	固定	固定
时间效应	固定	固定	固定	固定
N	3420	3420	3420	3420
R^2	0.7673	0.0142	0.0556	0.0661

注：括号内数值为城市层面聚类标准误。*表示 $p<0.10$，**表示 $p<0.05$，***表示 $p<0.01$。

(4) 同时运用多个外生工具变量

在使用美国工业机器人渗透度、历史计算机数量、历史信息基础设施水平的单个工具变量的基础上，为进一步考量工具变量的外生性，本书继续将美国工业机器人渗透度和历史计算机数量与年份的交互项同时作为工业机器人应用的工具变量，具体检验结果如表5-12所示。

表5-12展示基于CLDS数据库，同时采用美国工业机器人渗透度和历史计算机数量与年份的交互项（$coexrobot$）作为工具变量进行2SLS检验的结果，其中（1）—（2）列、（3）—（4）列、（5）—（6）列分别为采用劳动合同期限（$jobst1$）、工作持续时间（$jobst2$）、工作转换频率（$jobst3$）测度劳动力就业稳定性的结果。结果显示，K-P LM统计量的p值均小于0.01，即应拒绝不可识别检验的原假设，工具变量的秩成立，表明美国工业机器人渗透度和历史计算机数量与年份的交互项这一工具变量与解释变量相关。同时，由回归结果可知，通过采用美国工业机器人渗透度和历史计算机数量与年份的交互项解决内生性问题，工业机器人应用仍然在1%的显著性水平上降低以劳动合同期限和工作持续时间衡量的劳动力就业稳定性，仍然在至少10%的显著性水平上降低以工作转换频率表征的劳动力就业稳定性，再次佐证基准

检验结论的可信性。

表 5–12　　内生性处理：多个外生工具变量

	jobst1		jobst2		jobst3	
	(1)	(2)	(3)	(4)	(5)	(6)
coexrobot	-0.1655***	-0.2773***	-2.1627***	-2.8545***	0.4497**	0.5317*
	(0.0615)	(0.0686)	(0.6337)	(0.6137)	(0.2258)	(0.2819)
age	0.0023**	0.0020**	0.0228**	0.0211**	-0.0020	0.0004
	(0.0009)	(0.0010)	(0.0093)	(0.0098)	(0.0033)	(0.0029)
marry	0.1374***	0.1430***	1.2232***	1.2422***	0.0829	0.0251
	(0.0234)	(0.0246)	(0.2408)	(0.2448)	(0.0855)	(0.0872)
edu	0.0999	0.0608	-0.3874	-0.4377	-0.1512	-0.3216
	(0.3407)	(0.1602)	(3.5094)	(0.3661)	(1.2549)	(0.2269)
horeg	-0.2631***	-0.2603***	-2.4713***	-2.6141***	0.6447***	0.4657***
	(0.0226)	(0.0240)	(0.2324)	(0.2341)	(0.0655)	(0.0587)
health	-0.0485***	-0.0549***	-0.4966***	-0.5567***	0.2967***	0.2484***
	(0.0132)	(0.0142)	(0.1360)	(0.1344)	(0.0489)	(0.0540)
gdpg	0.0389**	0.0718***	0.5632***	0.7747***	-0.4048***	-0.0818**
	(0.0191)	(0.0213)	(0.1971)	(0.1898)	(0.0309)	(0.0348)
inent	-0.0095***	-0.0135***	-0.1129***	-0.1428***	0.0097	0.0130**
	(0.0032)	(0.0035)	(0.0330)	(0.0312)	(0.0059)	(0.0061)
hcl	0.0030*	0.0085***	0.0475***	0.0743***	0.0085	-0.0388*
	(0.0018)	(0.0023)	(0.0182)	(0.0213)	(0.0146)	(0.0212)
fdi	0.0145**	0.0133**	0.1539**	0.1132*	0.0625	0.0327
	(0.0066)	(0.0060)	(0.0677)	(0.0592)	(0.0598)	(0.0727)
K–P LM 统计量	60.826***	32.467***	60.826***	32.467***	44.695***	32.104***
城市效应	固定	固定	固定	固定	固定	固定
时间效应	不固定	固定	不固定	固定	不固定	固定
N	3420	3420	3420	3420	3420	3420
R^2	0.0583	0.2902	0.1805	0.3427	0.0315	0.1130

注：括号内数值为城市层面聚类标准误。* 表示 $p<0.10$，** 表示 $p<0.05$，*** 表示 $p<0.01$。

5.3.2 基于异方差生成工具变量的内生性处理

人为选取的外生工具变量存在或多或少的不足之处,因此,本书参考 Lewbel (2012) 的方法,基于模型的异方差生成一个工具变量。具体做法是,将模型的解释变量工业机器人应用水平对其他外生变量回归,若回归后得到的残差项是异方差,就将外生变量去中心化后与该残差项相乘作为异方差生成工具变量,具体检验结果如表 5-13 所示。

表 5-13 基于 CLDS 数据库,展示采用异方差生成工具变量进行 2SLS 回归的检验结果,其中 (1)—(2) 列、(3)—(4) 列、(5)—(6) 列分别采用劳动合同期限 (jobst1)、工作持续时间 (jobst2)、工作转换频率 (jobst3) 测度劳动力就业稳定性。结果显示,K-P LM 统计量的 P 值均小于 0.01,应拒绝原假设,表明异方差生成工具变量与工业机器人应用水平具有相关性。工业机器人应用对以劳动合同期限、工作持续时间度量的劳动力就业稳定性的作用系数至少在 5% 的显著性水平上为负,对以工作转换频率测度的劳动力就业稳定性的作用系数至少在 10% 的显著性水平上为正,即无论使用劳动合同期限、工作持续时间、工作转换频率度量劳动力就业稳定性,均可得出工业机器人应用均显著减少个体劳动力就业稳定性水平这一结论,再次印证基准检验结果的准确性。

表 5-13　　　　　　内生性处理:异方差生成工具变量

	jobst1		jobst2		jobst3	
	(1)	(2)	(3)	(4)	(5)	(6)
exrobot	-0.0462**	-0.0712***	-0.9427***	-0.9026***	1.1411***	0.6823*
	(0.0204)	(0.0208)	(0.2053)	(0.1988)	(0.3592)	(0.3531)
age	0.0024***	0.0022***	0.0236***	0.0234***	0.0014	0.0011
	(0.0008)	(0.0008)	(0.0085)	(0.0082)	(0.0037)	(0.0029)
marry	0.1334***	0.1355***	1.1825***	1.1713***	0.0155	0.0059
	(0.0217)	(0.0206)	(0.2182)	(0.2031)	(0.0955)	(0.0881)
edu	0.1153	0.0958	-0.2301	-0.1063	0.0342	-0.2162
	(0.3172)	(0.2376)	(3.1911)	(1.0519)	(1.4106)	(0.2548)

续表

	\textit{jobst}1		\textit{jobst}2		\textit{jobst}3	
	(1)	(2)	(3)	(4)	(5)	(6)
$horeg$	-0.2358***	-0.2236***	-2.1925***	-2.2663***	0.7715***	0.5617***
	(0.0171)	(0.0175)	(0.1719)	(0.1741)	(0.0804)	(0.0766)
$health$	-0.0333***	-0.0318***	-0.3413***	-0.3378***	0.3506***	0.2622***
	(0.0102)	(0.0103)	(0.1030)	(0.1006)	(0.0559)	(0.0559)
$gdpg$	0.0027	0.0096	0.1929***	0.1858**	-0.2992**	-0.2063*
	(0.0073)	(0.0075)	(0.0736)	(0.0723)	(0.1240)	(0.1208)
$inent$	-0.0038**	-0.0041***	-0.0543***	-0.0541***	0.0094	0.0172**
	(0.0015)	(0.0015)	(0.0152)	(0.0145)	(0.0101)	(0.0086)
hcl	0.0001	0.0023**	0.0169*	0.0152	-0.0080***	-0.0045***
	(0.0010)	(0.0011)	(0.0096)	(0.0107)	(0.0017)	(0.0018)
fdi	0.0060	0.0030	0.0678	0.0160	0.2329***	0.2092***
	(0.0048)	(0.0046)	(0.0484)	(0.0461)	(0.0394)	(0.0397)
K-P LM 统计量	479.587***	345.647***	479.587***	345.647***	37.438***	28.165***
城市效应	固定	固定	固定	固定	固定	固定
时间效应	不固定	固定	不固定	固定	不固定	固定
N	3420	3420	3420	3420	3420	3420
R^2	0.0821	0.0703	0.0234	0.0402	-0.2094	0.1017

注：括号内数值为城市层面聚类标准误。*表示 $p<0.10$，**表示 $p<0.05$，***表示 $p<0.01$。

5.4 本章小结

本章基于 CLDS 数据和 CHIP 数据进行中国工业机器人应用对就业稳定性作用的基准检验，通过更换核心变量指标的度量方法、更换不同数据来源以及样本调整等多种方法对基准检验结果进行稳健性检验，并采用美国工业机器人渗透度、历史计算机数量、历史信息基础设施水平作为工具变量，同时根据异方差生成工具变量，进一步缓解工业机器人应用对劳动力就业稳定性影响中的内生性问题。本章主要的研究结论如下：

第5章 中国工业机器人应用对劳动力就业稳定性影响的实证检验

第一，中国工业机器人应用水平的上升使得个体劳动力就业稳定性下降。基准检验基于 CLDS 数据和 CHIP 数据，以工业机器人渗透度衡量的工业机器人应用水平作为解释变量，以劳动者签订劳动合同期限、目前或最近一份工作持续时间、工作转换频率三个维度表征的个体劳动力就业稳定性作为被解释变量，选取年龄、婚姻状况、受教育程度、户籍、健康状况作为个体层面控制变量，选取经济增长水平、工业企业规模、人力资本水平、贸易开放程度作为城市层面控制变量，同时控制城市和时间固定效应后，可以得出，无论运用劳动合同期限、工作持续时间还是运用工作转换频率测度劳动力就业稳定性，也无论基于 CLDS 数据还是基于 CHIP 数据，工业机器人应用均对劳动力就业稳定性产生负向影响。

第二，运用多种方式进行稳健性检验，仍然能够得出工业机器人应用降低劳动者就业稳定性这一结论。首先，将工业机器人应用水平的测算方法依次更换为工业智能化技术专利数、工业智能化技术企业数、人工智能技术专利数，可以发现工业机器人应用使得个体劳动力就业稳定性降低的结论仍然成立。其次，将劳动力就业稳定性的度量方法由单项指标更换为加权综合指标，将劳动合同期限、工作持续时间、工作转换频率三个维度的指标分别根据熵权法、TOPSIS 法、主成分分析法加权为综合指标度量劳动力就业稳定性水平，可得工业机器人应用分别显著降低以上述三种加权方法测度的劳动力就业稳定性水平。再次，将劳动力就业稳定性的测算数据由个体层面更换为城市层面，将城市层面中能够反映就业稳定性的各项指标加权为综合指标测度城市的就业稳定性水平，可得中国工业机器人应用会显著降低城市劳动力就业稳定性，再次佐证基准检验的结论具有可信性。最后，通过数据缩尾、剔除部分样本的方法对样本数据进行调整以检验基准结果的稳健性。发现将样本数据分别缩尾 1% 和 5% 后，工业机器人应用依然显著降低以劳动合同期限、工作持续时间、工作转换频率三个维度测度的劳动力就业稳定性水平。同时，在分别剔除直辖市和长三角地区城市后，仍然得出工业机器人应用对劳动力就业稳定性产生负向影响，基准检验中的结论得以验证。

第三，通过选取工具变量进行 2SLS 回归缓解内生性问题后，基准检验结论依然成立。首先，分别以美国工业机器人渗透度、历史计算机数量与年份交乘项、历史信息基础设施水平与年份交乘项作为工具变量进行 2SLS 回归，可得工业机器人应用显著降低劳动力就业稳定性，且工具变量的选取通过弱工具变量检验。其次，同时将美国工业机器人渗透度、历史计算机数量与年份的交互项作为工具变量，仍然验证了基准检验中的结论成立。最后，在采用外部工具变量的基础上，进一步基于异方差生成工具变量，得出中国工业机器人应用对劳动力就业稳定性造成负向影响的结论依然成立，佐证基准检验结果的准确性和可信度。

第 6 章

中国工业机器人应用对劳动力就业稳定性影响的传导机制检验

前述的理论分析和实证检验均得出工业机器人应用会降低个体劳动力就业稳定性,那么工业机器人应用是通过何种途径作用于劳动力就业稳定性的呢?什么因素在这一过程中能作为传导机制呢?基于第 3 章理论分析得出的工业机器人应用通过劳动岗位更替、产业结构升级、技能收入分配三种机制作用于劳动力就业稳定性,本章从实证检验角度分析工业机器人应用影响劳动力就业稳定性的作用机制,并分析理论模型部分得出的劳动岗位更替、产业结构升级、技能收入分配三种机制是否能够通过实证检验。

6.1 工业机器人应用对劳动力就业稳定性影响的劳动岗位更替机制检验

工业智能化技术应用表现为智能化技术扩张和新岗位创造两种形态。工业智能化技术的智能化技术扩张形态表现为工业智能化技术可以代替诸如装配、搬运、基础计算等岗位的部分劳动力,从而造成常规或低技能岗位的劳动力需求量减少(Acemoglu 和 Restrepo,2018a);工业智能化技术的新岗位创造形态表现为基于工业智能化技术的发展而衍生出大量新兴岗位和行业(王林辉等,2020),诸如智能技术研发人员、人工智能培训人员等。因此,工业智能化技术发展即工业机器人的大规模应用会带来劳动岗位的更替。大量文献表明,工业智能化技术对岗位的替代及创造具有任务或职业偏向性(龚遥和彭希哲,2020;王林辉等,2022),所需技能水平较低的低技能任务以及程序化、规律性较强的常规型任务更容易被工业智能技术所替代，而所需技能水平较高的高技能任务以及非程序化、规律性较弱的非常规型任务不容易被工业智能技术所替代，即工业机器人应用可能会引发不同类型岗位的更替，进而影响劳动力就业的稳定性。本节接下来运用实证分析的方法检验劳动岗位更替是否是工业机器人应用影响劳动力就业稳定性的传导机制。

6.1.1 计量模型构建、指标设计与数据说明

(1) 计量模型构建

鉴于工业智能技术对技能岗位与非技能岗位、常规岗位与非常规岗位的替代程度不同，本书一方面探讨技能岗位与非技能岗位的更替，另一方面探讨常规岗位与非常规岗位的更替。

首先，本书为检验技能岗位与非技能岗位更替，构建如下回归模型：

$$z\_skilllevel_{ijt} = \alpha + \beta \cdot exrobot_{jt} + \theta_1 \cdot I_{it} + \theta_2 \cdot C_{jt} + \lambda_j + \nu_t + \varepsilon_{ijt} \quad (6.1)$$

其中，下标 i、j、t 分别代表个体、城市和年份；$z\_skilllevel_{ijt}$ 为技能岗位与非技能岗位层级的机制变量，依照岗位技能度和复杂度由低到高依次赋值为 1、2、3、4；$exrobot_{jt}$ 为工业机器人应用水平，用工业机器人渗透度衡量；I_{it} 为个体层面控制变量，包括年龄、婚姻状况、受教育程度、户籍、健康状况；C_{jt} 为城市层面控制变量，包括经济增长水平、工业企业规模、人力资本水平、贸易开放程度；λ_j 为城市固定效应项；ν_t 为时间固定效应项；ε_{ijt} 为随机误差项。

参考马述忠（2022）的机制检验分析思路，采用两个步骤对技能岗位与非技能岗位更替进行检验：第一步，以工业机器人应用水平（exrobot）为解释变量，以技能岗位与非技能岗位层级的机制变量（z_skilllevel）为被解释变量进行实证回归，如式（6.1）所示。第二步，根据技能与非技能的四个岗位层级的技能度、复杂度依次升高，将第一层级和第二层级岗位归类为非技能岗位（unskill），将第三层级和第四层级的岗位归类为技能岗位（skill），按照技能岗位与非技能岗位进行分组检验。具体地，以工业机器人应用水平（exrobot）为解释变量，以劳动力就业稳定性的三个维度（jobst1）、（jobst2）、（jobst3）为被解释变量，分别对非技能岗位组和技能

第6章 中国工业机器人应用对劳动力就业稳定性影响的传导机制检验

岗位组进行实证回归。

依照如下原则对机制变量是否成立进行判定：当式（6.1）中的 β 为正时，表明工业机器人应用（exrobot）会提升技能岗位与非技能的岗位层级（z_skilllevel），即工业机器人应用增大对技能岗位的相对需求。同时，若在技能岗位的分组回归中，工业机器人应用（exrobot）对劳动力就业稳定性（jobst1）、（jobst2）、（jobst3）的影响显著为负，而非技能岗位的分组回归中工业机器人应用（exrobot）对劳动力就业稳定性（jobst1）、（jobst2）、（jobst3）的影响并不显著，则可以验证工业机器人应用通过技能岗位与非技能岗位更替使得劳动力就业稳定性下降。

其次，本书为检验常规岗位与非常规岗位更替，构建如下回归模型：

$$z\_routlevel_{ijt} = \alpha + \beta exrobot_{jt} + \theta_1 I_{it} + \theta_2 C_{jt} + \lambda_j + \nu_t + \varepsilon_{ijt} \tag{6.2}$$

其中，下标 i、j、t 分别代表个体、城市和年份；$z\_routlevel_{ijt}$ 为常规岗位与非常规岗位层级的机制变量，依照岗位技能度和复杂度，常规岗位赋值为 0、非常规岗位赋值为 1；$exrobot_{jt}$ 为工业机器人应用水平，用工业机器人渗透度衡量；I_{it} 为个体层面的控制变量；C_{jt} 为城市层面的控制变量；λ_j 为城市固定效应项；ν_t 为时间固定效应项；ε_{ijt} 为随机误差项。

仍然采用两个步骤对常规岗位与非常规岗位更替机制进行检验：第一步，以工业机器人应用水平（exrobot）为解释变量，以常规岗位与非常规岗位层级的机制变量（z_routlevel）为被解释变量进行实证回归，如式（6.2）所示。第二步，根据常规岗位（赋值为"0"）与非常规岗位（赋值为"1"）进行分组回归。具体地，以工业机器人应用水平（exrobot）为解释变量，以劳动力就业稳定性的三个维度（jobst1）、（jobst2）、（jobst3）为被解释变量分别对常规岗位组和非常规岗位组进行实证检验。

依照如下原则对机制变量是否成立进行判定：当式（6.2）中的 β 为正时，表明工业机器人应用（exrobot）会提升常规岗位与非常规岗位层级（z_routlevel），即工业机器人应用提升对非常规岗位劳动力的相对需求。同时，若在非常规岗位的分组回归中，工业机器人应用（exrobot）对劳动力就业稳定性（jobst1）、（jobst2）、（jobst3）的影响显著为负，而在常规岗位的分组回归中工业机器人应用（exrobot）对劳动力就业稳定性（jobst1）、（jobst2）、（jobst3）的影响并不显著，则可以验证工业机器人应用通过常规岗位与非常规岗位更替使得劳动力就业稳定性下降。

(2) 指标设计与数据说明

本书以工业机器人渗透度测度工业机器人应用水平，分别以劳动合同期限、工作持续时间、工作转换频率三个维度测度个体劳动力就业稳定性，选取年龄、婚姻状况、受教育程度、户籍、健康状况作为个体层面控制变量，选取经济增长水平、工业企业规模、人力资本水平和贸易开放程度作为城市层面控制变量，具体指标设计如第 4 章和第 5 章中所述，下面主要介绍 CLDS 数据库和 CHIP 数据库中技能岗位与非技能岗位、常规岗位与非常规岗位的划分方法，以及技能岗位与非技能岗位层级的机制变量、常规岗位与非常规岗位层级的机制变量的指标设计及数据说明。

CLDS 数据库和 CHIP 数据库中技能岗位与非技能岗位的划分依据如下：国际标准职业分类法（ISCO）将个体职业岗位划分为九大类，并将这九大类按照职业岗位所需技能程度以及复杂度归类为四个层级，第一层级包含简单、程序化、体力型岗位和重复性较强的岗位，在九大类岗位中，第九类岗位"简单劳动工作"属于第一层级；第二层级包含基础信息的储存、整理和简单计算、农林牧渔类、操作和维修简易机械设备、基础类文职和服务工作，在九大类岗位中，第四类岗位"办公室基础事务及文职工作"、第五类岗位"服务和销售"、第六类岗位"农、林、牧、渔类职业"、第七类岗位"建筑、印刷、纺织、电力等基础技术操作"、第八类岗位"机械设备操作和装配"属于第二层级；第三层级包含实践性较强、复杂程度较高的岗位，在九大类岗位中，第一类"管理岗位"和第三类"技术岗位和技术助理岗位"属于第三层级；第四层级包含需要综合运用理论技能进行分析决策和创新的复杂岗位，在九大类岗位中，第二类"专业技术岗位"属于第四层级。可以看出由第一层级到第四层级岗位的技能度和复杂度依次上升。本书所用 CLDS 数据的职业编码是 2015 年版职业编码即国标码，所用 CHIP 数据的职业编码是将职业划分为 51 大类的编码方法，故本书先将 CLDS 数据中职业的国标码以及 CHIP 数据中的 51 大类职业编码分别与国际标准职业分类法（ISCO）中的职业编码相匹配，即可得 CLDS 数据库以及 CHIP 数据库中个体所从事职业对应的 ISCO 职业编码。根据 CLDS 数据和 CHIP 数据中个体所从事职业岗位的层级，将从事第一层级、第二层级、第三层级和第四层级岗位的个体分别赋值为"1""2""3""4"，以此构造技能岗位与非技能岗位层级的机制变量（$z\_skilllevel$），用来检验技能岗位与非技能岗位更替。

CLDS 数据库中常规岗位与非常规岗位的划分依据如下：根据个体对问卷中"工作过程中需要快速反应的思考或脑力活动的频率"问题的回答划分常规岗位和非常规岗位，将回答"经常"和"有时"的劳动者所从事的岗位划分为常规岗位，赋值为"0"；将回答"很少"和"从不"的劳动者所从事的岗位划分为非常规岗位，赋值为"1"，以此构造常规岗位与非常规岗位层级的机制变量（$z\_routlevel$）进行机制检验。此种划分主要是因为需要快速反应的思考或脑力活动的岗位通常需要综合运用积累的理论知识进行判断分析和思考决策，以应对岗位中的多变情形和突发状况，如科学研究人员、工业技术人员、企业负责人等。CHIP 数据库中常规岗位与非常规岗位的划分依据如下：根据 Acemoglu 和 Restrepo（2020b）中对常规任务和非常规任务的划分思路，手动将 CHIP 数据库中岗位划分为常规岗位和非常规岗位，同样将常规岗位赋值为"0"，将非常规岗位赋值为"1"，以此构造常规与非常规岗位层级的机制变量（$z\_routlevel$），用来检验常规岗位与非常规岗位更替。

上述指标的主要数据来源于 2014 年、2016 年、2018 年的 CLDS 数据库和 2013 年、2018 年的 CHIP 数据库。数据处理按照第 4 章的步骤进行，主要剔除对关键变量问题的回答为"不清楚""不适用""拒绝回答"以及回答值为空值的样本，剔除从未工作过或过去一年没有工作的样本，剔除年纪小于 16 岁以及大于 65 岁的劳动年龄之外的样本，剔除工作时间小于 0 等不符合常理逻辑的异常样本。

6.1.2 技能岗位与非技能岗位更替

工业智能技术发展应用的直接表现为工业机器人应用水平的提升，工业智能技术对部分职业岗位的劳动者具有替代性，且智能化技术对不同职业岗位的替代程度有所不同（Frey 和 Osborne，2017；David，2017；王林辉等，2022；刘涛雄等，2022）。智能机器对技术复杂度较低、程序化较强、重复性较高且脑力活动较少岗位的替代程度较高，而对技术复杂度较高、不可程序化、重复性较低且脑力活动较多岗位的替代程度较低。同时，工业智能化技术具有传统技术进步的技能偏向性属性（Acemoglu，1998；Autor 等，1998；Prettner 和 Strulik，2017），工业智能化技术的发展使得对技能劳动力的需求量不断上升,并随之创造出一系列新行业和新岗位,这些新行业和新岗位(诸如虚拟现实)工程技术人员往往需要高技能劳动力与之匹配,从而加大对技能劳动力的需求,导致技能相对非技能劳动力的需求增加。综上可知,工业智能技术发展将增大对技能劳动力的相对需求,从而影响个体劳动力就业稳定性。

表 6-1 呈现基于 CLDS 数据库的技能岗位与非技能岗位更替的实证检验结果。表 6-1 的解释变量为以工业机器人渗透度表征的工业机器人应用水平($exrobot$),(1)—(2)列被解释变量为技能岗位与非技能岗位层级的机制变量($z\_skilllevel$),(3)—(5)列为按照技能岗位分组,(6)—(8)列为按照非技能岗位分组,被解释变量依次为以劳动合同期限($jobst1$)、工作持续时间($jobst2$)、工作转换频率($jobst3$)测度的劳动力就业稳定性。(1)—(8)列均同时控制城市及时间固定效应并采用城市层面聚类标准误。

表 6-1 的(1)—(2)列展示本书机制检验思路的第一步,即以解释变量工业机器人应用水平($exrobot$)对机制变量技能岗位与非技能岗位层级($z\_skilllevel$)进行实证回归,(1)列和(2)列分别为未加入和加入城市层面控制变量的结果。可知无论是否加入城市层面控制变量,工业机器人应用均会显著提升技能岗位与非技能岗位层级,即工业机器人应用增大对技能岗位劳动力的相对需求。表 6-1 的(3)—(8)列展示本书机制检验思路的第二步,即将个体所从事岗位按照技能岗位和非技能岗位分组,每组内以解释变量工业机器人应用水平($exrobot$)分别对以劳动合同期限($jobst1$)、工作持续时间($jobst2$)、工作转换频率($jobst3$)测度的被解释变量劳动力就业稳定性进行实证回归。可知在技能岗位分组中,工业机器人应用对以劳动合同期限、工作持续时间衡量的劳动力就业稳定性负向显著,对以工作转换频率衡量的劳动力就业稳定性正向显著。而在非技能岗位分组中,工业机器人应用对以劳动合同期限、工作持续时间、工作转换频率衡量的劳动力就业稳定性均不显著。综合表明,工业机器人应用会显著提升技能岗位与非技能岗位的层级,增大对技能岗位劳动力相对需求,且工业机器人应用对就业稳定性的负向影响在技能岗位分组中显著,而在非技能岗位分组中不显著,由此验证工业机器人应用通过技能岗位与非技能岗位更替机制降低劳动力就业稳定性。

第6章 中国工业机器人应用对劳动力就业稳定性影响的传导机制检验

表6-1 劳动岗位更替机制——技能与非技能岗位更替（CLDS数据）

	技能岗位					非技能岗位		
	z_skilllevel	z_skilllevel	jobst1	jobst2	jobst3	jobst1	jobst2	jobst3
	(1)	(2)	(3)	(4)	(5)	(6)	(7)	(8)
exrobot	0.5948***	0.5960***	-0.1873*	-0.8844**	0.3951***	-0.0282	-0.1240	0.1621
	(0.0504)	(0.0506)	(0.1128)	(0.3865)	(0.0890)	(0.1112)	(0.3400)	(0.1313)
age	-0.0050***	-0.0048***	0.0074*	0.0196	-0.0006	0.0124***	0.0481***	(0.1313)
	(0.0014)	(0.0015)	(0.0039)	(0.0132)	(0.0032)	(0.0036)	(0.0108)	(0.0041)
marry	-0.0543	-0.0533	0.5645***	1.6300***	-0.0072	0.3940***	0.9384***	-0.0387
	(0.0400)	(0.0401)	(0.1071)	(0.3169)	(0.0933)	(0.0935)	(0.2506)	(0.1182)
edu	1.2902***	1.2636***	0.1780	-0.3400	-0.4326***	0.0583***	0.2146***	-0.0843***
	(0.3032)	(0.2413)	(0.7858)	(1.4372)	(0.1205)	(0.0146)	(0.0467)	(0.0167)
horeg	-0.3169***	-0.3082***	-0.3526***	-1.3465***	0.1124	-0.5949***	-1.9221***	0.4012***
	(0.0286)	(0.0305)	(0.0863)	(0.2869)	(0.0803)	(0.0690)	(0.2335)	(0.0719)
health	-0.0223	-0.0235	-0.0590	-0.1269	0.2891***	-0.0873**	-0.2861**	0.1399**
	(0.0169)	(0.0169)	(0.0509)	(0.1730)	(0.0542)	(0.0376)	(0.1137)	(0.0543)
gdpg	—	-0.0215***	-0.0372*	-0.1088*	0.0670***	-0.0327**	-0.0647	0.0254
	—	(0.0071)	(0.0196)	(0.0654)	(0.0204)	(0.0152)	(0.0455)	(0.0178)
inent	—	0.0047**	0.0002	0.0029	-0.0032	-0.0045	-0.0214	0.0081
	—	(0.0021)	(0.0056)	(0.0202)	(0.0053)	(0.0046)	(0.0140)	(0.0055)
hcl	—	0.0049***	0.0074*	0.0092	-0.0149***	-0.0040	-0.0281***	-0.0094***
	—	(0.0016)	(0.0042)	(0.0146)	(0.0041)	(0.0034)	(0.0103)	(0.0035)
fdi	—	0.0198**	-0.0484*	-0.1618*	0.0917***	0.0148	0.0444	0.1219***
	—	(0.0083)	(0.0276)	(0.0781)	(0.0279)	(0.0197)	(0.0556)	(0.0225)
Cons	3.4264***	3.0232***	-0.7413*	4.3116***	1.2116***	-0.3716	5.1184***	2.1073***
	(0.0674)	(0.1623)	(0.4486)	(1.6123)	(0.3782)	(0.3820)	(1.1786)	(0.4375)
城市	固定	固定	固定	固定	固定	固定	固定	固定
时间	固定	固定	固定	固定	固定	固定	固定	固定
N	3420	3420	1212	1212	1212	2208	2208	2208
R^2	0.1126	0.1170	0.0773	0.0875	0.3279	0.1030	0.1135	0.2391

注：括号内数值为城市层面聚类标准误。* 表示 $p<0.10$，** 表示 $p<0.05$，*** 表示 $p<0.01$。

为进一步验证技能与非技能岗位更替机制，表6-2展示基于CHIP数据库的实证检验结果。表6-2的解释变量为以工业机器人渗透度表征的工业机器人应用水平（$exrobot$），（1）—（2）列被解释变量为技能与非技能岗位层级的机制变量（$z\_skilllevel$），（3）—（5）列为按照技能岗位分组，（6）—（8）列为按照非技能岗位分组，被解释变量依次为以劳动合同期限（$jobst1$）、工作持续时间（$jobst2$）、工作转换频率（$jobst3$）测度的劳动力就业稳定性。（1）—（8）列均同时控制城市及时间固定效应并采用城市层面聚类标准误。

表6-2的（1）—（2）列展示本书机制检验思路的第一步，（2）列相比于（1）列加入城市层面控制变量，可知无论是否加入城市层面控制变量，工业机器人应用（$exrobot$）均在1%的显著性水平上提升技能岗位与非技能岗位层级（$z\_skilllevel$），增大对技能岗位劳动力的相对需求。表6-2的（3）—（8）列展示本书机制检验思路的第二步，（3）—（5）列和（6）—（8）列分别按照技能岗位和非技能岗位分组，可知工业机器人应用（$exrobot$）在1%的显著性水平上降低技能岗位的劳动力就业稳定性（$jobst1$、$jobst2$、$jobst3$），而对非技能岗位的劳动力就业稳定性（$jobst1$、$jobst2$、$jobst3$）的影响并不显著。综上可知，工业机器人应用提高技能岗位劳动力需求，且工业机器人应用显著降低技能岗位劳动力就业稳定性，而对非技能岗位劳动力就业稳定性的影响不显著，由此验证工业机器人应用通过技能岗位与非技能岗位更替降低劳动力就业稳定性。

表6-2 劳动岗位更替机制——技能与非技能岗位更替（CHIP数据）

	技能岗位					非技能岗位		
	$z\_skilllevel$	$z\_skilllevel$	$jobst1$	$jobst2$	$jobst3$	$jobst1$	$jobst2$	$jobst3$
	(1)	(2)	(3)	(4)	(5)	(6)	(7)	(8)
$exrobot$	0.9912***	0.9919***	-0.6726***	-2.3632***	0.8442***	-0.2963	-0.4440	0.0414
	(0.0209)	(0.0210)	(0.1797)	(0.3644)	(0.2080)	(0.5855)	(0.6281)	(0.1016)
age	0.0022***	0.0024***	0.0168***	0.6284***	-0.0080***	0.0012	0.3669***	0.0002
	(0.0007)	(0.0007)	(0.0021)	(0.0156)	(0.0020)	(0.2168)	(0.0156)	(0.0024)
$marry$	0.0539***	0.0523***	0.2685***	0.5587**	0.2707***	0.0487	0.8643***	0.1901***
	(0.0189)	(0.0189)	(0.0522)	(0.2462)	(0.0492)	(0.0622)	(0.2781)	(0.0670)

续表

	技能岗位					非技能岗位		
	z_skilllevel	z_skilllevel	jobst1	jobst2	jobst3	jobst1	jobst2	jobst3
	(1)	(2)	(3)	(4)	(5)	(6)	(7)	(8)
edu	0.0805***	0.0805***	0.1575***	0.4432***	-0.0498***	0.0994***	0.2023***	-0.0094
	(0.0019)	(0.0020)	(0.0065)	(0.0382)	(0.0068)	(0.0077)	(0.0420)	(0.0081)
horeg	0.0897***	0.0983***	0.4593***	1.7024***	-0.2357***	0.3248***	0.8271***	-0.0964**
	(0.0137)	(0.0139)	(0.0396)	(0.2256)	(0.0478)	(0.0417)	(0.2361)	(0.0459)
health	0.0034	0.0032	0.0825***	0.2111	-0.1419***	-0.0146	0.1836	-0.1243***
	(0.0079)	(0.0079)	(0.0225)	(0.1441)	(0.0262)	(0.0259)	(0.1553)	(0.0305)
gdpg	—	0.0197	-0.1233**	-1.5071***	0.0874***	0.4317***	-0.2643	0.2626***
	—	(0.0231)	(0.0607)	(0.3970)	(0.0214)	(0.0897)	(0.4199)	(0.0838)
inent	—	0.0014	0.0063**	0.0425**	0.0019	-0.0022	-0.0388**	0.0026
	—	(0.0010)	(0.0028)	(0.0180)	(0.0026)	(0.0034)	(0.0190)	(0.0034)
hcl	—	-0.0266	0.3191**	0.3669	0.3513***	0.3466*	-0.1964	-0.2091
	—	(0.0534)	(0.1457)	(0.9164)	(0.1178)	(0.1790)	(1.0083)	(0.1730)
fdi	—	0.0791**	0.0695***	-0.3466	0.6638***	-0.2086	-0.4177	0.7940***
	—	(0.0313)	(0.0185)	(0.4075)	(0.1005)	(0.2098)	(0.4783)	(0.1589)
Cons	2.1225***	2.0491***	-3.6248***	-20.6058***	2.9492***	-2.5606***	-8.1774***	2.6086***
	(0.0581)	(0.0895)	(0.2566)	(1.6120)	(0.2492)	(0.2945)	(1.7197)	(0.3037)
城市	固定	固定	固定	固定	固定	固定	固定	固定
时间	固定	固定	固定	固定	固定	固定	固定	固定
N	12392	12392	6763	6763	6763	5629	5629	5629
R^2	0.2791	0.2802	0.1310	0.3869	0.0536	0.0976	0.1839	0.0308

注：括号内数值为城市层面聚类标准误。* 表示 $p<0.10$，** 表示 $p<0.05$，*** 表示 $p<0.01$。

6.1.3 常规岗位与非常规岗位更替

上节基于工业智能化技术的技能偏向性属性，验证了工业机器人应用作用于劳动力就业稳定性的技能岗位与非技能岗位更替机制。由工业智能技术的发展历程可知，工业智能技术具有技能偏向性的同时，还具有任务偏向性属性。工业智能技术更倾向于替代简单、易编程、体力型的常规岗位的劳动力,对较复杂、不易编程、脑力型的非常规岗位劳动力的替代程度较低(Autor 等,2003;王林辉等,2022),且工业智能化技术应用创造出大量复杂度较高的非常规岗位,进一步增大对非常规岗位劳动力的需求,导致非常规岗位相对常规岗位的劳动力相对需求增加,造成劳动力就业不稳定。

表 6-3 展示基于 CLDS 数据库的常规岗位与非常规岗位更替机制的实证检验结果。表 6-3 以工业机器人渗透度测度的工业机器人应用水平($exrobot$)为解释变量,(1)—(2)列以常规岗位与非常规岗位层级的机制变量($z\_routlevel$)为被解释变量,(3)—(5)列为按照常规岗位分组,(6)—(8)列为按照非常规岗位分组,分别以劳动合同期限($jobst1$)、工作持续时间($jobst2$)、工作转换频率($jobst3$)衡量的劳动力就业稳定性为被解释变量。(1)—(8)列均同时控制城市及时间固定效应并采用城市层面聚类标准误。

表 6-3 的(1)—(2)列展示本书机制检验思路的第一步,即以解释变量工业机器人应用水平($exrobot$)对机制变量常规与非常规岗位层级($z\_skilllevel$)进行实证回归,(1)列和(2)列分别为未加入和加入城市层面控制变量的结果。可知无论是否加入城市层面控制变量,工业机器人应用均在 1% 的显著性水平上正向作用于常规岗位与非常规岗位层级的提升,即工业机器人应用增大对非常规岗位劳动力的相对需求。表 6-3 的(3)—(8)列展示本书机制检验思路的第二步,即对个体所从事岗位进行分组,分为常规岗位组和非常规岗位组,每组用工业机器人应用($exrobot$)分别对以劳动合同期限($jobst1$)、工作持续时间($jobst2$)、工作转换频率($jobst3$)表征的劳动力就业稳定性进行实证检验。由常规岗位组结果可知,工业机器人应用对以劳动合同期限、工作持续时间、工作转换频率三个维度衡量的劳动力就业稳定性均不显著,而由非常规岗位组结果显示,工业机器人应用均显著降低以劳动合同期限、工作持续时间、工作转换频率衡量的劳动力就业稳定性。综合表明,工业机器人应用会显著提升常规岗位与非常规岗位层级,从而增大对非常规岗位劳动力的相对需求,且在非常规岗位分组中工业机器人应用显著降低劳动力就业稳定性,而在常规岗位分组中工业机器人应用对劳动力就业稳定性的影响并不显著,可知工业机器人应用通过常规岗位与非常规岗位更替使得劳动力就业稳定性下降。

第6章 中国工业机器人应用对劳动力就业稳定性影响的传导机制检验

表6-3 劳动岗位更替机制——常规岗位与非常规岗位更替（CLDS数据）

	常规岗位					非常规岗位		
	z_routlevel	z_routlevel	jobst1	jobst2	jobst3	jobst1	jobst2	jobst3
	(1)	(2)	(3)	(4)	(5)	(6)	(7)	(8)
exrobot	0.2343***	0.2353***	-0.0236	-0.1167	0.1645	-0.1905*	-0.8892**	0.3967***
	(0.0266)	(0.0267)	(0.1113)	(0.3403)	(0.1315)	(0.1127)	(0.3861)	(0.0889)
age	0.0014	0.0012	0.0124***	0.0481***	-0.0071*	0.0074*	0.0197	-0.0006
	(0.0009)	(0.0009)	(0.0036)	(0.0108)	(0.0041)	(0.0039)	(0.0132)	(0.0032)
marry	0.0448*	0.0440*	0.3933***	0.9375***	-0.0384	0.5654***	1.6313***	-0.0077
	(0.0232)	(0.0232)	(0.0935)	(0.2506)	(0.1182)	(0.1071)	(0.3168)	(0.0933)
edu	-0.5995***	-0.5821***	0.0585***	0.2149***	-0.0844***	0.1771	-0.3415	-0.4321***
	(0.1395)	(0.1001)	(0.0146)	(0.0467)	(0.0167)	(0.7843)	(1.4329)	(0.1217)
horeg	0.1836***	0.1775***	-0.5937***	-1.9198***	0.4004***	-0.3535***	-1.3478***	0.1129
	(0.0167)	(0.0177)	(0.0690)	(0.2336)	(0.0719)	(0.0863)	(0.2869)	(0.0803)
health	0.0113	0.0120	-0.0883**	-0.2876**	0.1404***	-0.0572	-0.1242	0.2883***
	(0.0099)	(0.0100)	(0.0376)	(0.1137)	(0.0543)	(0.0509)	(0.1728)	(0.0541)
gdpg	—	0.0132***	-0.0327**	-0.0646	0.0254	-0.0371*	-0.1088*	0.0669***
	—	(0.0041)	(0.0152)	(0.0455)	(0.0178)	(0.0196)	(0.0654)	(0.0204)
inent	—	-0.0028**	-0.0045	-0.0213	0.0080	0.0001	0.0027	-0.0031
	—	(0.0012)	(0.0046)	(0.0140)	(0.0055)	(0.0056)	(0.0202)	(0.0053)
hcl	—	-0.0031***	-0.0040	-0.0281***	-0.0094***	0.0073*	0.0091	-0.0148***
	—	(0.0009)	(0.0034)	(0.0103)	(0.0035)	(0.0042)	(0.0146)	(0.0041)
fdi	—	-0.0121**	0.0148	0.0444	0.1219***	-0.0486*	-0.1620**	0.0918***
	—	(0.0048)	(0.0197)	(0.0556)	(0.0225)	(0.0276)	(0.0781)	(0.0280)
Cons	0.2766***	0.5232***	-0.3791	5.1053***	2.1115***	-0.7329	4.3245***	1.2073***
	(0.0393)	(0.0940)	(0.3821)	(1.1790)	(0.4376)	(0.4485)	(1.6117)	(0.3782)
城市	固定	固定	固定	固定	固定	固定	固定	固定
时间	固定	固定	固定	固定	固定	固定	固定	固定
N	3420	3420	2207	2207	2207	1213	1213	1213
R^2	0.0836	0.0888	0.1020	0.1134	0.2390	0.0777	0.0878	0.3280

注：括号内数值为城市层面聚类标准误。* 表示 $p<0.10$，** 表示 $p<0.05$，*** 表示 $p<0.01$。

在基于 CLDS 数据库验证常规岗位与非常规岗位更替机制的基础上，本书运用 CHIP 数据库进一步验证常规岗位与非常规岗位更替是否为工业机器人应用降低劳动者就业稳定性的机制。表 6-4 呈现基于 CHIP 数据库的常规岗位与非常规岗位更替机制的结果。表 6-4 以工业机器人渗透度测度的工业机器人应用水平（$exrobot$）为解释变量，（1）—（2）列以常规岗位与非常规岗位层级的机制变量（$z\_routlevel$）为被解释变量，（3）—（5）列为按照常规岗位分组，（6）—（8）列为按照非常规岗位分组，分别以劳动合同期限（$jobst1$）、工作持续时间（$jobst2$）、工作转换频率（$jobst3$）衡量的劳动力就业稳定性为被解释变量。（1）—（8）列均同时控制城市及时间固定效应并采用城市层面聚类标准误。

表 6-4 的（1）—（2）列展示本书机制检验思路的第一步，其中（2）列在（1）列的基础上加入城市层面控制变量，结果显示无论是否加入城市层面控制变量，工业机器人应用均在 1% 的显著性水平上提升常规岗位与非常规岗位层级（$z\_routlevel$），即工业机器人应用增大对非常规岗位的劳动力相对需求。表 6-4 的（3）—（8）列展示本书机制检验思路的第二步，（3）—（5）列和（6）—（8）列分别按照常规岗位和非常规岗位分组。由常规岗位分组回归结果可知，工业机器人应用对从事常规岗位的劳动力就业稳定性的作用不显著，由非常规岗位分组回归结果可知，工业机器人应用对以劳动合同期限、工作持续时间测度的劳动力就业稳定性的作用系数在 1% 的显著性水平上为负，对以工作转换频率度量的劳动力就业稳定性的作用系数为正，即工业机器人应用显著降低从事非常规岗位劳动力的就业稳定性。综上可知，工业机器人应用提升对非常规岗位劳动力的需求，且工业机器人应用对劳动力就业稳定性的负向影响在非常规岗位分组中显著，而在常规岗位分组中不显著，再次证明工业机器人应用通过常规岗位与非常规岗位更替降低劳动力就业稳定性。

表 6-4　劳动岗位更替机制——常规岗位与非常规岗位更替（CHIP 数据）

			常规岗位			非常规岗位		
	$z\_routlevel$	$z\_routlevel$	$jobst1$	$jobst2$	$jobst3$	$jobst1$	$jobst2$	$jobst3$
	(1)	(2)	(3)	(4)	(5)	(6)	(7)	(8)
$exrobot$	0.2706***	0.2723***	-0.3182	-0.6930	0.0015	-0.5290***	-2.3859***	0.8288***
	(0.0139)	(0.0139)	(0.5860)	(0.6379)	(0.1028)	(0.1717)	(0.3621)	(0.1916)

第6章 中国工业机器人应用对劳动力就业稳定性影响的传导机制检验

续表

	常规岗位					非常规岗位		
	z_routlevel	z_routlevel	jobst1	jobst2	jobst3	jobst1	jobst2	jobst3
	(1)	(2)	(3)	(4)	(5)	(6)	(7)	(8)
age	-0.0030***	-0.0032***	0.0444	0.3655***	0.0001	0.0170***	0.6288***	-0.0077***
	(0.0005)	(0.0005)	(0.2174)	(0.0157)	(0.0024)	(0.0021)	(0.0156)	(0.0020)
marry	-0.0420***	-0.0391***	0.0557	0.8469***	0.1918***	0.2620***	0.5556**	0.2697***
	(0.0127)	(0.0127)	(0.0625)	(0.2787)	(0.0673)	(0.0521)	(0.2456)	(0.0490)
edu	-0.0604***	-0.0603***	0.0968***	0.1868***	-0.0076	0.1582***	0.4465***	-0.0497***
	(0.0013)	(0.0013)	(0.0077)	(0.0421)	(0.0082)	(0.0065)	(0.0381)	(0.0068)
horeg	-0.0894***	-0.0971***	0.3269***	0.8198***	-0.0902**	0.4528***	1.7012***	-0.2403***
	(0.0093)	(0.0094)	(0.0418)	(0.2364)	(0.0459)	(0.0395)	(0.2253)	(0.0479)
health	-0.0056	-0.0047	-0.0163	0.1732	-0.1210***	0.0818***	0.2159	-0.1436***
	(0.0052)	(0.0052)	(0.0260)	(0.1556)	(0.0305)	(0.0224)	(0.1438)	(0.0262)
gdpg	—	-0.0387**	0.4365***	-0.2554	0.2563***	-0.1257**	-1.5148***	0.0858***
	—	(0.0156)	(0.0899)	(0.4208)	(0.0837)	(0.0606)	(0.3962)	(0.0197)
inent	—	-0.0013*	-0.0020	-0.0400**	0.0026	0.0062**	0.0429**	0.0021
	—	(0.0007)	(0.0034)	(0.0190)	(0.0034)	(0.0028)	(0.0179)	(0.0026)
hcl	—	0.0432	0.3482*	-0.2379	-0.2006	0.3206**	0.3923	0.3563***
	—	(0.0354)	(0.1796)	(1.0125)	(0.1735)	(0.1453)	(0.9131)	(0.1177)
fdi	—	-0.0487**	-0.2024	-0.4042	0.7954***	0.0547***	-0.3523	0.6627***
	—	(0.0206)	(0.2098)	(0.4781)	(0.1590)	(0.0176)	(0.4074)	(0.1005)
Cons	1.2583***	1.3191***	-2.5284***	-7.9956***	2.6041***	-3.6575***	-20.6937***	2.9425***
	(0.0381)	(0.0591)	(0.2954)	(1.7246)	(0.3049)	(0.2560)	(1.6062)	(0.2473)
城市	固定	固定	固定	固定	固定	固定	固定	固定
时间	固定	固定	固定	固定	固定	固定	固定	固定
N	12392	12392	5601	5601	5601	6791	6791	6791
R^2	0.2301	0.2327	0.0950	0.1838	0.0301	0.1310	0.3870	0.0545

注：括号内数值为城市层面聚类标准误。* 表示 $p<0.10$，** 表示 $p<0.05$，*** 表示 $p<0.01$。

6.2 工业机器人应用对劳动力就业稳定性影响的产业结构升级机制检验

工业机器人应用主要是指工业智能化技术的研发与推进。工业智能技术起初运用于工业相关领域，但与传统的技术进步一样，工业智能技术是一种通用目的技术，会对所有产业或行业存在技术溢出（Trajtenberg，2018），但对不同行业的作用具有差异性（郭凯明，2019）。工业机器人应用提升部门间生产要素的流动效率，引发产业结构升级（Autor 和 Salomons，2018；刘军和陈嘉钦，2021），而产业结构升级会进一步重新配置产业部门间的劳动力资源，导致不同部门或行业间劳动者就业转换频率增大（Bárány 和 Siegel，2018）。工业智能化技术对产业结构的作用表现为两种形式：一种是产业结构合理化升级，是指智能化技术的应用会促进产业部门间生产要素流动效率的提升，使得生产要素流向更为匹配的产业部门，提高生产要素配置的合理性；另一种是产业结构高级化升级，是指工业智能技术发展会替代常规或非技能岗位劳动力，诸如第一产业农林牧渔业以及第二产业工业中的传统岗位，同时创造出大量非常规岗位和技能岗位，诸如第三产业服务业以及新兴技术衍生行业，整体上使得被替代的第一和第二产业劳动力通过技能培训等提升人力资本的方法，流向第三产业进行再就业，从而产业结构向高级化方向升级（Ngai 和 Pissarides，2007；Fu 等，2016）。工业机器人应用在促进产业结构合理化以及高级化升级过程中，是否会导致劳动力就业稳定性下降呢？本书接下来就产业结构合理化及高级化升级是否是工业机器人应用降低劳动者就业稳定性的中介机制进行实证检验。

6.2.1 计量模型构建、指标设计与数据说明

（1）计量模型构建

本书一方面分析产业结构合理化升级，另一方面分析产业结构高级化升级。首先检验产业结构合理化升级，构建如下回归模型：

第6章 中国工业机器人应用对劳动力就业稳定性影响的传导机制检验

$$z\_isdurat_{jt} = \alpha + \beta \cdot exrobot_{jt} + \theta_1 \cdot I_{it} + \theta_2 \cdot C_{jt} + \lambda_j + \nu_t + \varepsilon_{ijt} \quad (6.3)$$

其中，下标 i、j、t 分别代表个体、城市和年份；$z\_isdurat_{jt}$ 为产业结构合理化升级的机制变量；$exrobot_{jt}$ 为工业机器人应用水平，用工业机器人渗透度衡量；I_{it} 为个体层面控制变量，包括年龄、婚姻状况、受教育程度、户籍、健康状况；C_{jt} 为城市层面控制变量，包括经济增长水平、工业企业规模、人力资本水平、贸易开放程度；λ_j 为城市固定效应项；ν_t 为时间固定效应项；ε_{ijt} 为随机误差项。

参考马述忠（2022）的方法，采用两个步骤对产业结构合理化升级机制进行检验：第一步，以工业机器人应用水平（exrobot）为解释变量，产业结构合理化升级机制变量（$z\_isdurat$）为被解释变量进行实证回归，如式（6.3）所示。第二步，根据低于和高于产业结构合理化水平平均值的标准将样本划分为低产业结构合理化水平组和高产业结构合理化水平组进行分组检验，具体地，以工业机器人应用水平（exrobot）为解释变量，劳动力就业稳定性的三个维度（jobst1）、（jobst2）、（jobst3）为被解释变量分别对低产业结构合理化水平组和高产业结构合理化水平组进行实证回归。

依照如下原则对机制变量是否成立进行判定：产业结构合理化是一个负向指标，指标数值越小表明产业结构合理化水平越高，故当式（6.3）中的 β 为负时，表明工业机器人应用（exrobot）会促进产业结构合理化水平（$z\_isdurat$）升高。同时，若高产业结构合理化水平分组回归中，工业机器人应用（exrobot）显著降低劳动力就业稳定性（jobst1）、（jobst2）、（jobst3），而低产业结构合理化水平的分组回归中，工业机器人应用（exrobot）对劳动力就业稳定性（jobst1）、（jobst2）、（jobst3）的影响并不显著，则表明产业结构合理化机制是工业机器人应用导致劳动力就业稳定性下降的作用机制。

本书再次检验产业结构高级化升级机制，构建如下回归模型：

$$z\_isduadv_{jt} = \alpha + \beta \cdot exrobot_{jt} + \theta_1 \cdot I_{it} + \theta_2 \cdot C_{jt} + \lambda_j + \nu_t + \varepsilon_{ijt} \quad (6.4)$$

其中，下标 i、j、t 分别代表个体、城市和年份；$z\_isduadv_{jt}$ 为产业结构高级化升级的机制变量；$exrobot_{jt}$ 为工业机器人应用水平；I_{it} 为个体层面的控制变量；C_{jt} 为城市层面的控制变量；λ_j 为城市固定效应项；ν_t 为时间固定效应项；ε_{ijt} 为随机误差项。

仍然采用两个步骤对产业结构高级化升级机制进行检验：第一步，以工业机器人应用水平（exrobot）为解释变量，产业结构高级化升级的机制变量（z_isduadv）被解释变量进行实证回归，如式（6.4）所示。第二步，根据低于和高于产业结构高级化水平平均值的标准将样本划分为低产业结构高级化水平组和高产业结构高级化水平组，具体地，以工业机器人应用水平（exrobot）为解释变量，劳动力就业稳定性的三个维度（jobst1）、（jobst2）、（jobst3）为被解释变量进行分组检验。

依照如下原则对机制变量是否成立进行判定：当式（6.4）中的 β 为正时，表明工业机器人应用（exrobot）会提升产业结构高级化水平（z_isduadv）。同时，若高产业结构高级化水平分组回归中，工业机器人应用（exrobot）显著降低劳动力就业稳定性（jobst1）、（jobst2）、（jobst3），而低产业结构高级化水平的分组回归中工业机器人应用（exrobot）对劳动力就业稳定性（jobst1）、（jobst2）、（jobst3）的作用并不显著，则可以验证工业机器人应用通过产业结构高级化升级作用于劳动力就业稳定性的下降。

（2）指标设计与数据说明

解释变量、被解释变量、控制变量的指标设计如前述，接下来主要介绍产业结构合理化、高级化水平的度量方法及数据说明。

①产业结构合理化水平。产业结构合理化主要是指生产要素与其所处产业部门的适配程度。若生产要素有效配置到与其适配度较高的产业部门，则说明产业结构趋于合理化。本书借鉴干春晖等（2011）计算产业结构合理化指标的思路，分别运用泰尔指数和结构偏离度加以衡量。

$$z\_isdurat1_{jt} = \sum_{m=1}^{3} \left(\frac{Y_{jmt}}{Y_{jt}}\right) \ln\left(\frac{Y_{jmt}/Y_{jt}}{L_{jmt}/L_{jt}}\right) \tag{6.5}$$

$$z\_isdurat2_{jt} = \sum_{m=1}^{3} \left|\frac{Y_{jmt}/Y_{jt}}{L_{jmt}/L_{jt}} - 1\right| \tag{6.6}$$

其中，下标 j、m、t 分别代表城市、产业和年份；$z\_isdurat1_{jt}$ 是根据泰尔指数度量的产业结构合理化指标；$z\_isdurat2_{jt}$ 是根据结构偏离度衡量的产业结构合理化指标；Y_{jmt} 表示 j 城市 m 产业第 t 年的产值；Y_{jt} 表示 j 城市第 t 年的总产值；L_{jmt} 表示 j 城市 m 产业第 t 年的从业人数；L_{jt} 表示 j 城市第 t 年的总从业人数。产业结构合理化水平指标是一个负向指标，即指标数值越小表明产业结构合理化水平越高。

②产业结构高级化水平。产业结构高级化是指劳动力由第一和第二产业

第 6 章 中国工业机器人应用对劳动力就业稳定性影响的传导机制检验

转向第三产业的过程,即第一和第二产业劳动力比重下降,第三产业劳动力比重上升。本书参考干春晖等（2011）的方法：一是从产值结构刻画,运用第三产业与第二产业产值之比测度；二是从就业结构刻画,运用第三产业与第二产业就业人数之比测度。可知产业结构高级化是一个正向指标,指标数值越大表明产业结构高级化水平越高。

6.2.2 产业结构合理化升级

表 6-5 展示基于 CLDS 数据库的工业机器人应用对劳动力就业稳定性影响的产业结构合理化升级机制的检验结果,解释变量为运用工业机器人渗透度表征的工业机器人应用水平（$exrobot$）,（1）—（2）列被解释变量为运用泰尔指数测算的产业结构合理化升级机制变量（$z\_isdurat1$）,（3）—（5）列为低产业结构合理化水平组,（6）—（8）列为高产业结构合理化水平组,被解释变量依次为以劳动合同期限（$jobst1$）、工作持续时间（$jobst2$）、工作转换频率（$jobst3$）测度的劳动力就业稳定性。（1）—（8）列均同时控制城市固定效应及时间固定效应并采用城市层面聚类标准误。

表 6-5 的（1）—（2）列展示本书机制检验思路的第一步,即以解释变量工业机器人应用水平（$exrobot$）对机制变量产业结构合理化水平（$z\_isdurat1$）进行实证回归,（1）列和（2）列分别为未加入和加入城市层面控制变量的结果。可知无论是否加入城市层面控制变量,工业机器人应用在至少5%的显著性水平上对产业结构合理化水平的作用系数为负,即工业机器人应用促进产业结构合理化水平上升。（3）—（8）列展示本书机制检验思路的第二步,即将样本按照低产业结构合理化水平和高产业结构合理化水平分组,每组内以解释变量工业机器人应用水平（$exrobot$）分别对以劳动合同期限（$jobst1$）、工作持续时间（$jobst2$）、工作转换频率（$jobst3$）测度的被解释变量劳动力就业稳定性进行实证回归。可知在低产业结构合理化水平分组中,工业机器人应用对以劳动合同期限、工作持续时间、工作转换频率衡量的劳动力就业稳定性均不显著,而在高产业结构合理化水平分组中,工业机器人应用至少在5%的显著性水平分别降低以劳动合同期限、工作持续时间、工作转换频率衡量的劳动力就业稳定性。综合可知,工业机器人应用会促进产业结构合理化水平上升,且工业机器人应用均显著降低高产业结构合

理化水平分组中的劳动力就业稳定性,而对低产业结构合理化分组中的劳动力就业稳定性均不显著,可以说明产业结构合理化升级是工业机器人应用降低劳动力就业稳定性的作用机制。

表6-5　产业结构升级机制——产业结构合理化升级:泰尔指数衡量(CLDS数据)

	低产业结构合理化水平					高产业结构合理化水平		
	z_isdurat1	z_isdurat1	jobst1	jobst2	jobst3	jobst1	jobst2	jobst3
	(1)	(2)	(3)	(4)	(5)	(6)	(7)	(8)
exrobot	-0.1203*** (0.0390)	-0.0483** (0.0244)	-0.0483 (0.1564)	-0.2522 (0.4387)	0.1546 (0.1524)	-0.2501*** (0.0910)	-0.8293*** (0.3042)	0.2308** (0.0926)
age	-0.0029** (0.0014)	0.0030*** (0.0009)	0.0039 (0.0046)	0.0103 (0.0129)	0.0014 (0.0045)	0.0145*** (0.0034)	0.0278*** (0.0098)	0.0011 (0.0031)
marry	-0.0903** (0.0376)	-0.0094 (0.0212)	0.5557*** (0.1278)	1.3394*** (0.2918)	0.0774 (0.1399)	0.4098*** (0.0875)	1.0359*** (0.2585)	-0.0250 (0.1002)
edu	-0.0954 (0.1082)	-0.2000 (0.2822)	-2.6986*** (0.3410)	-2.1049*** (0.3824)	-0.5840*** (0.1330)	0.8294*** (0.1343)	1.5141*** (0.2956)	-0.2421*** (0.0857)
horeg	0.1104*** (0.0241)	0.0699*** (0.0138)	-0.3665*** (0.1013)	-0.9458*** (0.3024)	0.0694 (0.1045)	-0.4985*** (0.0660)	-2.1944*** (0.2072)	0.5280*** (0.0650)
health	0.0161 (0.0162)	-0.0416*** (0.0106)	-0.0040 (0.0550)	0.0314 (0.1564)	0.1868** (0.0756)	-0.0813** (0.0367)	-0.2507** (0.1201)	0.1457*** (0.0477)
gdpg	—	0.0208*** (0.0040)	-0.0288 (0.0206)	-0.0471 (0.0590)	0.0937*** (0.0237)	-0.0322* (0.0191)	-0.0766 (0.0621)	-0.0164 (0.0195)
inent	—	-0.0093*** (0.0007)	-0.0036 (0.0089)	0.0117 (0.0243)	-0.0141 (0.0092)	-0.0065 (0.0045)	-0.0396** (0.0155)	0.0106** (0.0045)
hcl	—	-0.0002 (0.0015)	0.0050 (0.0049)	0.0205 (0.0147)	-0.0278*** (0.0056)	0.0125*** (0.0047)	0.0249* (0.0147)	-0.0084 (0.0053)
fdi	—	0.2266*** (0.0073)	0.0482*** (0.0184)	0.1223** (0.0522)	0.0670*** (0.0213)	-0.1101*** (0.0347)	-0.3295*** (0.0985)	0.2936*** (0.0429)
Cons	0.3921*** (0.0583)	0.1110 (0.1008)	-1.1510 (0.7227)	0.2029 (2.0466)	2.8757*** (0.8077)	-1.4550*** (0.3699)	6.1892*** (1.1126)	0.7943** (0.3456)

第6章　中国工业机器人应用对劳动力就业稳定性影响的传导机制检验

续表

	低产业结构合理化水平					高产业结构合理化水平		
	$z\_isdurat1$	$z\_isdurat1$	$jobst1$	$jobst2$	$jobst3$	$jobst1$	$jobst2$	$jobst3$
	(1)	(2)	(3)	(4)	(5)	(6)	(7)	(8)
城市	固定	固定	固定	固定	固定	固定	固定	固定
时间	固定	固定	固定	固定	固定	固定	固定	固定
N	3420	3420	1144	1144	1144	2276	2276	2276
R^2	0.0901	0.6532	0.0731	0.0789	0.2796	0.1070	0.1180	0.2291

注：括号内数值为城市层面聚类标准误。*表示 $p<0.10$，**表示 $p<0.05$，***表示 $p<0.01$。

以上为基于 CLDS 数据库运用泰尔指数测算产业结构合理化升级机制的分析，本书进一步运用结构偏离度测算产业结构合理化水平作为对比检验，回归结果如表 6-6 所示。表 6-6 的解释变量为工业机器人应用水平（exrobot），（1）—（2）列被解释变量为运用结构偏离度测算的产业结构合理化升级机制变量（z_isdurat2），（3）—（5）列为低产业结构合理化水平组，（6）—（8）列为高产业结构合理化水平组。

表 6-6 的（1）—（2）列为以解释变量工业机器人应用水平（exrobot）对机制变量产业结构合理化水平（z_isdurat2）进行实证回归，（1）列相比（2）列未加入城市控制变量，可知无论有无城市控制变量，工业机器人应用显著提升产业结构合理化水平。（3）—（8）列为将样本按照低产业结构合理化水平和高产业结构合理化水平分组的回归结果，可知工业机器人应用（exrobot）对以劳动合同期限（jobst1）、工作持续时间（jobst2）、工作转换频率（jobst3）衡量的劳动力就业稳定性在低产业结构合理化水平分组中均不显著，而在高产业结构合理化水平分组中，工业机器人应用至少在 5% 的显著性水平分别降低以劳动合同期限、工作持续时间、工作转换频率衡量的劳动力就业稳定性。综上可得，工业机器人应用会促进产业结构合理化水平提升，且工业机器人应用降低劳动力就业稳定性的作用在高产业结构合理化水平分组中显著，在低产业结构合理化水平分组中不显著，可以验证工业机器人应用通过促进产业结构合理化升级影响劳动力就业稳定性。

表6-6 产业结构升级机制——产业结构合理化升级：结构偏离度衡量（CLDS数据）

	低产业结构合理化水平					高产业结构合理化水平		
	z_isdurat2	z_isdurat2	jobst1	jobst2	jobst3	jobst1	jobst2	jobst3
	(1)	(2)	(3)	(4)	(5)	(6)	(7)	(8)
exrobot	-0.0863***	-0.0414**	-0.1144	-0.5051	0.1757	-0.2172**	-0.7872**	0.2482**
	(0.0311)	(0.0207)	(0.1413)	(0.4414)	(0.1298)	(0.0942)	(0.3084)	(0.0988)
age	-0.0020*	0.0024***	0.0043	0.0142	-0.0000	0.0152***	0.0295***	0.0010
	(0.0011)	(0.0008)	(0.0043)	(0.0130)	(0.0039)	(0.0035)	(0.0099)	(0.0032)
marry	-0.0681**	-0.0058	0.5374***	1.3572***	0.0544	0.4089***	1.0638***	-0.0195
	(0.0299)	(0.0179)	(0.1151)	(0.3002)	(0.1250)	(0.0915)	(0.2594)	(0.1077)
edu	-0.0740	-0.1725	-2.6491***	-1.8253***	-0.5304***	0.8367***	1.8902***	-0.2322**
	(0.0819)	(0.2421)	(0.3401)	(0.3817)	(0.1243)	(0.1388)	(0.3008)	(0.0920)
horeg	0.0732***	0.0564***	-0.4863***	-1.6993***	0.1296	-0.5034***	-2.1680***	0.5627***
	(0.0196)	(0.0118)	(0.0912)	(0.2950)	(0.0928)	(0.0684)	(0.2113)	(0.0686)
health	0.0094	-0.0331***	-0.0503	-0.1366	0.2478***	-0.0825**	-0.2454**	0.1297**
	(0.0132)	(0.0092)	(0.0523)	(0.1568)	(0.0692)	(0.0374)	(0.1212)	(0.0496)
gdpg	—	0.0102***	-0.0353*	-0.1407**	0.1108***	-0.0585***	-0.1876***	-0.0041
	—	(0.0035)	(0.0192)	(0.0599)	(0.0218)	(0.0206)	(0.0663)	(0.0216)
inent	—	-0.0073***	-0.0045	-0.0343	-0.0139*	-0.0023	-0.0071	0.0080*
	—	(0.0006)	(0.0080)	(0.0233)	(0.0081)	(0.0047)	(0.0157)	(0.0048)
hcl	—	0.0018	-0.0025	-0.0359**	-0.0223***	0.0132***	0.0335**	-0.0086
	—	(0.0014)	(0.0043)	(0.0140)	(0.0043)	(0.0047)	(0.0146)	(0.0053)
fdi	—	0.1720***	0.0127	0.0050	0.0865***	-0.0614*	-0.1401	0.2698***
	—	(0.0061)	(0.0176)	(0.0525)	(0.0203)	(0.0348)	(0.1006)	(0.0423)
Cons	0.2942***	0.0122	0.0309	9.2100***	1.9719***	-1.6172***	4.2988***	0.8967**
	(0.0474)	(0.0899)	(0.5722)	(1.8556)	(0.5357)	(0.3833)	(1.1139)	(0.3683)
城市	固定	固定	固定	固定	固定	固定	固定	固定
时间	固定	固定	固定	固定	固定	固定	固定	固定
N	3420	3420	1265	1265	1265	2155	2155	2155
R^2	0.0772	0.6056	0.0819	0.0894	0.3102	0.1070	0.1107	0.2384

注：括号内数值为城市层面聚类标准误。* 表示 $p<0.10$，** 表示 $p<0.05$，*** 表示 $p<0.01$。

第6章 中国工业机器人应用对劳动力就业稳定性影响的传导机制检验

以上是基于CLDS数据库分别运用泰尔指数和结构偏离度测度产业结构合理化水平的机制检验结果，接下来将数据库更换为CHIP数据库，同样运用泰尔指数和结构偏离度分别测度产业结构合理化水平，再次检验工业机器人应用影响劳动力就业稳定性的产业结构合理化升级机制成立的可信度。

表6-7展示基于CHIP数据库，基于泰尔指数计算产业结构合理化指标的检验结果。(1)—(2)列为以解释变量工业机器人应用水平(exrobot)对机制变量产业结构合理化水平($z\_isdurat1$)进行回归，(1)列和(2)列分别为未加入和加入城市层面控制变量的结果，可知工业机器人应用对产业结构合理化水平的作用系数显著为负，即工业机器人应用有利于产业结构合理化水平的提升。(3)—(8)列为将样本按照低产业结构合理化水平和高产业结构合理化水平分组的回归结果，可知在低产业结构合理化水平分组中，工业机器人应用(exrobot)对以劳动合同期限(jobst1)、工作持续时间(jobst2)、工作转换频率(jobst3)测度的劳动力就业稳定性均不显著，而在高产业结构合理化水平分组中，工业机器人应用降低以劳动合同期限、工作持续时间、工作转换频率三个维度测度的劳动力就业稳定性。综上可得，工业机器人应用能够促进产业结构合理化水平上升，且工业机器人应用对劳动力就业稳定性的负向影响在高产业结构合理化水平分组中显著，在低产业结构合理化水平分组中不显著，可以判定产业结构合理化升级是工业机器人应用影响劳动力就业稳定性的作用机制。

表6-7 产业结构升级机制——产业结构合理化升级：泰尔指数衡量（CHIP数据）

	低产业结构合理化水平					高产业结构合理化水平		
	z_isdurat1	z_isdurat1	jobst1	jobst2	jobst3	jobst1	jobst2	jobst3
	(1)	(2)	(3)	(4)	(5)	(6)	(7)	(8)
exrobot	-0.4717***	-0.0285**	-0.0902	-0.3050	0.0575	-0.2043***	-2.9025***	0.1923***
	(0.1044)	(0.0122)	(0.0664)	(0.4173)	(0.0785)	(0.0764)	(0.4850)	(0.0741)
age	-0.0005	-0.0001	0.0099***	0.4867***	-0.0022	0.0151***	0.5260***	-0.0066***
	(0.0020)	(0.0002)	(0.0019)	(0.0153)	(0.0022)	(0.0022)	(0.0165)	(0.0021)
marry	-0.0566	-0.0088	0.1516***	0.6701***	0.2092***	0.3298***	1.3881***	0.2349***
	(0.0634)	(0.0068)	(0.0518)	(0.2423)	(0.0562)	(0.0640)	(0.3086)	(0.0587)

续表

	低产业结构合理化水平					高产业结构合理化水平		
	z_isdurat1	z_isdurat1	jobst1	jobst2	jobst3	jobst1	jobst2	jobst3
	(1)	(2)	(3)	(4)	(5)	(6)	(7)	(8)
edu	0.0913***	0.0010	0.1465***	0.3788***	-0.0437***	0.2228***	0.6375***	-0.0472***
	(0.0062)	(0.0008)	(0.0062)	(0.0359)	(0.0068)	(0.0076)	(0.0396)	(0.0069)
horeg	-0.6919***	0.0321***	0.3455***	1.6203***	-0.1591***	0.6040***	1.5411***	-0.1795***
	(0.0447)	(0.0048)	(0.0375)	(0.2183)	(0.0481)	(0.0443)	(0.2536)	(0.0436)
health	-0.1549***	-0.0056**	0.0606***	0.4537***	-0.1446***	0.0109	-0.0604	-0.0880***
	(0.0238)	(0.0028)	(0.0218)	(0.1370)	(0.0289)	(0.0259)	(0.1746)	(0.0267)
gdpg	—	-0.3318***	0.2019***	-0.9580**	0.3011***	0.1558*	-0.5081	0.0292
	—	(0.0075)	(0.0773)	(0.4599)	(0.0911)	(0.0821)	(0.4765)	(0.0812)
inent	—	-0.0087***	0.0037	-0.0213	0.0010	0.0038	0.0118	-0.0056**
	—	(0.0003)	(0.0044)	(0.0261)	(0.0046)	(0.0027)	(0.0164)	(0.0027)
hcl	—	2.4923***	0.5038**	-0.5744	-0.3804*	0.3466	3.3461**	-0.0116
	—	(0.0186)	(0.2091)	(1.2648)	(0.2219)	(0.2272)	(1.3615)	(0.2295)
fdi	—	6.6543***	-0.1628**	0.2005	0.5800***	-3.3423*	-4.5093	0.0468
	—	(0.0066)	(0.0769)	(0.3832)	(0.1076)	(1.9107)	(11.4950)	(1.9088)
Cons	1.4042***	-1.1449***	-3.8214***	-14.7211***	3.3770***	-4.7418***	-19.9263***	3.2366***
	(0.1842)	(0.0319)	(0.3582)	(2.1804)	(0.4051)	(0.2723)	(1.5983)	(0.2388)
城市	固定	固定	固定	固定	固定	固定	固定	固定
时间	固定	固定	固定	固定	固定	固定	固定	固定
N	12392	12392	6758	6758	6758	5634	5634	5634
R^2	0.0406	0.9872	0.1360	0.2719	0.0459	0.2390	0.3080	0.0251

注：括号内数值为城市层面聚类标准误。* 表示 $p < 0.10$，** 表示 $p < 0.05$，*** 表示 $p < 0.01$。

表6-8呈现基于CHIP数据库，运用结构偏离度测度产业结构合理化水平的检验结果。(1)—(2)列为工业机器人应用（exrobot）对产业结构合理化水平（z_isdurat2）作用的检验结果，(2)列相比(1)列加入城市层面控制变量，可知工业机器人应用对产业结构合理化水平的作用系数显著为负，表明工业机器人应用会提升产业结构合理化水平。(3)—(8)列为按照产业结构合理化水平的高低进行分组检验的结果，其中(3)—(5)列为低产业结构合理化水平组，(6)—(8)列为高产业结构合理化水平组，可知工业机器

第6章 中国工业机器人应用对劳动力就业稳定性影响的传导机制检验

人应用对低产业结构合理化水平组中的劳动力就业稳定性的影响在劳动合同期限（jobst1）、工作持续时间（jobst2）、工作转换频率（jobst3）三个维度下均不显著，而在高产业结构合理化水平组中，工业机器人应用对以劳动合同期限、工作持续时间的表征的劳动力就业稳定性作用系数在至少5%的显著性水平上为负，在1%的显著性水平上对以工作转换频率表征的劳动力就业稳定性作用系数为正，表明工业机器人应用显著降低高产业结构合理化水平组中的劳动力就业稳定性。综上可得，工业机器人应用会促进产业结构合理化水平提高，且工业机器人应用显著降低高产业结构合理化水平组中的劳动力就业稳定性，而对低产业结构合理化水平组中的劳动力就业稳定性作用不显著，可以证明工业机器人应用通过产业结构合理化升级作用于劳动力就业稳定性。

表6-8　产业结构升级机制——产业结构合理化升级：结构偏离度衡量（CHIP数据）

	低产业结构合理化水平					高产业结构合理化水平		
	$z\_isdurat2$	$z\_isdurat2$	$jobst1$	$jobst2$	$jobst3$	$jobst1$	$jobst2$	$jobst3$
	(1)	(2)	(3)	(4)	(5)	(6)	(7)	(8)
$exrobot$	-0.3928***	-0.0268**	-0.1067	-0.2487	0.0387	-0.1886**	-2.9762***	0.2083***
	(0.0866)	(0.0121)	(0.0984)	(0.4089)	(0.0758)	(0.0799)	(0.5009)	(0.0777)
age	0.0009	0.0003	0.0091***	0.4953***	-0.0027	0.0165***	0.5190***	-0.0070***
	(0.0017)	(0.0002)	(0.0019)	(0.0149)	(0.0021)	(0.0023)	(0.0170)	(0.0022)
$marry$	-0.0566	-0.0103	0.1473***	0.6704***	0.2121***	0.3519***	1.4774***	0.2329***
	(0.0529)	(0.0066)	(0.0508)	(0.2396)	(0.0549)	(0.0665)	(0.3164)	(0.0608)
edu	0.0799***	0.0012	0.1419***	0.3747***	-0.0432***	0.2297***	0.6613***	-0.0478***
	(0.0052)	(0.0008)	(0.0062)	(0.0352)	(0.0066)	(0.0079)	(0.0406)	(0.0072)
$horeg$	-0.5652***	0.0289***	0.3508***	1.5636***	-0.1635***	0.6185***	1.6365***	-0.1762***
	(0.0371)	(0.0046)	(0.0366)	(0.2151)	(0.0462)	(0.0462)	(0.2593)	(0.0456)
$health$	-0.1282***	0.0012	0.0609***	0.5296***	-0.1530***	0.0205	-0.1121	-0.0877***
	(0.0200)	(0.0027)	(0.0214)	(0.1349)	(0.0280)	(0.0267)	(0.1796)	(0.0278)
$gdpg$	—	-0.4266***	0.2953***	-0.3554	0.1592*	0.0730	-0.9196*	0.0869
	—	(0.0077)	(0.0740)	(0.4520)	(0.0864)	(0.0852)	(0.4850)	(0.0849)

续表

	低产业结构合理化水平					高产业结构合理化水平		
	z_isdurat2	z_isdurat2	jobst1	jobst2	jobst3	jobst1	jobst2	jobst3
	(1)	(2)	(3)	(4)	(5)	(6)	(7)	(8)
inent	—	-0.0069***	0.0007	-0.0389	0.0057	0.0051*	0.0158	-0.0061**
	—	(0.0003)	(0.0042)	(0.0255)	(0.0044)	(0.0027)	(0.0164)	(0.0027)
hcl	—	2.5692***	0.2882	-1.9918	-0.0299	0.5405**	4.1162***	-0.1138
	—	(0.0194)	(0.1994)	(1.2261)	(0.2066)	(0.2356)	(1.3827)	(0.2374)
fdi	—	5.3819***	-0.2127***	-0.1009	0.6432***	-7.7676***	-23.6294*	0.7652
	—	(0.0062)	(0.0760)	(0.3828)	(0.1067)	(2.1726)	(12.7217)	(2.1844)
Cons	1.0717***	-1.2693***	-3.4109***	-13.7849***	3.0427***	-5.0339***	-20.0611***	3.3029***
	(0.1539)	(0.0319)	(0.3493)	(2.1400)	(0.3900)	(0.2836)	(1.6278)	(0.2466)
城市	固定	固定	固定	固定	固定	固定	固定	固定
时间	固定	固定	固定	固定	固定	固定	固定	固定
N	12392	12392	7114	7114	7114	5278	5278	5278
R^2	0.0403	0.9827	0.1340	0.2746	0.0460	0.2500	0.3099	0.0247

注：括号内数值为城市层面聚类标准误。* 表示 $p<0.10$，** 表示 $p<0.05$，*** 表示 $p<0.01$。

综合本小节分析可知，无论是基于 CLDS 数据库还是 CHIP 数据库，在同时运用泰尔指数和结构偏离度计算产业结构合理化指标的条件下，均可得出产业结构升级是工业机器人应用作用于劳动力就业稳定性的中介机制。

6.2.3 产业结构高级化升级

表 6-9 呈现基于 CLDS 数据库的工业机器人应用对劳动力就业稳定性影响的产业结构高级化升级机制的检验结果，解释变量为运用工业机器人渗透度表征的工业机器人应用水平（exrobot），（1）—（2）列被解释变量为运用第三与第二产业产值之比衡量的产业结构高级化升级机制变量（$z\_isduadv1$），（3）—（5）列为低产业结构高级化水平组，（6）—（8）列为高产业结构高级化水平组，被解释变量依次为以劳动合同期限（jobst1）、工作持续时间（jobst2）、工作转换频率（jobst3）测度的劳动力就业稳定性。（1）—（8）列均同时控制城市固定效应及时间固定效应并采用城市层面聚类标准误。

表 6-9 的（1）—（2）列展示工业机器人应用水平（exrobot）对机制变

量产业结构高级化水平（$z\_isduadv1$）的回归结果，（1）列和（2）列分别为未加入城市和加入城市层面控制变量的结果。可知无论是否加入城市层面控制变量，工业机器人应用在至少1%的显著性水平上对产业结构高级化升级产生正向影响。（3）—（8）列展示分组回归结果，每组内以解释变量工业机器人应用水平（$exrobot$）分别对以劳动合同期限（$jobst1$）、工作持续时间（$jobst2$）、工作转换频率（$jobst3$）测度的被解释变量劳动力就业稳定性进行实证回归。可知在低产业结构高级化水平分组中，工业机器人应用对以劳动合同期限、工作持续时间、工作转换频率衡量的劳动力就业稳定性的影响均不显著，而在高产业结构高级化水平分组中，工业机器人应用显著降低三个维度的劳动力就业稳定性。综上可知，工业机器人应用促进产业结构高级化升级，且工业机器人应用显著降低高产业结构高级化水平分组中的劳动力就业稳定性，而对低产业结构高级化水平分组中的劳动力就业稳定性均不显著，可以说明产业结构高级化升级是工业机器人应用降低劳动力就业稳定性的作用机制。

表6-9　产业结构升级机制——产业结构高级化升级：第三/第二产业产值衡量（CLDS数据）

	低产业结构高级化水平					高产业结构高级化水平		
	$z\_isduadv1$	$z\_isduadv1$	$jobst1$	$jobst2$	$jobst3$	$jobst1$	$jobst2$	$jobst3$
	(1)	(2)	(3)	(4)	(5)	(6)	(7)	(8)
$exrobot$	0.1618***	0.0491***	-0.0704	-0.3474	0.1413	-0.2225*	-1.0474***	0.2456*
	(0.0292)	(0.0101)	(0.1058)	(0.3445)	(0.0977)	(0.1309)	(0.3697)	(0.1296)
age	0.0019*	0.0006*	0.0069**	0.0260**	0.0012	0.0153***	0.0209*	0.0003
	(0.0010)	(0.0004)	(0.0033)	(0.0106)	(0.0028)	(0.0042)	(0.0118)	(0.0044)
$marry$	-0.0598**	-0.0140	0.4786***	1.1743***	0.0066	0.4184***	1.1512***	0.0306
	(0.0302)	(0.0102)	(0.0900)	(0.2536)	(0.0928)	(0.1145)	(0.3098)	(0.1479)
edu	0.1872	-0.2202***	-2.5164***	-1.7042***	-0.7374***	0.8709***	2.1791***	-0.3768***
	(0.4412)	(0.0801)	(0.3423)	(0.3124)	(0.1090)	(0.1787)	(0.3879)	(0.1261)
$horeg$	-0.2686***	0.0276***	-0.4918***	-1.7677***	0.3187***	-0.5752***	-2.3140***	0.5421***
	(0.0219)	(0.0073)	(0.0683)	(0.2201)	(0.0802)	(0.0825)	(0.2583)	(0.0746)
$health$	-0.0010	0.0032	-0.0421	-0.1136	0.2114***	-0.1219***	-0.3179***	0.0797
	(0.0135)	(0.0047)	(0.0399)	(0.1284)	(0.0500)	(0.0462)	(0.1453)	(0.0674)

续表

	低产业结构高级化水平					高产业结构高级化水平		
	z_isduadv1	z_isduadv1	jobst1	jobst2	jobst3	jobst1	jobst2	jobst3
	(1)	(2)	(3)	(4)	(5)	(6)	(7)	(8)
gdpg	—	-0.0174***	-0.0380**	-0.0810*	0.0656***	-0.2096	-0.3772***	-0.0230
	—	(0.0023)	(0.0150)	(0.0477)	(0.0203)	(0.1339)	(0.0868)	(0.0290)
inent	—	-0.0469***	-0.0021	-0.0106	-0.0143**	-0.0064	0.0181	-0.0121
	—	(0.0007)	(0.0059)	(0.0184)	(0.0073)	(0.0071)	(0.0230)	(0.0090)
hcl	—	0.0157***	-0.0018	-0.0277**	-0.0174***	0.0018	0.0853***	0.0020
	—	(0.0008)	(0.0033)	(0.0108)	(0.0038)	(0.0046)	(0.0214)	(0.0079)
fdi	—	0.0143***	0.0015	-0.0272	0.0961***	-0.0246**	0.1119	0.3343***
	—	(0.0020)	(0.0166)	(0.0492)	(0.0190)	(0.0103)	(0.1274)	(0.0563)
Cons	1.3691***	2.4559***	-0.1169	6.7997***	2.0262***	1.3740	1.7481	1.6033***
	(0.0479)	(0.0524)	(0.3894)	(1.2622)	(0.4563)	(1.0930)	(1.4973)	(0.4985)
城市	固定	固定	固定	固定	固定	固定	固定	固定
时间	固定	固定	固定	固定	固定	固定	固定	固定
N	3420	3420	1969	1969	1969	1451	1451	1451
R^2	0.0624	0.8930	0.0860	0.0939	0.3083	0.1170	0.1265	0.2364

注：括号内数值为城市层面聚类标准误。* 表示 $p<0.10$，** 表示 $p<0.05$，*** 表示 $p<0.01$。

接下来基于第三与第二产业就业人数之比衡量产业结构高级化指标。表6-10的（1）—（2）列为工业机器人应用水平（exrobot）对机制变量产业结构高级化水平（z_isduadv2）的回归结果，（2）列在（1）列的基础上加入城市层面控制变量，可知工业机器人应用有利于产业结构高级化升级。（3）—（8）列为分组回归结果，可知工业机器人应用（exrobot）对以劳动合同期限（jobst1）、工作持续时间（jobst2）、工作转换频率（jobst3）衡量的劳动力就业稳定性在低产业结构高级化水平分组中均不显著，而在高产业结构高级化水平分组中，工业机器人应用显著降低三个维度衡量的劳动力就业稳定性。综合可知，工业机器人应用有利于产业结构高级化升级，且工业机器人应用显著降低在高产业结构高级化水平分组中的劳动力就业稳定性，而对低产业结构高级化水平分组中的劳动力就业稳定性影响不显著，可以证明工业机器人应用影响劳动力就业稳定性的产业结构高级化升级机制成立。

表 6-10 产业结构升级机制——产业结构高级化升级：第三/第二产业就业衡量（CLDS 数据）

	低产业结构高级化水平					高产业结构高级化水平		
	z_isduadv2	z_isduadv2	jobst1	jobst2	jobst3	jobst1	jobst2	jobst3
	(1)	(2)	(3)	(4)	(5)	(6)	(7)	(8)
exrobot	0.0697***	0.1084***	-0.0358	-0.2382	0.1612	-0.2133*	-1.0831***	0.2192*
	(0.0091)	(0.0073)	(0.1083)	(0.3535)	(0.1019)	(0.1265)	(0.3592)	(0.1245)
age	0.0046***	0.0007	0.0076**	0.0282**	0.0018	0.0150***	0.0196*	-0.0003
	(0.0012)	(0.0007)	(0.0034)	(0.0110)	(0.0030)	(0.0041)	(0.0113)	(0.0042)
marry	0.0053	-0.0010	0.4531***	1.1066***	0.0059	0.4556***	1.2255***	0.0292
	(0.0333)	(0.0182)	(0.0916)	(0.2615)	(0.0956)	(0.1121)	(0.2961)	(0.1412)
edu	1.0062***	0.3958	-2.5454***	-1.7248***	-0.7604***	0.9282***	2.1896***	-0.3734***
	(0.1649)	(0.4207)	(0.3411)	(0.3185)	(0.1129)	(0.1743)	(0.3806)	(0.1229)
horeg	-0.4348***	-0.0464***	-0.4910***	-1.7143***	0.3379***	-0.5619***	-2.2833***	0.5162***
	(0.0248)	(0.0155)	(0.0705)	(0.2276)	(0.0854)	(0.0799)	(0.2514)	(0.0713)
health	-0.0124	0.0019	-0.0251	-0.0775	0.2073***	-0.1314***	-0.3412**	0.0937
	(0.0160)	(0.0093)	(0.0409)	(0.1328)	(0.0519)	(0.0446)	(0.1392)	(0.0639)
gdpg	—	-0.0556***	-0.0476***	-0.0986**	0.0654***	-0.0241**	-0.3084***	-0.0386
	—	(0.0035)	(0.0157)	(0.0501)	(0.0212)	(0.0103)	(0.0735)	(0.0246)
inent	—	-0.0533***	-0.0039	-0.0103	-0.0127*	-0.0071	0.0102	-0.0072
	—	(0.0011)	(0.0061)	(0.0189)	(0.0075)	(0.0069)	(0.0217)	(0.0086)
hcl	—	0.0268***	-0.0022	-0.0277**	-0.0170***	0.0032	0.0859***	0.0016
	—	(0.0012)	(0.0033)	(0.0108)	(0.0039)	(0.0042)	(0.0214)	(0.0079)
fdi	—	-0.0415***	0.0100	-0.0237	0.0917***	-0.2130	0.0211	0.3592***
	—	(0.0030)	(0.0173)	(0.0519)	(0.0201)	(0.1304)	(0.1125)	(0.0545)
Cons	0.8837***	2.8670***	-0.0222	6.7713***	1.9298***	1.2544	1.8713	1.4435***
	(0.0661)	(0.0931)	(0.4003)	(1.2981)	(0.4750)	(1.0912)	(1.4691)	(0.4878)
城市	固定	固定	固定	固定	固定	固定	固定	固定
时间	固定	固定	固定	固定	固定	固定	固定	固定
N	3420	3420	1885	1885	1885	1535	1535	1535
R^2	0.1322	0.7209	0.0886	0.0941	0.3068	0.1170	0.1254	0.2370

注：括号内数值为城市层面聚类标准误。*表示 $p<0.10$，**表示 $p<0.05$，***表示 $p<0.01$。

工业机器人应用与劳动力就业稳定性

以上讨论基于 CLDS 数据库,接下来本书基于 CHIP 数据库,再次验证工业机器人应用作用于劳动力就业稳定性的产业结构高级化升级机制的可信性。

表 6-11 展示运用 CHIP 数据库,基于第三与第二产业产值之比测度产业结构高级化指标的结果。(1)—(2) 列为以解释变量工业机器人应用水平 (exrobot) 对机制变量产业结构高级化水平 ($z\_isduradv1$) 进行回归,(1) 列和 (2) 列分别为未加入城市和加入城市层面控制变量的结果,可知工业机器人应用有利于产业结构高级化升级。(3)—(8) 列为分组回归结果,可知在低产业结构高级化水平分组中,工业机器人应用 (exrobot) 对以劳动合同期限 (jobst1)、工作持续时间 (jobst2)、工作转换频率 (jobst3) 测度的劳动力就业稳定性均不显著,而在高产业结构高级化水平分组中,工业机器人应用至少在 5% 的显著性水平降低三个维度测度的劳动力就业稳定性。综合可知,工业机器人应用对产业结构高级化升级产生正向影响,且工业机器人应用对劳动力就业稳定性的负向影响在高产业结构高级化水平分组中显著,在低产业结构高级化水平分组中不显著,可以验证产业结构高级化升级是工业机器人应用影响劳动力就业稳定性的作用机制。

表 6-11 产业结构升级机制——产业结构高级化升级:第三/第二产业产值衡量(CHIP 数据)

	低产业结构高级化水平					高产业结构高级化水平		
	$z\_isduadv1$	$z\_isduadv1$	jobst1	jobst2	jobst3	jobst1	jobst2	jobst3
	(1)	(2)	(3)	(4)	(5)	(6)	(7)	(8)
exrobot	0.0757 *	0.0706 ***	-0.0307	-0.0157	0.0983	-0.2090 ***	-2.6515 ***	0.1730 **
	(0.0445)	(0.0130)	(0.0683)	(0.4292)	(0.0800)	(0.0733)	(0.4680)	(0.0725)
age	0.0100 ***	0.0007 **	0.0125 ***	0.5081 ***	-0.0043 *	0.0132 ***	0.5093 ***	-0.0049 **
	(0.0010)	(0.0003)	(0.0020)	(0.0153)	(0.0022)	(0.0021)	(0.0163)	(0.0021)
marry	-0.0505 *	-0.0175 **	0.1665 ***	0.8544 ***	0.2087 ***	0.2741 ***	1.1956 ***	0.2240 ***
	(0.0292)	(0.0073)	(0.0520)	(0.2431)	(0.0571)	(0.0630)	(0.3078)	(0.0566)
edu	0.0620 ***	0.0008	0.1680 ***	0.4528 ***	-0.0440 ***	0.1918 ***	0.5693 ***	-0.0497 ***
	(0.0031)	(0.0008)	(0.0065)	(0.0358)	(0.0072)	(0.0071)	(0.0393)	(0.0065)
horeg	-0.0455 **	0.0317 ***	0.4023 ***	1.6474 ***	-0.1708 ***	0.4879 ***	1.5661 ***	-0.1627 ***
	(0.0193)	(0.0051)	(0.0382)	(0.2246)	(0.0485)	(0.0423)	(0.2463)	(0.0440)

第6章 中国工业机器人应用对劳动力就业稳定性影响的传导机制检验

续表

	低产业结构高级化水平					高产业结构高级化水平		
	$z_isduadv$1	$z_isduadv$1	$jobst$1	$jobst$2	$jobst$3	$jobst$1	$jobst$2	$jobst$3
	(1)	(2)	(3)	(4)	(5)	(6)	(7)	(8)
$health$	-0.0563***	0.0143***	0.0602***	0.2065	-0.1213***	0.0056	0.2475	-0.1211***
	(0.0121)	(0.0030)	(0.0219)	(0.1404)	(0.0282)	(0.0253)	(0.1702)	(0.0276)
$gdpg$	—	-0.2172***	0.0144	-1.8343***	0.2104**	0.2229***	0.2274	0.1275*
		(0.0099)	(0.0786)	(0.4743)	(0.0935)	(0.0743)	(0.4537)	(0.0752)
$inent$	—	-0.0569***	-0.0021	-0.0305	0.0189***	-0.0071*	0.0111	-0.0016
		(0.0005)	(0.0036)	(0.0231)	(0.0042)	(0.0038)	(0.0234)	(0.0037)
hcl	—	2.2127***	0.3274**	-0.4430	0.3111*	0.1393	0.9432	-0.3580
		(0.0254)	(0.1527)	(0.9777)	(0.1732)	(0.2206)	(1.3625)	(0.2294)
fdi	—	-0.3030***	0.0579	1.0354**	0.4507***	-0.5115	-10.5014***	2.5081***
		(0.0075)	(0.0795)	(0.4087)	(0.1081)	(0.4941)	(2.7885)	(0.5270)
$Cons$	0.7617***	2.0854***	-3.6581***	-14.8186***	2.1709***	-3.5904***	-18.6446***	3.3045***
	(0.0858)	(0.0387)	(0.2738)	(1.7858)	(0.3055)	(0.2973)	(1.8051)	(0.2859)
城市	固定	固定	固定	固定	固定	固定	固定	固定
时间	固定	固定	固定	固定	固定	固定	固定	固定
N	12392	12392	6816	6816	6816	5576	5576	5576
R^2	0.0392	0.9401	0.1660	0.2853	0.0481	0.1910	0.2955	0.0396

注：括号内数值为城市层面聚类标准误。* 表示 $p<0.10$，** 表示 $p<0.05$，*** 表示 $p<0.01$。

表6-12呈现运用CHIP数据库，基于第三与第二产业就业人数之比测度产业结构高级化指标的结果。（1）—（2）列结果表明，无论是否加入城市层面控制变量，工业机器人应用均有利于产业结构高级化（$z_isduradv$2）升级。（3）—（8）列为分组检验结果，其中（3）—（5）列为低产业结构高级化水平组，（6）—（8）列为高产业结构高级化水平组，可知在低产业结构高级化水平组中，工业机器人应用对劳动力就业稳定性的影响在劳动合同期限（$jobst$1）、工作持续时间（$jobst$2）、工作转换频率（$jobst$3）三个维度下均不显著，而在高产业结构高级化水平组中，工业机器人应用在1%的显著性水平上降低三个维度表征的劳动力就业稳定性水平。综合可知，工业机器人应用会促进产业结构高级化升级，且工业机器人应用显著降低高产业结构高级

化水平组中的劳动力就业稳定性,而对低产业结构高级化水平组中的劳动力就业稳定性作用不显著,可以证明工业机器人应用通过产业结构高级化升级机制作用于劳动力就业稳定性。

表6-12 产业结构升级机制——产业结构高级化升级:第三/第二产业就业衡量(CHIP数据)

	低产业结构高级化水平					高产业结构高级化水平		
	z_isduadv2	z_isduadv2	jobst1	jobst2	jobst3	jobst1	jobst2	jobst3
	(1)	(2)	(3)	(4)	(5)	(6)	(7)	(8)
exrobot	0.2105 ***	0.1435 ***	-0.0134	-0.0641	0.0734	-0.2183 ***	-2.6715 ***	0.2122 ***
	(0.0054)	(0.0032)	(0.0681)	(0.4263)	(0.0740)	(0.0679)	(0.4362)	(0.0743)
age	0.0107 ***	0.0007	0.0170 ***	0.5221 ***	-0.0055 ***	0.0093 ***	0.4944 ***	-0.0031
	(0.0012)	(0.0006)	(0.0019)	(0.0146)	(0.0019)	(0.0020)	(0.0157)	(0.0022)
marry	-0.1133 ***	-0.0223	0.1855 ***	0.9083 ***	0.2085 ***	0.2528 ***	1.0951 ***	0.1685 ***
	(0.0337)	(0.0159)	(0.0527)	(0.2404)	(0.0537)	(0.0565)	(0.2765)	(0.0605)
edu	0.0413 ***	0.0040 **	0.1888 ***	0.5231 ***	-0.0376 ***	0.1722 ***	0.4678 ***	-0.0562 ***
	(0.0034)	(0.0017)	(0.0065)	(0.0343)	(0.0066)	(0.0066)	(0.0381)	(0.0066)
horeg	0.1080 ***	0.0336 ***	0.5028 ***	1.7895 ***	-0.1851 ***	0.3829 ***	0.8909 ***	-0.0932 **
	(0.0231)	(0.0113)	(0.0385)	(0.2232)	(0.0456)	(0.0384)	(0.2317)	(0.0454)
health	-0.0286 **	0.0100	0.0666 ***	0.3181 **	-0.1400 ***	0.0078	0.3268 **	-0.1175 ***
	(0.0139)	(0.0065)	(0.0218)	(0.1377)	(0.0266)	(0.0234)	(0.1584)	(0.0290)
gdpg	—	-0.7698 ***	-0.0845	-1.4254 ***	0.3678 ***	0.4046 ***	-0.0518	0.0306
		(0.0202)	(0.0661)	(0.3808)	(0.0756)	(0.0742)	(0.4613)	(0.0790)
inent	—	-0.0532 ***	0.0012	0.0004	-0.0042	-0.0103 ***	-0.0079	-0.0072 *
		(0.0010)	(0.0030)	(0.0180)	(0.0031)	(0.0039)	(0.0245)	(0.0042)
hcl	—	4.3982 ***	0.8681 ***	2.6798 **	0.5593 ***	-0.6097 ***	-3.0029 **	0.6975 ***
		(0.0527)	(0.1994)	(1.2076)	(0.2125)	(0.2176)	(1.4243)	(0.2424)
fdi	—	-0.4938 ***	-1.0451 **	-6.8039 **	-2.1034 ***	-0.1392 *	-0.5703	0.6565 ***
		(0.0140)	(0.5027)	(2.9548)	(0.5583)	(0.0816)	(0.4242)	(0.1041)
Cons	-0.1846 *	1.4065 ***	-4.6148 ***	-20.4317 ***	2.8624 ***	-2.6325 ***	-13.1891 ***	2.9928 ***
	(0.0982)	(0.0814)	(0.2506)	(1.5227)	(0.2576)	(0.3201)	(2.0442)	(0.3461)

续表

	低产业结构高级化水平					高产业结构高级化水平		
	z_isduadv2	z_isduadv2	jobst1	jobst2	jobst3	jobst1	jobst2	jobst3
	(1)	(2)	(3)	(4)	(5)	(6)	(7)	(8)
城市	固定	固定	固定	固定	固定	固定	固定	固定
时间	固定	固定	固定	固定	固定	固定	固定	固定
N	12392	12392	7226	7226	7226	6277	6277	6277
R^2	0.1866	0.8238	0.2100	0.2904	0.0249	0.1550	0.2832	0.0676

注：括号内数值为城市层面聚类标准误。* 表示 $p<0.10$，** 表示 $p<0.05$，*** 表示 $p<0.01$。

综合本小节分析可得，基于 CLDS 数据库和 CHIP 数据库，同时使用第三与第二产业产值和就业人数之比测度产业结构高级化指标，均可分析得出工业机器人应用通过促进产业结构高级化升级作用于劳动力就业稳定性。

6.3 工业机器人应用对劳动力就业稳定性影响的技能收入分配机制检验

工业智能技术通过缩短劳动岗位的工时对劳动力工资产生负向影响（王林辉等，2022）。具体地，工业机器人应用对中低技能劳动力具有较强的替代性，导致中低技能劳动力工时减小、工资下降（张桂金和张东，2019）。在工业智能化技术密度较高的行业，工业机器人应用使得低技能劳动力工资下降的幅度更大（赵丹丹和周世军，2021），造成低技能劳动收入份额下降、高技能劳动收入份额上升的结果（程虹等，2020）。工资收入和技能劳动收入分配的改变会引发劳动力在不同职业和部门之间转换，可能对劳动力就业稳定性造成影响。为此，本节实证检验工业机器人应用是否通过技能收入分配机制作用于劳动力就业稳定性。基于已有文献，工业机器人应用对技能劳动收入分配的影响可以分为两方面：一是使低技能劳动收入份额下降；二是使高技能劳动收入份额上升。下文基于这两个方面进行具体分析。

6.3.1 计量模型构建、指标设计与数据说明

（1）计量模型构建

基于 CLDS 和 CHIP 微观个体层面数据，分别建立以下模型：

$$wage\_low_{ijt} = \alpha + \beta exrobot_{jt} + \theta_1 C_{jt} + \lambda_j + \nu_t + \varepsilon_{ijt} \tag{6.7}$$

$$wage\_high_{ijt} = \alpha + \beta exrobot_{jt} + \theta_1 C_{jt} + \lambda_j + \nu_t + \varepsilon_{ijt} \tag{6.8}$$

其中，下标 i、j、t 分别代表个体、城市和年份；$wage\_low_{ijt}$ 为低技能劳动收入分配机制变量，用低技能劳动收入份额表征；$wage\_high_{ijt}$ 为高技能劳动力收入分配机制变量，用高技能劳动收入份额表征；$exrobot_{jt}$ 为工业机器人应用水平，用工业机器人渗透度衡量；C_{jt} 为城市层面的控制变量，包括经济增长水平、工业企业规模、人力资本水平、贸易开放程度；λ_j 为城市固定效应项；ν_t 为时间固定效应项；ε_{ijt} 为随机误差项。

参考马述忠（2022）思路，采用两个步骤对技能收入分配机制进行检验：第一步，以工业机器人应用水平（$exrobot$）为解释变量，低技能劳动收入分配机制（$wage\_low$）和高技能劳动收入分配机制（$wage\_high$）分别为被解释变量进行实证回归，如式（6.7）和式（6.8）所示。第二步，分别根据低于和高于低技能劳动收入份额以及高技能劳动收入份额平均值的标准，将样本划分为低技能劳动力收入份额低组和低技能劳动力收入份额高组以及高技能劳动力收入份额低组和高技能劳动力收入份额高组，进行分组检验。具体地，以工业机器人应用水平（$exrobot$）为解释变量，以劳动力就业稳定性的三个维度劳动合同签订时长（$jobst1$）、工作持续时间（$jobst2$）、工作转换频率（$jobst3$）为被解释变量，分别对低技能劳动收入份额低组和低技能劳动收入份额高组以及高技能劳动收入份额低组和高技能劳动收入份额高组进行实证回归。

依照如下原则对从低技能劳动收入分配视角分析的技能收入分配机制是否成立进行判定：当式（6.7）中的 β 为负时，表明工业机器人应用（$exrobot$）会降低低技能劳动收入份额（$wage\_low$）。同时，若低技能劳动收入份额低的分组中，工业机器人应用（$exrobot$）显著降低劳动力就业稳定性（$jobst1$）、（$jobst2$）、（$jobst3$），而低技能劳动收入份额高的分组中，工业机器人应用对劳动力就业稳定性的影响并不显著，则表明从低技能劳动收入份额

探讨的技能收入分配机制是工业机器人应用导致劳动力就业稳定性下降的作用机制。

依照如下原则对从高技能劳动收入分配视角分析的技能收入分配机制是否成立进行判定：当式（6.8）中的 β 为正时，表明工业机器人应用（exrobot）会提高高技能劳动收入份额（wage_high）。同时，若高技能劳动收入份额低的分组中，工业机器人应用（exrobot）对劳动力就业稳定性（jobst1）、（jobst2）、（jobst3）的作用不显著，而高技能劳动收入份额高的分组中，工业机器人应用显著降低劳动力就业稳定性，则表明工业机器人应用通过提高高技能劳动收入份额改变技能劳动收入分配，使劳动力就业稳定性下降。

（2）指标设计与数据说明

解释变量、被解释变量、控制变量的指标设计如前述，接下来主要介绍低技能劳动收入分配和高技能劳动收入分配机制变量的度量方法及数据说明。

低技能劳动收入分配用低技能劳动收入份额的变化表征，高技能劳动收入分配用高技能劳动收入份额的变化表征。基于 CLDS 和 CHIP 微观个体数据的问卷中个体对总收入问题的回答，得到每个劳动力个体的收入数据，并依据个体学历，将学历为大专/本科以下的个体划分为低技能劳动力，将学历为大专/本科及以上的个体划分为高技能劳动力。由于无法在微观个体层面直接衡量技能劳动收入份额，所以将微观个体数据提升至城市层面计算。具体地，低技能劳动收入份额为城市低技能劳动总工资之和占所有劳动力总工资之和的比重，高技能劳动收入份额为城市高技能劳动总工资之和占所有劳动力总工资之和的比重。同样，由于数据提升至城市层面，故用每个城市中所有个体就业稳定性水平的平均值来表征这一城市的劳动力就业稳定性水平。

6.3.2 低技能劳动收入分配

表 6-13 呈现基于 CLDS 数据库对低技能劳动收入分配视角的技能收入分配机制的检验结果。（1）—（2）列为工业机器人应用（exrobot）对低技能劳动收入分配（wage_low）的回归结果，其中（1）列未控制城市层面控制变量，可知工业机器人应用会降低城市层面的低技能劳动力收入份额。（3）—（8）列为按照低技能劳动力收入份额的高低进行分组检验的结果，其中（3）—（5）列为低技能劳动力收入份额低的组，（6）—（8）列为低技能劳

动力收入份额高的组，可知工业机器人应用对低技能劳动力收入份额低的组中的劳动力就业稳定性的影响在劳动合同期限（*jobst*1）、工作持续时间（*jobst*2）、工作转换频率（*jobst*3）三个维度下均显著，即工业机器人应用降低低技能劳动力收入份额低的组中的劳动力就业稳定性，而工业机器人应用对低技能劳动力收入份额高的组中用三个维度表征的劳动力就业稳定性水平均不显著。综合可知，工业机器人应用会导致低技能劳动力收入份额降低，且工业机器人应用显著降低低技能劳动力收入份额低的组中的劳动力就业稳定性，而对低技能劳动力收入份额高的组中的劳动力就业稳定性作用不显著，可以证明从低技能劳动收入分配视角来看，技能收入分配是工业机器人应用影响劳动力就业稳定性的作用机制。

表6-13 技能收入分配机制——低技能劳动收入分配视角（CLDS 数据）

	低技能劳动收入份额低					低技能劳动收入份额高		
	wage_low	wage_low	jobst1	jobst2	jobst3	jobst1	jobst2	jobst3
	(1)	(2)	(3)	(4)	(5)	(6)	(7)	(8)
exrobot	-0.7340*	-0.4360**	-0.2404*	-0.1856**	0.1181*	-0.3576	-0.0180	0.0182
	(0.4043)	(0.1973)	(0.1435)	(0.0901)	(0.0694)	(0.2358)	(0.1909)	(0.0173)
gdpg	—	0.3436***	-0.3715***	-1.2704*	-0.2181**	-0.0151	-0.7481	-0.0047
	—	(0.0330)	(0.1286)	(0.7244)	(0.1081)	(0.0631)	(0.5085)	(0.0634)
inent	—	-0.0372***	0.0333*	0.1834	-0.0084	-0.0270	-0.1366	0.0010
	—	(0.0090)	(0.0184)	(0.1201)	(0.0180)	(0.0180)	(0.1473)	(0.0158)
hcl	—	0.0253***	0.0049	0.0018	0.0604***	0.0056	0.0315	-0.0042
	—	(0.0066)	(0.0212)	(0.1319)	(0.0194)	(0.0126)	(0.1024)	(0.0104)
fdi	—	0.1898***	0.2542	0.1723	0.1974	-0.0119	0.0756	0.1103
	—	(0.0417)	(0.2037)	(1.1754)	(0.2223)	(0.0602)	(0.4801)	(0.0931)
Cons	-2.2726**	1.6488**	-3.3526**	-2.1484	0.0739	2.2741	8.3595	1.0816
	(0.8795)	(0.6826)	(1.5820)	(9.5934)	(1.4651)	(1.7859)	(14.5077)	(1.3042)
城市	固定	固定	固定	固定	固定	固定	固定	固定
时间	固定	固定	固定	固定	固定	固定	固定	固定
N	303	303	148	148	148	155	155	155
R^2	0.1161	0.7912	0.198	0.2255	0.2356	0.0567	0.1042	0.1723

注：括号内数值为城市层面聚类标准误。*表示 $p<0.10$，**表示 $p<0.05$，***表示 $p<0.01$。

第6章 中国工业机器人应用对劳动力就业稳定性影响的传导机制检验

本书再次使用CHIP数据库验证从低技能劳动收入分配视角分析的技能收入分配机制是否成立，如表6-14所示。表6-14的（1）—（2）列为以解释变量工业机器人应用水平（$exrobot$）对机制变量低技能劳动收入分配（$wage\_low$）进行回归，（1）列和（2）列分别为未加入城市和加入城市层面控制变量的结果，可知工业机器人应用对城市的低技能劳动收入份额产生负向作用。（3）—（8）列为分组回归结果，可知在低技能劳动收入份额低的分组中，工业机器人应用（$exrobot$）显著降低以劳动合同期限（$jobst1$）、工作持续时间（$jobst2$）、工作转换频率（$jobst3$）测度的劳动力就业稳定性水平，而在低技能劳动收入份额高的分组中，工业机器人应用对三个维度测度的劳动力就业稳定性均不显著。综合可知，工业机器人应用使低技能劳动收入份额降低，且在低技能劳动收入份额低分组中工业机器人应用对劳动力就业稳定性的负向影响显著，在低技能劳动收入份额高分组中不显著，可以验证从低技能劳动收入分配视角分析的技能收入分配机制是工业机器人应用影响劳动力就业稳定性的作用机制。

表6-14 技能收入分配机制——低技能劳动收入分配视角（CHIP数据）

	低技能劳动收入份额低					低技能劳动收入份额高		
	$wage\_low$	$wage\_low$	$jobst1$	$jobst2$	$jobst3$	$jobst1$	$jobst2$	$jobst3$
	(1)	(2)	(3)	(4)	(5)	(6)	(7)	(8)
$exrobot$	-0.4700***	-0.4796*	-0.3316*	-0.0563*	1.3800**	0.0371	0.0462	0.4187
	(0.1527)	(0.1527)	(0.1793)	(0.0322)	(0.6529)	(0.0912)	(0.0290)	(0.3691)
$gdpg$	—	0.1626	1.4262	0.3024*	-0.1462	-0.6649	-0.3044**	0.6108*
	—	(0.1374)	(0.9296)	(0.1524)	(0.2785)	(0.5463)	(0.1422)	(0.3612)
$inent$	—	0.0008	0.0312	0.0539	-0.0139	0.0046	0.0083	-0.0037
	—	(0.0050)	(0.0213)	(0.4460)	(0.0165)	(0.0232)	(0.0056)	(0.0147)
hcl	—	-0.1329	-2.7688	0.4626	0.0848	0.3819*	0.1099**	-0.1539
	—	(0.3860)	(2.2166)	(0.4433)	(1.7073)	(0.1951)	(0.0443)	(0.1116)
fdi	—	0.8644	-0.3378*	-0.9650	-0.3810	-0.3107	-0.2164*	0.2444
	—	(1.1377)	(0.2046)	(1.2000)	(4.8934)	(0.9757)	(0.1116)	(0.2958)

续表

	低技能劳动收入份额低					低技能劳动收入份额高		
	wage_low	wage_low	jobst1	jobst2	jobst3	jobst1	jobst2	jobst3
	(1)	(2)	(3)	(4)	(5)	(6)	(7)	(8)
Cons	0.2706 (0.3793)	0.2469 (0.5083)	-1.3464 (2.1120)	0.1858 (0.4938)	2.5762 (1.8989)	-7.7917*** (2.3444)	-2.5675*** (0.5099)	1.5968 (1.3180)
城市	固定	固定	固定	固定	固定	固定	固定	固定
时间	固定	固定	固定	固定	固定	固定	固定	固定
N	220	220	105	105	105	115	115	115
R^2	0.1388	0.1676	0.176	0.2610	0.1118	0.318	0.4075	0.1470

注：括号内数值为城市层面聚类标准误。* 表示 $p<0.10$，** 表示 $p<0.05$，*** 表示 $p<0.01$。

6.3.3 高技能劳动收入分配

表6-15展示基于CLDS数据库对高技能劳动收入分配视角的技能收入分配机制的检验结果。(1)—(2) 列为工业机器人应用（exrobot）对高技能劳动收入分配（wage_high）的回归结果，(1) 列和 (2) 列分别是未加入城市和加入城市层面控制变量的结果，可知工业机器人应用会导致城市的高技能劳动收入份额提升。(3)—(8) 列为按照高技能劳动收入份额的高低进行分组检验的结果，其中 (3)—(5) 列为高技能劳动收入份额低组，(6)—(8) 列为高技能劳动收入份额高组，由结果可知在高技能劳动收入份额低的组中，工业机器人应用对三个维度测度的劳动力就业稳定性水平均不显著。而工业机器人应用对高技能劳动收入份额高的组中的劳动力就业稳定性的影响在三个维度下均显著，即工业机器人应用降低高技能劳动收入份额高的组中的劳动力就业稳定性。综上可得，工业机器人应用会提升高技能劳动收入份额，且在高技能劳动收入份额高的组中工业机器人应用显著降低劳动力就业稳定性，而对高技能劳动收入份额低组中的劳动力就业稳定性作用不显著，由此说明从高技能劳动收入分配视角分析的技能收入分配机制是工业机器人应用作用于劳动力就业稳定性的中介机制。

第6章 中国工业机器人应用对劳动力就业稳定性影响的传导机制检验

表 6-15 技能收入分配机制——高技能劳动收入分配视角（CLDS 数据）

	高技能劳动收入份额低					高技能劳动收入份额高		
	wage_high	wagered_high	jobst1	jobst2	jobst3	jobst1	jobst2	jobst3
	(1)	(2)	(3)	(4)	(5)	(6)	(7)	(8)
exrobot	0.0353*	0.1270**	-0.2043	-0.0875	-0.0021	-0.8538**	-0.2245*	0.1042***
	(0.0210)	(0.0587)	(0.4026)	(0.1169)	(0.0335)	(0.4304)	(0.1266)	(0.0389)
gdpg	—	-0.0136	-0.2070**	-0.8206***	-0.1366	0.0274	0.0498	-0.0814
		(0.0096)	(0.1050)	(0.2981)	(0.0922)	(0.0673)	(0.2101)	(0.0708)
inent	—	0.0100***	0.0263	0.0792	-0.0128	-0.0268*	-0.0684	-0.0072
		(0.0026)	(0.0180)	(0.0541)	(0.0166)	(0.0157)	(0.0494)	(0.0167)
hcl	—	-0.0015	0.0104	0.0591	0.0504**	-0.0097	-0.0207	0.0013
		(0.0019)	(0.0223)	(0.0629)	(0.0195)	(0.0107)	(0.0336)	(0.0113)
fdi	—	-0.1837***	0.4308	0.2625**	0.0401	-0.0232	0.0337	0.1246**
		(0.0122)	(0.3975)	(0.1228)	(0.3811)	(0.0579)	(0.1818)	(0.0616)
Cons	0.0914**	-0.3196	-3.1269**	-4.7110	0.5710	0.4652	6.0021	2.3318*
	(0.0457)	(0.2130)	(1.5831)	(4.4360)	(1.3359)	(1.3117)	(4.1848)	(1.4084)
城市	固定	固定	固定	固定	固定	固定	固定	固定
时间	固定	固定	固定	固定	固定	固定	固定	固定
N	303	303	147	147	147	156	156	156
R^2	0.0333	0.7033	0.140	0.2092	0.1420	0.0808	0.0772	0.1751

注：括号内数值为城市层面聚类标准误。* 表示 $p<0.10$，** 表示 $p<0.05$，*** 表示 $p<0.01$。

本书再次使用 CHIP 数据库验证从高技能劳动收入分配视角分析的技能收入分配机制是否成立，回归结果如表 6-16 所示。其中（1）—（2）列为以解释变量工业机器人应用水平（exrobot）对机制变量高技能劳动力收入分配（wage_high）进行回归，（1）列和（2）列分别为未加入城市和加入城市层面控制变量的结果，可知工业机器人应用显著提高高技能劳动收入份额。（3）—（8）列为分组回归结果，可知在高技能劳动收入份额低的分组中，工业机器人应用对三个维度测度的劳动力就业稳定性均不显著，而在高技能劳动收入份额高的分组中，工业机器人应用（exrobot）显著降低以劳动合同期限（jobst1）、工作持续时间（jobst2）、工作转换频率（jobst3）测度的劳动力就业稳定性水平。以上分析表明，工业机器人应用会使高技能劳动收入份额提升，且工业机器人应用降低劳动力就业稳定性的影响在高技能劳动收入份额高分组中显著，而在高技能劳动收入份额低分组中不显著，再次佐证从高技能劳动收入分配视角分析的技能收入分配机制是工业机器人应用影响劳动力就业稳定性的作用机制。

表6-16 技能收入分配机制——高技能劳动收入分配视角（CHIP 数据）

	高技能劳动收入份额低					高技能劳动收入份额高		
	wage_high	wagered_high	jobst1	jobst2	jobst3	jobst1	jobst2	jobst3
	(1)	(2)	(3)	(4)	(5)	(6)	(7)	(8)
exrobot	0.9238**	0.8593***	-0.5493	0.2556	0.3344	-0.3638*	-0.5778*	1.0222**
	(0.3948)	(0.2987)	(0.5204)	(0.3471)	(0.5194)	(0.2023)	(0.3047)	(0.4482)
gdpg	—	0.1579***	-0.6753	-0.1141	1.4303	0.4323	-2.4973	0.1618
	—	(0.0269)	(1.4152)	(0.0776)	(1.1848)	(0.5106)	(3.0619)	(0.4483)
inent	—	-0.0044	0.0085	-0.0295	-0.0208	-0.1082**	0.1323	0.0296
	—	(0.0097)	(0.0185)	(0.1007)	(0.0151)	(0.0478)	(0.1911)	(0.0280)
hcl	—	-0.2264	0.3921*	0.2641**	-0.1717	0.4487	-0.6881	0.3636
	—	(0.7551)	(0.2355)	(0.1109)	(0.1705)	(0.3702)	(1.2761)	(1.8590)
fdi	—	0.4821**	-0.4538	-0.4721	-0.0491	0.2678*	0.3008	0.7108
	—	(0.2226)	(0.3354)	(0.5699)	(0.0868)	(0.1625)	(0.2352)	(3.4695)
Cons	6.5809***	6.1076***	-4.6067**	-41.8708***	3.6692**	0.0094	-16.5075	-0.4536
	(0.9810)	(0.9944)	(1.8101)	(10.5698)	(1.5551)	(3.0827)	(16.8764)	(2.3148)
城市	固定	固定	固定	固定	固定	固定	固定	固定
时间	固定	固定	固定	固定	固定	固定	固定	固定
N	220	220	103	103	103	117	117	117
R^2	0.0643	0.4824	0.206	0.5136	0.1480	0.120	0.4478	0.1512

注：括号内数值为城市层面聚类标准误。* 表示 $p<0.10$，** 表示 $p<0.05$，*** 表示 $p<0.01$。

6.4 本章小结

本章实证检验工业机器人应用对劳动力就业稳定性的作用机制。首先，

第6章 中国工业机器人应用对劳动力就业稳定性影响的传导机制检验

从微观层面探讨工业机器人应用对个体所从事岗位层级的影响,进而分析技能岗位与非技能岗位更替机制和常规岗位与非常规岗位更替机制。其次,从产业结构合理化和高级化升级维度分别探讨工业机器人应用影响劳动力就业稳定性的产业结构升级机制。最后,将微观个体层面数据提升至城市层面,分别从低技能劳动收入分配和高技能劳动收入分配视角,分析工业机器人应用通过技能收入分配机制影响劳动力就业稳定性的作用路径。

第一,工业机器人应用会通过劳动岗位更替机制,增大对技能岗位和非常规岗位劳动力的相对需求,进而影响劳动力就业稳定性。首先,从技能岗位和非技能岗位更替来看,工业机器人应用会替代部分非技能岗位并创造更多技能岗位,使技能相对非技能岗位的劳动需求规模扩大,从而导致劳动力就业不稳定。其次,从常规岗位与非常规岗位更替来看,工业机器人应用替代部分程序性较强、复杂程度较低的常规岗位,并创造更多需要运用综合实践能力处理复杂问题的非常规岗位,使非常规岗位相对常规岗位的劳动力需求增加,进而导致劳动力就业稳定性下降。本书运用 CLDS 数据库和 CHIP 数据库,实证检验了劳动岗位更替机制是工业机器人应用影响劳动力就业稳定性的作用机制。

第二,工业机器人应用通过产业结构升级机制,使劳动力要素在各个产业及部门间重新配置,导致劳动力就业稳定性下降。首先,分析产业结构合理化升级,工业智能技术应用能够促进生产要素在部门间耦合程度的提升,加大生产要素在部门间的流转效率,进而导致劳动力就业稳定性下降。其次,分析产业结构高级化升级,工业机器人应用大多替代制造业和农业部门的部分劳动力,并创造出更多新兴服务业和高端服务业,使劳动力更多流入第三产业,进而导致劳动力就业稳定性下降。本书基于 CLDS 数据库和 CHIP 数据库,通过变换产业结构合理化和高级化指标的测度方法,实证检验得出工业机器人应用作用于劳动力就业稳定性的产业结构升级机制成立。

第三,工业机器人应用使低技能劳动力面对更短的工作时长以及更低的工资水平,同时工业智能技术与高技能劳动力较高的适配度使高技能劳动力工资上升,改变技能劳动收入分配,进而劳动力工资待遇下降或想加入智能化领域新兴行业而作出辞职或转换工作的决策,导致劳动力就业稳定性水平降低。本书从低技能劳动收入分配和高技能劳动收入分配两个视角分析技能收入分配机制，基于CLDS数据库和CHIP数据库，依照学历水平划分高技能与低技能劳动力，将个体总工资数据加总至城市层面，计算每个城市的低技能与高技能劳动收入份额来表征低技能与高技能劳动收入分配机制变量，实证检验发现分别从低技能和高技能劳动收入分配视角均可得出技能收入分配是工业机器人应用作用于劳动力就业稳定性的中介机制。

第 7 章

中国工业机器人应用对劳动力就业稳定性影响的异质性分析

前述从理论和实证两方面分析工业机器人应用使劳动力就业稳定性下降,探讨工业机器人应用影响劳动力就业稳定性的作用机制。鉴于劳动者决策受制于自身条件、职业条件以及城市就业环境等多方面的影响,因此,本书接下来探讨工业机器人应用对劳动力就业稳定性影响的异质性。具体地,本书根据劳动力个体、职业以及城市特征的不同,探讨工业机器人对劳动力就业稳定性影响的差异。在个体层面,主要比较工业机器人应用对不同专业技能水平、认知能力、非认知能力、家庭经济状况、家庭教育背景的劳动力就业稳定性的影响差异;在职业层面,主要对比工业机器人应用对从事不同类型、环境、安全性、场所、自主程度的职业的劳动力就业稳定性的作用差异;在城市层面,主要分析工业机器人应用对不同区位、财政教育支出水平、劳动力保护程度、知识产权保护程、市场化水平城市的劳动力就业稳定性的异质性影响。

7.1 工业机器人应用对劳动力就业稳定性影响的个体异质性

不同劳动力个体由于在先天条件、后天培养以及成长环境方面的不同,使劳动力具有个体异质性,工业机器人应用对不同个体特征劳动力就业稳定性的作用可能不同。因此,本书基于 CLDS 数据库,依据个体专业技能水平、认知能力、非认知能力、家庭经济状况和家庭教育背景五个方面的特征划分样本,分析工业机器人应用对不同个体特征劳动力就业稳定性的异质性作用。

具体依照如下方程设计模型：

$$jobst_{ijt}^{p} = \alpha^{p} + \beta^{p} \cdot exrobot_{jt} + \theta_{1}^{p} \cdot I_{it} + \theta_{2}^{p} \cdot C_{jt} + \lambda_{j}^{p} + \nu_{t}^{p} + \varepsilon_{ijt}^{p} \tag{7.1}$$

其中，上标 p 表示个体特征；$jobst_{ijt}^{p}$ 表示第 t 年地区 j 的个体 i 的就业稳定性，从劳动工资合同、工作持续时间、工作转换效率三个维度衡量；$exrobot_{jt}$ 表示第 t 年地区 j 的工业机器人应用水平，用工业机器人渗透度衡量；I_{it} 为个体层面的控制变量；C_{jt} 为城市层面的控制变量；λ_{j} 为城市固定效应项；ν_{t} 为时间固定效应项；ε_{ijt} 为随机误差项。各个指标的测度方法与前述一致。

7.1.1 个体专业技能水平

工业智能技术发展会替代掉部分可程序化、重复性强、任务复杂度较低岗位的劳动力，而对不可程序化、重复性较低、任务复杂度较高岗位的劳动力的替代性较低。劳动力是否容易被工业智能化技术所取代与个体劳动力技能水平息息相关（汪前元等，2022；明娟和胡嘉琪，2022；陈斌开和马燕来，2021）。从事易被工业智能技术替代岗位的劳动力往往技能水平较低，在面对智能技术冲击时，并没有表现出个体对于所从事岗位任务的不可替代性，从而被智能技术所淘汰。而从事不易被工业智能化技术所替代岗位的劳动力，自身往往技能水平较高，在面对智能化技术冲击时，一方面，其技能水平决定其不易被智能技术替代；另一方面，较高的技能水平决定其即使被暂时替代也能很快更换到其他岗位，因此能很大程度缓解智能技术带来的冲击。

为实证检验工业机器人应用对劳动力就业稳定性影响的个体专业技能水平异质性，本书根据个体对问卷中"是否获得过专业资格证书"这一问题的回答对劳动力进行分组，回答"有专业资格证书"的个体划分为专业技能水平较高的劳动力，否则划分为专业技能水平较低的劳动力。表7-1展示分别以专业技能水平较高个体和专业技能水平较低个体的劳动力就业稳定性水平为被解释变量，以工业机器人应用水平为解释变量，基于CLDS数据库，检验工业机器人应用作用于劳动力就业稳定性的个体技能水平异质性。其中，(1)—(3) 列的被解释变量为在劳动合同期限（$jobst1$）、工作持续时间（$jobst2$）、工作转换频率（$jobst3$）三个维度下衡量的专业技能水平较高劳动力的就业稳定性，(4)—(6) 列的被解释变量为在上述三维度下衡量的专业技能水平较低劳动力的就业稳定性，(1)—(6) 列均同时控制城市及时间固

第 7 章 中国工业机器人应用对劳动力就业稳定性影响的异质性分析

定效应并采用城市层面聚类标准误。

由表7-1的（4）—（6）列可知，对于专业技能水平较低的劳动力，工业机器人应用在1%的显著性水平上降低劳动力签订劳动合同的期限，在10%的显著性水平上降低劳动力工作持续时间，在1%的显著性水平上增大劳动力工作转换频率，即工业机器人应用降低以劳动合同期限、工作持续时间、工作转换频率三个维度测度的专业技能水平较低劳动力的就业稳定性。而由（1）—（3）列可知，工业机器人应用对三个维度衡量的专业技能水平较高劳动力就业稳定性的影响均不显著。综上可得，工业机器人应用对劳动力就业稳定性的影响存在专业技能水平异质性，对专业技能水平较低劳动力就业稳定性的负向影响相对于专业技能水平较高劳动力更为显著。

表 7-1　异质性分析：个体专业技能水平

	专业技能水平较高			专业技能水平较低		
	jobst1	jobst2	jobst3	jobst1	jobst2	jobst3
	(1)	(2)	(3)	(4)	(5)	(6)
exrobot	0.0294	-0.0994	0.1074	-0.1007***	-0.6728*	0.1623***
	(0.1171)	(0.3824)	(0.1271)	(0.0302)	(0.3460)	(0.0387)
age	0.0229***	0.0807***	0.1074	0.0004	0.0044	0.0033
	(0.0050)	(0.0167)	(0.0037)	(0.0032)	(0.0095)	(0.0035)
marry	0.4404***	1.0418***	0.2104**	0.4474***	1.2093***	-0.1587
	(0.1085)	(0.3209)	(0.0907)	(0.0960)	(0.2537)	(0.1247)
edu	0.3875**	1.3736**	-0.9585***	0.3222	0.0154	-0.7340***
	(0.1836)	(0.6052)	(0.1971)	(0.7631)	(1.1186)	(0.1023)
horeg	-0.3372***	-1.1451***	0.1328*	-0.6703***	-2.3098***	0.5098***
	(0.0875)	(0.3002)	(0.0782)	(0.0648)	(0.2105)	(0.0705)
health	-0.0651	-0.1855	0.2266***	-0.0770*	-0.2894**	0.1520***
	(0.0471)	(0.1554)	(0.0510)	(0.0395)	(0.1193)	(0.0582)
gdpg	-0.0526***	-0.1750***	0.0787***	-0.0530***	-0.0117	0.0689***
	(0.0187)	(0.0617)	(0.0191)	(0.0182)	(0.0466)	(0.0232)
inent	-0.0017	0.0088	-0.0054	-0.0003	-0.0323**	0.0031
	(0.0054)	(0.0187)	(0.0053)	(0.0049)	(0.0145)	(0.0062)

续表

	专业技能水平较高			专业技能水平较低		
	jobst1	jobst2	jobst3	jobst1	jobst2	jobst3
	(1)	(2)	(3)	(4)	(5)	(6)
hcl	0.0021 (0.0039)	0.0002 (0.0126)	-0.0112*** (0.0037)	-0.0037 (0.0038)	-0.0245** (0.0117)	-0.0080** (0.0037)
fdi	-0.0162 (0.0250)	-0.0522 (0.0716)	0.0574** (0.0257)	-0.0093 (0.0205)	-0.0307 (0.0578)	0.1524*** (0.0235)
Cons	-1.0941** (0.4614)	1.8967 (1.5784)	2.3917*** (0.4266)	-0.1103 (0.3712)	8.1001*** (1.1902)	1.5476*** (0.4413)
城市效应	固定	固定	固定	固定	固定	固定
时间效应	固定	固定	固定	固定	固定	固定
N	1333	1333	1333	2087	2087	2087
R^2	0.1070	0.1126	0.3513	0.0899	0.0973	0.2423

注：括号内数值为城市层面聚类标准误。*表示 $p<0.10$，**表示 $p<0.05$，***表示 $p<0.01$。

7.1.2 个体认知能力

个体认知能力是指劳动者对基础信息进行提取、归纳整理、计算和自主学习的能力，个体认知能力的高低直接决定其完成工作任务的能力。具有较高认知能力的劳动者往往能更高效、更高质量地完成工作任务，而认知能力较低的劳动者在面对较复杂工作任务时可能会因自身能力不足，从而无法胜任工作而被淘汰（张抗私和史策，2022）。同时，相比认知能力较低劳动者，较高认知能力的劳动者从事非常规岗位、获得在职培训与升职机会的可能性更高，在面对智能化技术发展的冲击时，较高认知能力的劳动者不可替代性更高。因此，工业机器人应用可能对认知能力较低劳动者的就业稳定性影响更为显著。

本书构建劳动者认知能力指标体系，认知能力综合指标由语言能力、阅读能力、写作能力等指标运用熵权法加权计算获得。具体地，语言能力以个体对问卷中"您最熟练的一门外语的熟练程度"问题的回答衡量，阅读能力以个体对问卷中"请您评估一下您在阅读报刊方面的能力"问题的回答测

第7章 中国工业机器人应用对劳动力就业稳定性影响的异质性分析

度,写作能力以个体对问卷中"请您评估一下您在写信方面的能力"问题的回答表征。表7-2实证研究工业机器人应用对不同认知能力劳动力就业稳定性的影响差异。其中,(1)—(3)列以认知能力较高劳动力就业稳定性为被解释变量,(4)—(6)列以认知能力较低劳动力就业稳定性为被解释变量。

由表7-2的(1)—(3)列可知,工业机器人应用对认知能力较高劳动力就业稳定性的影响在劳动合同期限、工作持续时间、工作转换频率三个维度均不显著,而由(4)—(6)列可知,工业机器人应用降低以劳动合同期限、工作持续时间、工作转换频率三个维度衡量的认知能力较低劳动力就业稳定性。综合可知,随着工业机器人应用的推广,认知能力较低的劳动力更容易被工业智能技术所取代,工业机器人应用对认知能力较低劳动力就业稳定性的影响更为显著。

表7-2 异质性分析:个体认知能力

	认知能力较高			认知能力较低		
	$jobst1$	$jobst2$	$jobst3$	$jobst1$	$jobst2$	$jobst3$
	(1)	(2)	(3)	(4)	(5)	(6)
$exrobot$	-0.0220	-0.4007	0.1273	-0.0583**	-0.6975**	0.1290***
	(0.1347)	(0.4291)	(0.1140)	(0.0272)	(0.3184)	(0.0333)
age	0.0162***	0.0556***	0.0004	0.0049	0.0186*	-0.0024
	(0.0056)	(0.0186)	(0.0041)	(0.0031)	(0.0095)	(0.0033)
$marry$	0.5175***	1.2890***	0.0544	0.3725***	1.0079***	-0.1216
	(0.1055)	(0.3145)	(0.0794)	(0.0973)	(0.2649)	(0.1364)
edu	0.5225**	2.1145***	-1.0267***	0.2847	-0.0983	-0.7523***
	(0.2439)	(0.6960)	(0.2303)	(0.7516)	(1.1550)	(0.0844)
$horeg$	-0.2167**	-0.7350**	0.2591***	-0.7312***	-2.5151***	0.4316***
	(0.0981)	(0.3075)	(0.0744)	(0.0613)	(0.2089)	(0.0703)
$health$	0.0293	0.1857	0.2844***	-0.1202***	-0.4292***	0.1353**
	(0.0541)	(0.1703)	(0.0565)	(0.0364)	(0.1142)	(0.0528)
$gdpg$	-0.0593***	-0.1468**	0.0460**	-0.0463***	-0.0579	0.0904***
	(0.0212)	(0.0645)	(0.0205)	(0.0173)	(0.0472)	(0.0223)
$inent$	-0.0067	-0.0216	0.0019	0.0013	-0.0100	-0.0022
	(0.0065)	(0.0209)	(0.0059)	(0.0044)	(0.0137)	(0.0055)

续表

	认知能力较高			认知能力较低		
	*jobst*1	*jobst*2	*jobst*3	*jobst*1	*jobst*2	*jobst*3
	(1)	(2)	(3)	(4)	(5)	(6)
hcl	0.0015	-0.0079	-0.0054	-0.0009	-0.0135	-0.0132 ***
	(0.0045)	(0.0140)	(0.0040)	(0.0037)	(0.0112)	(0.0034)
fdi	-0.0071	-0.0696	0.0570 **	-0.0115	-0.0129	0.1306 ***
	(0.0301)	(0.0857)	(0.0259)	(0.0191)	(0.0538)	(0.0226)
Cons	-0.9629 *	2.8429	1.5559 ***	-0.1547	6.9729 ***	2.0921 ***
	(0.5545)	(1.7803)	(0.4746)	(0.3376)	(1.1032)	(0.3918)
城市效应	固定	固定	固定	固定	固定	固定
时间效应	固定	固定	固定	固定	固定	固定
N	1101	1101	1101	2319	2319	2319
R^2	0.0937	0.1059	0.3684	0.1000	0.1089	0.2436

注：括号内数值为城市层面聚类标准误。* 表示 $p<0.10$，** 表示 $p<0.05$，*** 表示 $p<0.01$。

7.1.3 个体非认知能力

工业智能化技术主要通过人机协作来提升生产率，人机协作的基础是劳动力与智能设备之间具有较高的人机匹配度，而不同类型劳动力的人机匹配程度有所差异。研究发现，非认知能力主要指个体特征，非认知能力较高劳动者与智能设备匹配程度更高，能够促进人机效率的提升（胡晟明等，2021b）。因此可以预期，工业机器人应用对具备不同非认知能力劳动力就业稳定性影响可能存在差异，非认知能力劳动力就业稳定性受到工业机器人应用的冲击可能较小。

为实证检验工业机器人应用对劳动力就业稳定性影响的个体非认知能力异质性，本书依据"大五人格"模型度量个体非认知能力（王春超和张承莎，2019），包括情绪稳定、责任感、社交能力、工作兴趣、信任度等分项指标。具体地，情绪稳定以个体对问卷中"过去一个月内，是否因情绪问题（如感到沮丧会焦虑）影响到工作或其他日常活动"问题的回答测度，责任感以个体对问卷中"就算身体有点不舒服，或者有其他理由可以休息，我也

第7章 中国工业机器人应用对劳动力就业稳定性影响的异质性分析

会努力完成每日该做的事"问题的回答衡量。社交能力以个体对问卷中"您和本社区（村）的邻里、街坊及其他居民互相之间的熟悉程度"问题的回答表征，工作兴趣以个体对问卷中"目前工作的意义和价值是否是因为兴趣"问题的回答测量，信任度以个体对问卷中"您对本社区（村）的邻里、街坊及其他居民信任吗"问题的回答表征，所有分项指标均调整为正向指标并进行标准化处理。表7-3实证研究工业机器人应用对不同非认知能力劳动力就业稳定性的影响差异。其中，（1）—（3）列以非认知能力较高劳动力就业稳定性为被解释变量，（4）—（6）列以非认知能力较低劳动力就业稳定性为被解释变量。

由表7-3的（1）—（3）列可知，工业机器人应用对非认知能力较高劳动力的劳动合同期限、工作持续时间、工作转换频率三个维度测度的就业稳定性影响均不显著，而由（4）—（6）列可知，对于非认知能力较低劳动力，工业机器人应用对以劳动合同期限和工作持续时间测度的劳动力就业稳定性的影响显著为负，对以工作转换频率测度的劳动力就业稳定性的影响显著为正，即工业机器人应用显著降低以三个维度衡量的非认知能力较低劳动力的就业稳定性。由此表明，工业机器人应用对劳动力就业稳定性的影响存在个体非认知能力异质性，对非认知能力较低劳动力就业稳定性的负向影响更为显著。

表7-3　　　　　　　　异质性分析：个体非认知能力

	非认知能力较高			非认知能力较低		
	$jobst1$	$jobst2$	$jobst3$	$jobst1$	$jobst2$	$jobst3$
	(1)	(2)	(3)	(4)	(5)	(6)
$exrobot$	0.0144	0.0220	0.0280	-0.1845*	-0.8267**	0.1925*
	(0.1347)	(0.4147)	(0.1273)	(0.0968)	(0.3215)	(0.1028)
age	0.0237***	0.0939***	-0.0104**	0.0029	0.0078	0.0002
	(0.0056)	(0.0179)	(0.0047)	(0.0029)	(0.0089)	(0.0030)
$marry$	0.5523***	1.1479***	-0.0043	0.3585***	0.9935***	0.0292
	(0.1255)	(0.3385)	(0.1256)	(0.0858)	(0.2425)	(0.1033)
edu	0.3116	1.2170*	-1.2555***	0.3180	0.0978	-0.6671***
	(0.2074)	(0.6412)	(0.2362)	(0.7028)	(1.0042)	(0.1548)

续表

	非认知能力较高			非认知能力较低		
	jobst1	jobst2	jobst3	jobst1	jobst2	jobst3
	(1)	(2)	(3)	(4)	(5)	(6)
horeg	-0.3414***	-1.1750***	0.2166**	-0.6587***	-2.2453***	0.4405***
	(0.1003)	(0.3252)	(0.0925)	(0.0607)	(0.2020)	(0.0655)
health	-0.0467	-0.1937	0.2064***	-0.0827**	-0.2322**	0.1696***
	(0.0540)	(0.1694)	(0.0583)	(0.0366)	(0.1154)	(0.0525)
gdpg	-0.0864***	-0.2878***	0.0683***	-0.0122	0.0209	0.0282*
	(0.0217)	(0.0651)	(0.0227)	(0.0143)	(0.0449)	(0.0167)
inent	-0.0041	-0.0006	-0.0044	-0.0034	-0.0235*	0.0088*
	(0.0061)	(0.0196)	(0.0057)	(0.0043)	(0.0141)	(0.0053)
hcl	0.0069	0.0103	-0.0066	-0.0027	-0.0272***	-0.0133***
	(0.0047)	(0.0146)	(0.0049)	(0.0032)	(0.0103)	(0.0031)
fdi	0.0118	0.0641	0.0357	-0.0137	-0.0736	0.1456***
	(0.0301)	(0.0820)	(0.0285)	(0.0188)	(0.0543)	(0.0221)
Cons	-1.1915**	1.7509	2.5481***	0.2082	7.8276***	1.1280***
	(0.5246)	(1.7291)	(0.6169)	(0.3343)	(1.1007)	(0.3517)
城市效应	固定	固定	固定	固定	固定	固定
时间效应	固定	固定	固定	固定	固定	固定
N	1015	1015	1015	2405	2405	2405
R^2	0.1250	0.1479	0.3113	0.0837	0.0904	0.2564

注：括号内数值为城市层面聚类标准误。* 表示 $p<0.10$，** 表示 $p<0.05$，*** 表示 $p<0.01$。

7.1.4 个体家庭经济状况

家庭经济状况直接关乎个体的成长环境、教育水平、人力资本投入等，良好的家庭经济背景能够对个体专业技能素养的提升提供更多的机会，且良好的家庭经济条件背后所积累的社会资本也对劳动力就业提供有利条件。因此，工业机器人应用对不同家庭经济水平劳动力就业稳定性的影响可能不同，家庭经济水平较差劳动力受到工业智能技术冲击的可能性更大。

本书根据问卷中个体对"家庭经济状况满意度"的回答，将回答为"非

第7章 中国工业机器人应用对劳动力就业稳定性影响的异质性分析

常不满意"的个体划分为家庭经济水平较差,将回答"非常满意"的个体划分为家庭经济水平较高,其余回答划分为家庭经济水平中等。表7-4实证分析工业机器人应用对不同家庭经济水平劳动力就业稳定性的影响差异。其中,(1)—(2)列以家庭经济水平较高劳动力就业稳定性为被解释变量,(3)—(4)列以家庭经济水平中等劳动力就业稳定性为被解释变量,(5)—(6)列以家庭经济水平较差劳动力就业稳定性为被解释变量。

由表7-4可知,工业机器人应用对家庭经济水平较高和家庭经济水平中等的劳动力就业稳定性的影响不显著,而对家庭经济水平较差个体以劳动合同期限和工作持续时间衡量的劳动力就业稳定性的影响均显著为负,即工业机器人应用降低家庭经济水平较差劳动力的就业稳定性。结果表明,伴随工业机器人的应用,家庭经济水平较差劳动力受到的冲击更大,致使其就业稳定性下降。

表7-4　　　　　　　异质性分析:个体家庭经济状况

	家庭经济水平较高		家庭经济水平中等		家庭经济水平较差	
	$jobst1$	$jobst2$	$jobst1$	$jobst2$	$jobst1$	$jobst2$
	(1)	(2)	(3)	(4)	(5)	(6)
$exrobot$	-0.0452	-0.3750	-0.1892	-0.5041	-0.3156*	-0.8654*
	(0.1289)	(0.4054)	(0.1172)	(0.4294)	(0.1765)	(0.5116)
age	0.0181***	0.0565***	0.0064*	0.0248**	0.0035	0.0160
	(0.0048)	(0.0143)	(0.0037)	(0.0123)	(0.0063)	(0.0175)
$marry$	0.4234***	1.0527***	0.4299***	1.1288***	0.5001***	1.2762***
	(0.1176)	(0.3192)	(0.1094)	(0.3271)	(0.1557)	(0.4012)
edu	0.7395***	2.6059***	0.2362	0.0977	0.3757	1.2774*
	(0.1830)	(0.5599)	(0.7247)	(1.3176)	(0.2535)	(0.7555)
$horeg$	-0.5138***	-1.6383***	-0.4725***	-1.7484***	-0.7651***	-2.4690***
	(0.0878)	(0.2945)	(0.0769)	(0.2588)	(0.1240)	(0.3941)
$health$	-0.0213	-0.0043	-0.0057	-0.0233	-0.2172***	-0.6375***
	(0.0520)	(0.1615)	(0.0501)	(0.1690)	(0.0623)	(0.1765)
$gdpg$	-0.0492**	-0.0996	-0.0405**	-0.1068*	-0.0114	-0.0927
	(0.0201)	(0.0616)	(0.0180)	(0.0586)	(0.0286)	(0.0623)

续表

	家庭经济水平较高		家庭经济水平中等		家庭经济水平较差	
	*jobst*1	*jobst*2	*jobst*1	*jobst*2	*jobst*1	*jobst*2
	(1)	(2)	(3)	(4)	(5)	(6)
inent	-0.0000	-0.0109	-0.0021	-0.0090	-0.0118	-0.0051
	(0.0060)	(0.0190)	(0.0053)	(0.0185)	(0.0084)	(0.0192)
hcl	0.0011	-0.0145	0.0050	-0.0015	-0.0096	-0.0347***
	(0.0044)	(0.0142)	(0.0040)	(0.0127)	(0.0067)	(0.0112)
fdi	0.0139	0.0298	-0.0569*	-0.1857**	0.0418	0.0208
	(0.0252)	(0.0711)	(0.0292)	(0.0789)	(0.0320)	(0.0956)
Cons	-1.3041**	2.7194*	-0.3676	5.4609***	0.5890	39.2698***
	(0.5096)	(1.6245)	(0.4030)	(1.4007)	(0.7111)	(11.4144)
城市效应	固定	固定	固定	固定	固定	固定
时间效应	固定	固定	固定	固定	固定	固定
N	1300	1300	1411	1411	709	709
R^2	0.1070	0.1191	0.0730	0.0841	0.1290	0.1437

注：括号内数值为城市层面聚类标准误。* 表示 $p<0.10$，** 表示 $p<0.05$，*** 表示 $p<0.01$。

7.1.5 个体家庭教育背景

良好的家庭教育能够潜移默化地熏陶和提升个人素养。一般父亲或母亲教育程度较高的家庭，明白教育对个体就业的重大影响，对子女的教育问题会较为重视，所以家庭教育背景良好的个体往往自身也具有较高的教育程度和技能水平，在面对工业机器人应用带来的冲击时，能更好地适应智能化技术发展所带来的机遇和挑战。因此有理由推断，工业机器人应用对不同家庭教育背景劳动力就业稳定性的影响不尽相同，对家庭教育程度较高劳动力就业稳定性影响可能性较小。

本书依据问卷中个体对"父亲学历"和"母亲学历"的回答，选取父亲和母亲学历中的较高学历表征家庭教育背景。具体地，将父母中较高学历为未上过学、小学/私塾的个体分类为家庭教育程度较低，将父母中较高学历为初中、普通高中/职业高中/技校/中专的个体分类为家庭教育程度中等，将父母中较高学历为大专、本科、硕士、博士的个体分类为家庭教育程度较高。

第7章 中国工业机器人应用对劳动力就业稳定性影响的异质性分析

表7-5分析工业机器人应用作用于劳动力就业稳定性的个体家庭教育背景异质性。其中，（1）—（2）列以家庭教育程度较高劳动力就业稳定性为被解释变量，（3）—（4）列以家庭教育程度中等劳动力就业稳定性为被解释变量，（5）—（6）列以家庭教育程度较低劳动力就业稳定性为被解释变量。

由表7-5可知，工业机器人应用对家庭教育程度较高劳动力就业稳定性的作用并不显著，而对于家庭教育程度中等的劳动力，工业机器人应用在10%的显著性水平上降低家庭教育程度中等劳动力的就业稳定性，对于家庭教育程度较低的劳动力，工业机器人应用在5%的显著性水平上对其就业稳定性产生负向影响。综上可知，工业机器人应用对家庭教育程度中等和较低劳动力就业稳定性的负向影响更为显著。

表7-5　异质性分析：个体家庭教育背景

	家庭教育程度较高		家庭教育程度中等		家庭教育程度较低	
	$jobst1$	$jobst2$	$jobst1$	$jobst2$	$jobst1$	$jobst2$
	（1）	（2）	（3）	（4）	（5）	（6）
$exrobot$	0.4322	0.4271	-0.2083*	-0.2839*	-0.2142**	-0.8366**
	(0.3225)	(1.1640)	(0.1205)	(0.1633)	(0.1077)	(0.3510)
age	0.0363***	0.1132**	0.0137***	0.0364**	0.0068**	0.0267***
	(0.0140)	(0.0449)	(0.0049)	(0.0161)	(0.0033)	(0.0101)
$marry$	0.0855	-0.0142	0.5081***	1.4483***	0.4301***	1.0028***
	(0.2475)	(0.8557)	(0.1025)	(0.2972)	(0.1112)	(0.2758)
edu	0.2919	1.0433	0.4528**	1.2228**	0.2995	0.1398
	(0.5563)	(1.9928)	(0.1798)	(0.5539)	(0.7344)	(1.2404)
$horeg$	-0.5912*	-1.5948	-0.3415***	-1.1814***	-0.6463***	-2.2484***
	(0.3426)	(1.1768)	(0.0885)	(0.2875)	(0.0688)	(0.2337)
$health$	0.2572**	0.7866**	-0.0636	-0.1493	-0.1340***	-0.3972***
	(0.1239)	(0.3789)	(0.0489)	(0.1541)	(0.0415)	(0.1289)
$gdpg$	-0.0240	0.0240	-0.0428**	-0.1662***	-0.0378**	-0.0749
	(0.0519)	(0.1857)	(0.0190)	(0.0505)	(0.0167)	(0.0507)
$inent$	-0.0090	-0.0559	-0.0045	-0.0069	-0.0008	-0.0055
	(0.0150)	(0.0550)	(0.0057)	(0.0178)	(0.0048)	(0.0151)

续表

	家庭教育程度较高		家庭教育程度中等		家庭教育程度较低	
	*jobst*1	*jobst*2	*jobst*1	*jobst*2	*jobst*1	*jobst*2
	(1)	(2)	(3)	(4)	(5)	(6)
hcl	−0.0074 (0.0100)	−0.0388 (0.0398)	0.0015 (0.0042)	0.1836 (8.9514)	0.0008 (0.0038)	−0.0135 (0.0120)
fdi	−0.0726 (0.0771)	−0.4597 (0.2965)	−0.0235 (0.0250)	−0.2135* (0.1181)	0.0179 (0.0214)	0.0465 (0.0614)
Cons	−1.0298 (1.2539)	4.8973 (4.8160)	−0.8522* (0.4674)	3.7600*** (1.2502)	−0.1225 (0.3957)	6.1734*** (1.2420)
城市效应	固定	固定	固定	固定	固定	固定
时间效应	固定	固定	固定	固定	固定	固定
N	221	221	1334	1334	1855	1855
R^2	0.1280	0.1448	0.0929	0.0964	0.0927	0.1048

注：括号内数值为城市层面聚类标准误。* 表示 $p<0.10$，** 表示 $p<0.05$，*** 表示 $p<0.01$。

7.2 工业机器人应用对劳动力就业稳定性影响的职业异质性

7.2.1 职业类型

不同类型职业受到工业智能技术冲击的程度不同（Frey 和 Osborne，2017），除了前述的常规与非常规职业、技能与非技能职业的职业分类方法外，对不同职业进行职业评分也是划分职业类型的常用标准。评分较高的职业在工资待遇、工作环境、工作保障等方面充分考虑了劳动者权益，且从事评分较高职业的劳动者往往具备较高的专业技能素养。而评分较低的职业往往工资待遇较低、工作环境较差，劳动者权益未得到保障。因此，有必要探讨工业机器人应用影响劳动力就业稳定性的职业类型异质性。

本书依照职业社会经济地位评分对职业类型进行划分，目前关于职业社

第7章 中国工业机器人应用对劳动力就业稳定性影响的异质性分析

会经济地位的评分标准主要有国际社会经济地位指数（International Socio - Economic Index of Occupational Status，ISEI）和标准国际职业声望量表（Standard Internationa Occupational Prestige Scale，SIOPS）。参考张延吉等（2019）的研究，相较于 SIOPS 指数，ISEI 指数对医疗、科研、法律、高管类等职业赋予较高职业评分，对农、林、牧、渔业以及基础服务业类职业赋予较低职业评分，更符合我国社会职业状况实际，因此本书采用 ISEI 指数对职业进行评分，并按照评分将职业划分为三种类型：职业类型 1 为社会经济地位评分较低的职业，主要有农、林、牧、渔、水利业生产人员；职业类型 2 为社会经济地位评分中等的职业，主要有办事人员及有关专员和生产、运输设备操作人员及有关专员；职业类型 3 为社会经济地位评分较高的职业，主要有国家机关及企事业单位负责人和各类专业技术人员。表 7-6 分析工业机器人应用对从事不同职业类型的劳动力就业稳定性的影响差异。其中，（1）—（2）列以从事职业类型 1 的劳动力就业稳定性为被解释变量，（3）—（4）列以从事职业类型 2 的劳动力就业稳定性为被解释变量，（5）—（6）列以从事职业类型 3 的劳动力就业稳定性为被解释变量。

由表 7-6 可知，工业机器人应用对从事评分较低的职业类型 1 的劳动力就业稳定性的影响在至少 5% 的显著性水平上为负，原因可能是从事评分较低的职业类型 1 的劳动力往往自己技能水平和职业技能水平较低，无法应对智能化技术冲击带来的挑战而被淘汰。对从事职业评分中等的职业类型 2 的劳动力来说，工业机器人应用对其就业稳定性的影响并不显著。对从事职业评分较高的职业类型 3 的劳动力而言，工业机器人应用在至少 5% 的显著性水平上降低其就业稳定性，原因可能是从事职业评分较高的职业类型 3 的劳动力大多具备较高的职业技能和个人素养，会抓住工业智能技术应用带来的机遇和挑战，跳槽到工资待遇等工作条件更高的新兴行业，因此工业机器人应用降低了从事评分较高的职业类型 3 的劳动力就业稳定性。综上可知，工业机器人应用对从事不同类型职业的劳动力就业稳定性的影响具有异质性，工业机器人应用显著降低从事评分较低的职业类型 1 和评分较高的职业类型 3 劳动力就业稳定性，而对从事职业评分中等的职业类型 2 的劳动力就业稳定性影响不显著。

表7-6　　　　　　　　　　异质性分析：职业类型

	职业类型1		职业类型2		职业类型3	
	jobst1	jobst2	jobst1	jobst2	jobst1	jobst2
	(1)	(2)	(3)	(4)	(5)	(6)
exrobot	-0.4368**	-0.1317***	-0.1047	-0.3805	-0.3371**	-0.1263***
	(0.2179)	(0.0382)	(0.1687)	(0.4788)	(0.1557)	(0.0484)
age	0.0153***	0.0352*	0.0157***	0.0574***	0.0095**	0.0375***
	(0.0054)	(0.0197)	(0.0054)	(0.0158)	(0.0040)	(0.0118)
marry	0.4812***	1.4794***	0.2455*	0.7348**	0.5696***	1.3029***
	(0.1289)	(0.4046)	(0.1397)	(0.3582)	(0.1063)	(0.2866)
edu	0.2240	-0.1450	0.6680***	2.7874***	0.6568***	1.9985***
	(0.8240)	(1.2900)	(0.2173)	(0.7163)	(0.1703)	(0.5299)
horeg	-0.2501**	-1.1910***	-0.7133***	-2.2690***	-0.4784***	-1.6036***
	(0.1072)	(0.3775)	(0.1029)	(0.3503)	(0.0807)	(0.2602)
health	0.0043	0.1748	-0.1247**	-0.3782**	-0.0796*	-0.2955**
	(0.0635)	(0.2195)	(0.0525)	(0.1546)	(0.0462)	(0.1376)
gdpg	-0.0459*	-0.1743**	-0.0577**	-0.1222*	-0.0175	-0.0169
	(0.0241)	(0.0841)	(0.0233)	(0.0692)	(0.0181)	(0.0529)
inent	-0.0036	0.0012	-0.0031	-0.0247	-0.0037	-0.0111
	(0.0066)	(0.0246)	(0.0069)	(0.0204)	(0.0054)	(0.0168)
hcl	0.0062	0.0072	0.0055	-0.0104	-0.0051	-0.0271**
	(0.0050)	(0.0172)	(0.0057)	(0.0173)	(0.0040)	(0.0117)
fdi	-0.0573*	-0.4492***	0.0347	0.1016	-0.0189	-0.0650
	(0.0347)	(0.1274)	(0.0265)	(0.0768)	(0.0251)	(0.0671)
Cons	-0.9394*	3.7789*	-0.8175	4.2193**	-0.4051	5.0003***
	(0.5362)	(1.9430)	(0.5726)	(1.7572)	(0.4516)	(1.4118)
城市效应	固定	固定	固定	固定	固定	固定
时间效应	固定	固定	固定	固定	固定	固定
N	817	817	1101	1101	1502	1502
R^2	0.0783	0.1023	0.1300	0.1617	0.0996	0.0951

注：括号内数值为城市层面聚类标准误。* 表示 $p<0.10$，** 表示 $p<0.05$，*** 表示 $p<0.01$。

7.2.2 职业环境

良好的职业环境使劳动者在保持身心愉悦的同时，高效率完成工作，而较差的职业环境在降低劳动者工作效率的同时，可能会对劳动者的身体健康造成损害。例如，尘土密集的施工环境使工人患尘肺病的概率增加。工业机器人的应用替代了部分工作环境较差岗位的劳动者，提高整体的生产效率并保障劳动者身体健康。因此可以推测，工业机器人应用对职业环境较差劳动力就业稳定性的影响更为显著。

为验证工业机器人应用对劳动力就业稳定性影响的职业环境异质性，依据个体对问卷中"请您对您目前/最后一份工作的工作环境进行评价"问题的回答，将回答"非常满意"和"比较满意"的个体划分为职业环境良好的劳动者，其他回答的个体划分为职业环境较差的劳动者。表7-7检验工业机器人应用对处于不同职业环境的劳动力就业稳定性的异质性影响，其中（1）—（3）列为以所处职业环境良好的劳动力就业稳定性为被解释变量，（4）—（6）列为以所处职业环境较差的劳动力就业稳定性为被解释变量。

由表7-7结果可知，工业机器人应用对所处良好职业环境的劳动力就业稳定性的影响均不显著，而对所处职业环境较差的劳动力，工业机器人应用对其以劳动合同期限、工作持续时间维度衡量的劳动力就业稳定性至少在5%的显著性水平为负，对其以工作转换频率衡量的劳动力就业稳定性在5%的显著性水平为正，即工业机器人应用均显著降低所处职业环境较差劳动力以三个维度衡量的就业稳定性。由此可知，工业机器人应用对劳动力就业稳定性的影响存在职业环境异质性，所处较差职业环境较差劳动力受工业智能技术的冲击更大。

表7-7　　　　　　　异质性分析：职业环境

	职业环境良好			职业环境较差		
	$jobst1$	$jobst2$	$jobst3$	$jobst1$	$jobst2$	$jobst3$
	（1）	（2）	（3）	（4）	（5）	（6）
$exrobot$	0.0998	0.0683	-0.0656	-0.2637**	-0.9606***	0.3036**
	(0.1208)	(0.3773)	(0.1146)	(0.1036)	(0.3426)	(0.1225)

续表

	职业环境良好			职业环境较差		
	*jobst*1	*jobst*2	*jobst*3	*jobst*1	*jobst*2	*jobst*3
	(1)	(2)	(3)	(4)	(5)	(6)
age	0.0104**	0.0380***	-0.0102**	0.0096***	0.0339***	0.0028
	(0.0041)	(0.0123)	(0.0040)	(0.0033)	(0.0111)	(0.0035)
marry	0.4337***	1.1883***	0.0452	0.4780***	1.1881***	-0.0510
	(0.1067)	(0.2857)	(0.1070)	(0.0954)	(0.2719)	(0.1181)
edu	0.7280***	2.6657***	-0.8576***	0.2185	-0.0924	-0.7730***
	(0.1628)	(0.5125)	(0.1694)	(0.7403)	(1.2617)	(0.1449)
horeg	-0.5797***	-1.8930***	0.3301***	-0.4891***	-1.7031***	0.4085***
	(0.0793)	(0.2619)	(0.0786)	(0.0694)	(0.2356)	(0.0704)
health	-0.0666	-0.2178*	0.2431***	-0.0734*	-0.2135	0.1218**
	(0.0430)	(0.1310)	(0.0560)	(0.0428)	(0.1391)	(0.0584)
gdpg	-0.0445**	-0.1044**	0.0479**	-0.0220	-0.0393	0.0342*
	(0.0174)	(0.0521)	(0.0203)	(0.0165)	(0.0535)	(0.0182)
inent	0.0017	-0.0001	0.0073	-0.0084*	-0.0283*	0.0005
	(0.0051)	(0.0160)	(0.0059)	(0.0049)	(0.0164)	(0.0055)
hcl	0.0006	-0.0119	-0.0072*	-0.0016	-0.0232*	-0.0153***
	(0.0038)	(0.0119)	(0.0043)	(0.0037)	(0.0122)	(0.0035)
fdi	-0.0144	-0.0496	0.0882***	0.0063	0.0256	0.1319***
	(0.0249)	(0.0613)	(0.0247)	(0.0210)	(0.0654)	(0.0259)
Cons	-0.9978**	3.1863**	1.6880***	0.0590	6.8525***	1.5272***
	(0.4374)	(1.3763)	(0.4914)	(0.3862)	(1.2912)	(0.3971)
城市效应	固定	固定	固定	固定	固定	固定
时间效应	固定	固定	固定	固定	固定	固定
N	1633	1633	1633	1787	1787	1787
R^2	0.1130	0.1357	0.2668	0.0839	0.0796	0.2663

注：括号内数值为城市层面聚类标准误。*表示 $p<0.10$，**表示 $p<0.05$，***表示 $p<0.01$。

7.2.3 职业安全性

职业安全性越低，表明劳动者在工作过程中人身安全受到的威胁越大，发生工伤的概率越高，总生产效率越低下。部分对劳动力人身安全伤害性较高的行业率先进行了智能化改革,如部分矿井下作业由智能机器设备完成。工业智能技术的发展应用使其能够更多地替代从事安全性较低职业的劳动力,被替代劳动力得以转换到其他较安全职业中工作。因此可以推断,工业机器人应用对从事安全性较低职业劳动力就业稳定性的影响可能更大。

为检验工业机器人应用对劳动力就业稳定性影响的职业安全性异质性,本书根据个体对问卷中"请您对您目前/最后一份工作的工作安全性进行评价",将回答"非常满意"和"比较满意"的个体划分为职业较安全的劳动者,其他回答的个体划分为职业较危险的劳动者。表7-8对比分析工业机器人应用对从事不同安全程度职业的劳动力就业稳定性的差异化影响。其中(1)—(3)列为以所从事职业较安全的劳动力就业稳定性为被解释变量,(4)—(6)列为以所从事职业较危险的劳动力就业稳定性为被解释变量。

由表7-8结果可知,工业机器人应用对从事职业较安全的劳动力在以劳动合同期限、工作持续时间、工作转换频率衡量的就业稳定性的影响均不显著,而至少在5%的显著性水平上降低从事职业较危险的劳动力在三个维度衡量下的就业稳定性。综上可知,工业机器人应用对从事职业较危险劳动力就业稳定性的影响更大,原因可能是较危险的职业升级为运用工业智能化技术去完成的需求较大。

表7-8 异质性分析:职业安全性

	职业较安全			职业较危险		
	$jobst1$	$jobst2$	$jobst3$	$jobst1$	$jobst2$	$jobst3$
	(1)	(2)	(3)	(4)	(5)	(6)
$exrobot$	-0.0436 (0.1272)	-0.1940 (0.3919)	0.0455 (0.1220)	-0.1221** (0.0604)	-0.6809** (0.3289)	0.2884*** (0.1070)
age	0.0136*** (0.0046)	0.0484*** (0.0134)	-0.0126*** (0.0046)	0.0075** (0.0031)	0.0283*** (0.0103)	0.0030 (0.0033)
$marry$	0.3442*** (0.1156)	0.9621*** (0.3146)	0.0824 (0.1232)	0.5290*** (0.0907)	1.3242*** (0.2515)	-0.0479 (0.1063)
edu	0.8210*** (0.1733)	2.9964*** (0.5365)	-0.8114*** (0.1766)	0.2680 (0.7779)	-0.0386 (1.5507)	-0.8276*** (0.1446)

续表

	职业较安全			职业较危险		
	jobst1	jobst2	jobst3	jobst1	jobst2	jobst3
	(1)	(2)	(3)	(4)	(5)	(6)
horeg	-0.5854***	-1.9829***	0.3417***	-0.5160***	-1.6582***	0.4180***
	(0.0834)	(0.2758)	(0.0813)	(0.0665)	(0.2235)	(0.0720)
health	-0.0593	-0.2430*	0.2506***	-0.0735*	-0.2005	0.1381**
	(0.0465)	(0.1375)	(0.0604)	(0.0401)	(0.1317)	(0.0554)
gdpg	-0.0509***	-0.0897*	0.0485**	-0.0245	-0.0579	0.0367*
	(0.0186)	(0.0544)	(0.0196)	(0.0158)	(0.0510)	(0.0188)
inent	0.0040	-0.0054	0.0159**	-0.0068	-0.0192	-0.0054
	(0.0055)	(0.0169)	(0.0069)	(0.0047)	(0.0155)	(0.0047)
hcl	-0.0002	-0.0296**	-0.0032	-0.0002	-0.0091	-0.0172***
	(0.0043)	(0.0126)	(0.0047)	(0.0034)	(0.0113)	(0.0033)
fdi	-0.0256	-0.0554	0.0634**	-0.0189	0.0239	0.1407***
	(0.0287)	(0.0653)	(0.0262)	(0.0232)	(0.0611)	(0.0238)
Cons	-0.9718**	4.4110***	1.0622**	-0.2104	5.4937***	1.8736***
	(0.4689)	(1.4547)	(0.4722)	(0.3603)	(1.2207)	(0.3948)
城市效应	固定	固定	固定	固定	固定	固定
时间效应	固定	固定	固定	固定	固定	固定
N	1455	1455	1455	1965	1965	1965
R^2	0.1320	0.1595	0.2838	0.0794	0.0749	0.2562

注：括号内数值为城市层面聚类标准误。* 表示 $p<0.10$，** 表示 $p<0.05$，*** 表示 $p<0.01$。

7.2.4 职业场所

职业场所不同，个体的劳动效率也有所不同，因此，有必要探讨工业机器人应用对所处不同职业场所劳动力就业稳定性的影响是否具有异质性。依据个体对问卷中"您工作的工作场所主要是"问题的回答，将回答"户外"的个体划分为户外工作的劳动者，其余回答划分为室内工作的劳动者。户外工作往往是较危险且工作环境较恶劣的工作，如建筑工人等，此类工作智能化改革的需求较大。

表7-9展示工业机器人应用对不同职业场所劳动力就业稳定性影响的差异。其中（1）—（3）列为以室内工作的劳动力就业稳定性为被解释变量，（4）—（6）列为以户外工作的劳动力就业稳定性为被解释变量。对比室内工作和户外工作劳动力就业稳定性受工业机器人应用冲击的差异，可以发现工业机器人应用对室内工作的劳动力就业稳定性的影响在雇佣合同期限、工作持续时间、工作转换频率三个维度下均不显著。而对于户外工作的劳动者，工业机器人应用在至少5%的显著水平上对以劳动合同期限、工作持续时间度量的劳动力就业稳定性的作用系数为负，在至少1%的显著性水平上对以工作转换频率测度的劳动力就业稳定性的作用系数为正，即工业机器人应用显著降低从事户外工作劳动力的就业稳定性。由此表明，随着工业智能化技术发展，相比于室内工作的劳动力，户外工作的劳动力就业受到工业机器人应用的影响更为剧烈。

表7-9 异质性分析：职业场所

	室内工作			户外工作		
	$jobst1$	$jobst2$	$jobst3$	$jobst1$	$jobst2$	$jobst3$
	（1）	（2）	（3）	（4）	（5）	（6）
$exrobot$	-0.0917 (0.0999)	-0.1503 (0.3493)	0.1293 (0.0905)	-0.1604** (0.0738)	-1.0025*** (0.3298)	0.3859*** (0.1140)
age	0.0093*** (0.0031)	0.0318*** (0.0105)	-0.0010 (0.0028)	0.0085* (0.0046)	0.0109 (0.0118)	0.0049 (0.0049)
$marry$	0.5299*** (0.0897)	1.3726*** (0.2542)	0.1330* (0.0727)	0.3665*** (0.1156)	0.7871** (0.3068)	-0.1891 (0.1731)
edu	-2.4973*** (0.3446)	-1.8988*** (0.3278)	-0.8182*** (0.0896)	0.8426*** (0.1907)	3.0149*** (0.3721)	-0.4978*** (0.1127)
$horeg$	-0.5153*** (0.0655)	-1.9079*** (0.2178)	0.3098*** (0.0615)	-0.5563*** (0.0901)	-2.1658*** (0.2698)	0.6415*** (0.0998)
$health$	-0.0247 (0.0382)	-0.0254 (0.1281)	0.2353*** (0.0439)	-0.1324*** (0.0497)	-0.5054*** (0.1410)	0.0932 (0.0763)
$gdpg$	-0.0432*** (0.0148)	-0.1102** (0.0480)	0.0606*** (0.0141)	-0.0293 (0.0214)	-0.0644 (0.0595)	0.0222 (0.0290)

续表

	室内工作			户外工作		
	$jobst1$	$jobst2$	$jobst3$	$jobst1$	$jobst2$	$jobst3$
	(1)	(2)	(3)	(4)	(5)	(6)
$inent$	-0.0000	-0.0054	-0.0006	-0.0070	-0.0315*	0.0055
	(0.0044)	(0.0150)	(0.0042)	(0.0061)	(0.0178)	(0.0080)
hcl	0.0046	-0.0040	-0.0139***	-0.0039	-0.0121	-0.0127**
	(0.0033)	(0.0112)	(0.0030)	(0.0049)	(0.0132)	(0.0057)
fdi	-0.0377*	-0.1417**	0.1174***	-0.0137	0.0437	0.2149***
	(0.0225)	(0.0630)	(0.0224)	(0.0299)	(0.0659)	(0.0381)
$Cons$	-0.6467*	4.8294***	1.2038***	-0.2484	6.9100***	1.5072***
	(0.3485)	(1.1839)	(0.3040)	(0.4923)	(1.3587)	(0.5580)
城市效应	固定	固定	固定	固定	固定	固定
时间效应	固定	固定	固定	固定	固定	固定
N	2056	2056	2056	1364	1364	1364
R^2	0.0938	0.1024	0.3251	0.0974	0.0921	0.2060

注：括号内数值为城市层面聚类标准误。*表示 $p<0.10$，**表示 $p<0.05$，***表示 $p<0.01$。

7.2.5 职业自主程度

劳动者对于所从事职业的自主程度，直接反映劳动者在工作过程中对所需处理事务的决策程度。自主程度较高的职业，劳动者能够自主规划任务完成进度和时间安排，且对于工作内容和工作强度有决策权。自主程度较低的职业，劳动者在工作进度和时间安排上往往需要按照相关规定或领导的要求完成，对于工作内容和工作强度并没有自主决策的权利。因此，可以预测，工业机器人应用可能对从事自主程度较低职业劳动力就业稳定性的影响更为显著。

为检验工业机器人应用对从事不同自主程度职业劳动力就业稳定性影响的异质性，本书依据个体对问卷中"您对工作任务的内容在多大程度上由自己决定""您对工作进度的安排在多大程度上由自己决定""您对工作量/工作强度的安排在多大程度上由自己决定"问题的回答，将对这三个问题均回答"完全由自己决定"的个体划分为职业自主程度较高的劳动力，将对这三个问题均回答"完全由他人决定"的个体划分为职业自主程度较低的劳动力,其余回答划分为职业自主程度一般的劳动力。表7-10分析工业机器人应用对职业自主程度不同的劳动力就业稳定性的异质性影响,其中(1)—(2)列为以职业自主程度较高的劳动力就业稳定性为被解释变量,(3)—(4)列为以职业自主程度一般的劳动力就业稳定性为被解释变量,(5)—(6)列为以职业自主程度较低的劳动力就业稳定性为被解释变量。

由表7-10可知,工业机器人应用对职业自主程度较高和职业自主程度一般的劳动力就业稳定性影响并不显著,而对于职业自主程度较低的劳动力来说,工业机器人应用显著降低劳动力劳动合同签订期限和工作持续时间,即降低劳动力就业稳定性。由此可得,工业机器人应用对从事不同自主程度职业的劳动力就业稳定性的影响具有异质性,对职业自主程度较低劳动力就业稳定性的冲击更大。

表7-10　　　　　　　异质性分析:职业自主程度

	职业自主程度较高		职业自主程度一般		职业自主程度较低	
	$jobst1$	$jobst2$	$jobst1$	$jobst2$	$jobst1$	$jobst2$
	(1)	(2)	(3)	(4)	(5)	(6)
$exrobot$	-0.1839	-0.5111	-0.0024	-0.0995	-0.2811*	-0.8920**
	(0.1702)	(0.5720)	(0.1125)	(0.3741)	(0.1437)	(0.4533)
age	0.0082	0.0391**	0.0167***	0.0602***	0.0021	0.0055
	(0.0060)	(0.0186)	(0.0039)	(0.0129)	(0.0049)	(0.0141)
$marry$	0.5015***	1.3454***	0.4203***	1.0998***	0.4920***	1.1049***
	(0.1626)	(0.4313)	(0.1015)	(0.2872)	(0.1318)	(0.3508)
edu	0.4695*	1.8697**	0.1646	-0.3851	0.4404**	1.6002**
	(0.2413)	(0.7654)	(0.7922)	(1.5518)	(0.2037)	(0.6479)
$horeg$	-0.4034***	-1.4894***	-0.4725***	-1.6223***	-0.7072***	-2.2076***
	(0.1156)	(0.4036)	(0.0773)	(0.2537)	(0.0966)	(0.3104)
$health$	0.0098	0.0142	-0.0868*	-0.2996*	-0.1120**	-0.2739*
	(0.0611)	(0.1971)	(0.0486)	(0.1574)	(0.0509)	(0.1523)
$gdpg$	-0.0273	-0.0685	-0.0733***	-0.1746***	0.0055	0.0213
	(0.0267)	(0.0900)	(0.0174)	(0.0540)	(0.0210)	(0.0612)

续表

	职业自主程度较高		职业自主程度一般		职业自主程度较低	
	*jobst*1	*jobst*2	*jobst*1	*jobst*2	*jobst*1	*jobst*2
	(1)	(2)	(3)	(4)	(5)	(6)
inent	-0.0031	-0.0055	0.0004	-0.0151	-0.0063	-0.0136
	(0.0072)	(0.0243)	(0.0055)	(0.0183)	(0.0061)	(0.0183)
hcl	-0.0000	-0.0162	0.0078*	0.0009	-0.0089*	-0.0327**
	(0.0060)	(0.0205)	(0.0040)	(0.0134)	(0.0045)	(0.0128)
fdi	0.0206	0.0765	-0.0119	-0.0722	-0.0177	-0.0436
	(0.0286)	(0.0901)	(0.0259)	(0.0723)	(0.0302)	(0.0777)
Cons	-0.9317	2.7795	-0.7583*	5.0852***	0.3724	6.7401***
	(0.6468)	(2.1134)	(0.4291)	(1.4672)	(0.5082)	(1.5329)
城市效应	固定	固定	固定	固定	固定	固定
时间效应	固定	固定	固定	固定	固定	固定
N	762	762	1499	1499	1159	1159
R^2	0.0621	0.0936	0.1110	0.1164	0.1090	0.1103

注：括号内数值为城市层面聚类标准误。*表示 $p<0.10$，**表示 $p<0.05$，***表示 $p<0.01$。

7.3 工业机器人应用对劳动力就业稳定性影响的城市异质性

7.3.1 城市区位

我国国土面积辽阔，不同区域的资源禀赋与制度环境差别较大，使得区域间经济发展、产业结构等有所不同，在考察工业机器人应用的影响时，有必要分析对不同地理区位城市的异质性影响。鉴于沿海地区、长三角地区相比于内陆地区的工业机器人应用水平有较大差异，以东、中、西三大区域的划分方法为基础，进一步细分为七个区域：北部沿海地区、长三角地区、南部沿海地区、中部内陆地区、西北地区、西南地区、东北地区，以探讨工业机器人应用对不同城市区位劳动力就业稳定性的影响。表7-11以工业机器

第7章 中国工业机器人应用对劳动力就业稳定性影响的异质性分析

人应用水平为解释变量,以劳动合同期限($jobst1$)衡量的劳动力就业稳定性水平为被解释变量,检验工业机器人应用作用于劳动力就业稳定性的城市区位异质性。

表7-11结果显示,工业机器人应用对北部沿海地区、长三角地区、南部沿海地区和东北地区劳动力在劳动合同期限维度衡量的就业稳定性的影响显著为负,即工业机器人应用显著降低北部沿海地区、长三角地区、南部沿海地区和东北地区的劳动力就业稳定性,而工业机器人应用对中部地区、西北地区和西南地区劳动力就业稳定性的影响并不显著。工业机器人应用使东北地区劳动力就业稳定性下降的原因可能是,东北地区老旧工业中的大量低技能劳动力被智能化技术所替代,同时,工业机器人应用带动东北地区产业结构升级,进一步降低劳动力就业稳定性。工业机器人应用使北部沿海地区、长三角地区和南部沿海地区劳动力就业稳定性下降的原因可能与东北地区有所不同,北部沿海地区、长三角地区和南部沿海地区经济较为发达、人力资本水平较高,在面对智能化技术带来的机遇与挑战时,劳动力的技能水平能够与智能技术相匹配,劳动力更有可能跳槽到智能化技术所创造出的高级服务业以及新兴岗位中,从而造成劳动力就业稳定性下降。

表7-11 异质性分析:城市区位

	北部沿海地区	长三角地区	南部沿海地区	中部内陆地区	西北地区	西南地区	东北地区
	(1)	(2)	(3)	(4)	(5)	(6)	(7)
$exrobot$	-0.0991**	-0.9661**	-0.7053*	-0.8435	-0.4959	0.5994	-0.2354***
	(0.0399)	(0.4574)	(0.4182)	(0.6585)	(1.2457)	(1.1582)	(0.0557)
age	0.0222	-0.0072	0.0476***	0.0560**	0.0396	0.0490	0.0137
	(0.0233)	(0.0140)	(0.0138)	(0.0234)	(0.0398)	(0.0391)	(0.0349)
$marry$	0.7402	1.3421***	1.2627***	1.1738*	1.2939	2.8752***	1.0876
	(0.5865)	(0.3708)	(0.2908)	(0.6126)	(0.9914)	(1.0250)	(0.8532)
edu	0.0004***	-0.0002***	2.0973***	3.3294***	1.8090	2.7328	1.5633
	(0.0001)	(0.0001)	(0.5435)	(0.9540)	(1.6195)	(1.7031)	(1.3337)
$horeg$	-0.8658*	-1.4744***	-0.7543**	-1.8940***	-3.1484***	-1.8251*	1.0267
	(0.4799)	(0.4244)	(0.3072)	(0.5061)	(0.9182)	(0.9956)	(1.0283)

续表

	北部沿海地区	长三角地区	南部沿海地区	中部内陆地区	西北地区	西南地区	东北地区
	(1)	(2)	(3)	(4)	(5)	(6)	(7)
$health$	0.1651 (0.2698)	-0.0018 (0.2037)	-0.2622* (0.1482)	-0.4496* (0.2519)	0.4341 (0.5022)	-0.1937 (0.4949)	-0.0002 (0.3923)
$gdpg$	-0.0368 (0.1631)	0.1036 (0.1236)	-0.3350*** (0.1076)	-0.4312* (0.2348)	-0.4371 (0.3538)	1.2922* (0.7791)	-0.1387 (0.5348)
$inent$	-0.1100*** (0.0421)	0.0925* (0.0551)	0.0258 (0.0227)	0.1111* (0.0575)	-0.1586* (0.0904)	-0.0899 (0.0564)	0.1322** (0.0621)
hcl	0.0642 (0.0482)	0.0524 (0.0358)	0.0829** (0.0364)	-0.0081 (0.0713)	-0.0547 (0.1337)	-0.1468 (0.1627)	-0.3117* (0.1592)
fdi	-0.2474*** (0.0686)	0.3419 (0.3383)	0.2130*** (0.0640)	2.6387 (1.8638)	-1.2604 (0.8324)	-0.2429 (1.3164)	1.0060 (4.1336)
$Cons$	4.1260* (2.4195)	-2.2326 (3.8450)	-3.0869 (2.4908)	-2.6554 (3.9469)	17.4420** (8.1920)	7.0614 (8.1074)	5.8643 (4.5168)
城市	固定	固定	固定	固定	固定	固定	固定
时间	固定	固定	固定	固定	固定	固定	固定
N	373	608	1349	492	236	196	166
R^2	0.0929	0.1092	0.0917	0.1440	0.1755	0.1894	0.1343

注：括号内数值为城市层面聚类标准误。*表示 $p<0.10$，**表示 $p<0.05$，***表示 $p<0.01$。

7.3.2 城市财政教育支出水平

财政教育支水平直接反映该地区的教育规模以及对地方教育的重视程度，与人力资本水平息息相关（刘湖等，2021），而人力资本水平的高低直接决定劳动力被智能化技术替代的概率，人力资本水平较低的劳动力往往从事常规且简单的工作，此类工作易被工业机器人所取代，而人力资本较高的劳动力不易被工业智能化技术所取代。因此，本书依照一般公共预算支出中的教育支出水平，将全部样本划分为财政教育支出水平较高、中等和较低三个分类，用以探讨工业机器人应用对不同财政教育支出水平城市劳动力就业稳定性的影响差异，检验结果如表7-12所示。表7-12的（1）—（2）列、

(3)—(4)列、(5)—(6)列的被解释变量分别为财政教育支出水平较高、中等和较低城市劳动力就业稳定性,其中(1)列、(3)列、(5)列以劳动合同期限(jobst1)衡量劳动力就业稳定性,(2)列、(4)列、(6)列以工作持续时间(jobst2)衡量劳动力就业稳定性。

由表7-12的结果可知,工业机器人应用显著降低财政教育支出水平较高城市劳动力就业稳定性,原因可能是财政教育支出水平较高城市的整体人力资本水平较高,在面对工业智能技术引发的岗位创造效应时,可能会基于寻求更好的工作待遇而选择更换岗位,进而降低劳动力就业稳定性。工业机器人应用对财政教育支出水平中等城市劳动力就业稳定性影响并不显著,而对财政教育支出水平较低城市劳动力就业稳定性的影响显著为负,即工业机器人应用降低财政教育支出水平较低城市劳动力就业稳定性。原因可能是较低的财政教育支出水平使劳动力整体的人力资本水平偏低,无法应对工业机器人发展带来的就业冲击,从而被工业智能化技术所替代。

表7-12　　　　　异质性分析:城市财政教育支出水平

	财政教育支出水平较高		财政教育支出水平中等		财政教育支出水平较低	
	$jobst1$	$jobst2$	$jobst1$	$jobst2$	$jobst1$	$jobst2$
	(1)	(2)	(3)	(4)	(5)	(6)
$exrobot$	-0.1265*	-0.5949**	-0.1455	-0.3196	-0.4415*	-0.1189***
	(0.0749)	(0.2954)	(0.1412)	(0.4035)	(0.2421)	(0.0407)
age	0.0104**	0.0265*	0.0123**	0.0328**	0.0123***	0.0262**
	(0.0049)	(0.0152)	(0.0052)	(0.0148)	(0.0044)	(0.0125)
$marry$	0.3996***	1.0739***	0.5769***	1.4210***	0.4439***	1.2583***
	(0.1298)	(0.3461)	(0.1277)	(0.3176)	(0.1211)	(0.3462)
edu	-3.0621***	-2.1687***	0.8850***	2.6751***	0.7066***	2.5546***
	(0.3466)	(0.4172)	(0.1958)	(0.5655)	(0.1770)	(0.3804)
$horeg$	-0.2068*	-0.7700**	-0.5350***	-1.6373***	-0.4581***	-1.9894***
	(0.1071)	(0.3395)	(0.0971)	(0.3042)	(0.0893)	(0.2785)
$health$	-0.0132	0.0718	-0.0516	-0.0924	-0.0854*	-0.2528
	(0.0578)	(0.1824)	(0.0527)	(0.1444)	(0.0503)	(0.1673)
$gdpg$	-0.0875***	-0.1604**	0.0159	0.1409	-0.1531***	-0.6881***
	(0.0239)	(0.0747)	(0.0348)	(0.1053)	(0.0411)	(0.1058)

续表

	财政教育支出水平较高		财政教育支出水平中等		财政教育支出水平较低	
	*jobst*1	*jobst*2	*jobst*1	*jobst*2	*jobst*1	*jobst*2
	(1)	(2)	(3)	(4)	(5)	(6)
inent	0.0143**	0.0449*	-0.0270***	-0.1188***	0.0058	0.0011
	(0.0073)	(0.0231)	(0.0092)	(0.0288)	(0.0062)	(0.0189)
hcl	0.0073*	0.0147	-0.0209**	-0.1337***	0.0306***	0.1903***
	(0.0041)	(0.0135)	(0.0097)	(0.0295)	(0.0084)	(0.0257)
fdi	-0.0021	-0.1218	-0.1134***	-0.4586***	-0.2241	-0.3388
	(0.0301)	(0.1106)	(0.0310)	(0.0905)	(0.1368)	(0.4574)
Cons	-1.2845**	0.9015	1.0186	14.6487***	-2.2237***	-1.4039
	(0.5767)	(1.9039)	(0.7689)	(2.5548)	(0.5159)	(1.4368)
城市效应	固定	固定	固定	固定	固定	固定
时间效应	固定	固定	固定	固定	固定	固定
N	1018	1018	1212	1212	1190	1190
R^2	0.0708	0.0494	0.1710	0.2230	0.0949	0.1276

注：括号内数值为城市层面聚类标准误。*表示 $p<0.10$，**表示 $p<0.05$，***表示 $p<0.01$。

7.3.3 城市劳动力保护程度

劳动保护能够对工业机器人替代劳动力起到很好的缓冲作用（明娟和胡嘉琪，2022），劳动力保护程度越强意味着工会组织越多，劳动者受到工会及司法部门的保护强度越大。企业在面对可以被智能化技术所替代的工作时，会考虑工会组织以及劳动保护法的相关规定，对部分工作采用智能化技术执行，并保持一定比例的劳动力执行相应工作。同时，劳动力保护程度较强地区对劳动最低工资给予保障，即使面对智能技术的冲击，也能够保护劳动者应得的基本劳动报酬，有利于劳动力就业稳定（胡晟明等，2021b）。因此，可以合理预测不同劳动力保护程度城市的劳动力受到智能化技术的冲击可能有所差异。

为检验工业机器人应用对不同劳动力保护程度城市劳动力就业稳定性的异质性影响，本书依据工会组织数量与劳动就业人数之比衡量城市劳动力保护程度，将高于和低于劳动力保护程度平均值的城市分别划分为劳动力保护程度较高城市和劳动力保护程度较低城市,实证检验结果如表 7-13 所示。表 7-13 的 (1)—(3) 列为劳动力保护程度较高城市组,(4)—(6) 列为劳动力保护程度较低城市组。结果表明,工业机器人应用对劳动力保护程度较高城市劳动力就业稳定性的影响并不显著,而对劳动力保护程度较低城市劳动力就业稳定性的影响在劳动合同期限 ($jobst1$)、工作持续时间 ($jobst2$) 和工作转换频率 ($jobst3$) 三个测量维度下均显著,即工业机器人应用将降低劳动力保护程度较低城市的劳动力就业稳定性。综上可知,劳动力保护程度越低,工业机器人应用对劳动力就业稳定性的负向作用越强。

表 7-13　　　　　异质性分析:城市劳动力保护程度

	劳动力保护程度较高			劳动力保护程度较低		
	$jobst1$	$jobst2$	$jobst3$	$jobst1$	$jobst2$	$jobst3$
	(1)	(2)	(3)	(4)	(5)	(6)
$exrobot$	-0.1418	-0.4236	0.0932	-0.3238***	-0.7708***	0.2377**
	(0.1212)	(0.4412)	(0.1158)	(0.0946)	(0.2730)	(0.1091)
age	0.0107***	0.0247**	0.0052	0.0058*	0.0185*	-0.0027
	(0.0041)	(0.0125)	(0.0034)	(0.0034)	(0.0098)	(0.0037)
$marry$	0.4624***	1.0920***	-0.1357	0.4800***	1.3234***	0.1030
	(0.1103)	(0.3301)	(0.1171)	(0.0948)	(0.2351)	(0.1095)
edu	0.4934***	1.1362***	-0.2033*	-2.3029***	-1.6910***	-0.8669***
	(0.1689)	(0.3465)	(0.1039)	(0.3509)	(0.3171)	(0.1089)
$horeg$	-0.5667***	-2.3953***	0.2693***	-0.5663***	-1.5963***	0.4260***
	(0.0836)	(0.2772)	(0.0704)	(0.0683)	(0.2083)	(0.0751)
$health$	-0.0440	-0.0427	0.0094	-0.0732*	-0.2038*	0.2423***
	(0.0484)	(0.1619)	(0.0574)	(0.0390)	(0.1158)	(0.0551)
$gdpg$	-0.0628***	-0.1081	-0.0460**	-0.0365**	-0.0997**	0.0783***
	(0.0221)	(0.0706)	(0.0222)	(0.0156)	(0.0472)	(0.0190)
$inent$	0.0014	-0.0306*	0.0139***	-0.0019	-0.0009	0.0024
	(0.0053)	(0.0179)	(0.0049)	(0.0051)	(0.0153)	(0.0060)
hcl	0.0097	0.0189	0.0031	0.0036	-0.0031	-0.0209***
	(0.0063)	(0.0204)	(0.0062)	(0.0034)	(0.0100)	(0.0036)

续表

	劳动力保护程度较高			劳动力保护程度较低		
	jobst1	jobst2	jobst3	jobst1	jobst2	jobst3
	(1)	(2)	(3)	(4)	(5)	(6)
fdi	0.0056	-0.0366	0.0838**	-0.0700***	-0.1025	0.1033***
	(0.0333)	(0.0897)	(0.0392)	(0.0261)	(0.0706)	(0.0213)
Cons	-1.0594**	6.3593***	0.5659	-0.5001	3.9917***	1.5339***
	(0.4978)	(1.5425)	(0.4060)	(0.3842)	(1.1217)	(0.4457)
城市效应	固定	固定	固定	固定	固定	固定
时间效应	固定	固定	固定	固定	固定	固定
N	1460	1460	1460	1960	1960	1960
R^2	0.1310	0.1198	0.4685	0.0756	0.0754	0.1204

注：括号内数值为城市层面聚类标准误。*表示 $p<0.10$，**表示 $p<0.05$，***表示 $p<0.01$。

7.3.4 城市知识产权保护程度

地方知识产权保护程度直接决定企业技术创新能否受到法律政策的保护，知识产权保护能够提升企业创新质量（方慧和霍启欣，2023），较高的知识产权保护，一方面，能够直接提升企业创新绩效，另一方面，通过增大企业研发投入和技术溢出可以间接促进企业创新绩效提高（方中秀，2022），创新绩效提升进一步促进企业研发复杂度增大（方杰玮炜和施炳展，2022）。因此知识产权保护可能促进工业智能技术研发及工业机器人应用，有必要探讨不同知识产权保护程度城市工业机器人应用对劳动力就业稳定性的差异化影响。

本书依据许春明和单晓光（2008）对区域知识产权保护程度的衡量方法测算区域知识产权保护程度，将高于和低于知识产权保护程度平均值的区域分别划分为知识产权保护程度较高区域和较低区域。表7-14对比检验工业机器人应用对不同知识产权保护程度城市劳动力就业稳定性的作用，其中，（1）—（3）列为知识产权保护程度较高城市组，（4）—（6）列为知识产权保护程度较低城市组。结果显示，工业机器人应用对知识产权保护程度较高城市劳动力就业稳定性的影响不显著，但工业机器人应用至少在5%的显著性水平上降低以劳动合同期限（$jobst1$）、工作持续时间（$jobst2$）和工作转换频率（$jobst3$）三个维度衡量的知识产权保护程度较低城市的劳动力就业稳定性。由此表明，知识产权保护程度越低的地区，其劳动力就业稳定性受工业机器人应用的冲击越大。

表7-14　　　异质性分析：城市知识产权保护程度

	知识产权保护程度较高			知识产权保护程度较低		
	$jobst1$	$jobst2$	$jobst3$	$jobst1$	$jobst2$	$jobst3$
	（1）	（2）	（3）	（4）	（5）	（6）
$exrobot$	-0.1417 (0.1405)	-0.6511 (0.4128)	0.1527 (0.1327)	-0.5716*** (0.1215)	-0.6471** (0.3136)	0.2427** (0.1005)
age	0.0016 (0.0041)	0.0042 (0.0112)	0.0027 (0.0037)	0.0151*** (0.0036)	0.0328*** (0.0108)	0.0009 (0.0035)
$marry$	0.5420*** (0.1229)	1.3210*** (0.2834)	-0.0102 (0.1288)	0.4359*** (0.0894)	1.1329*** (0.2628)	0.0248 (0.1036)
edu	-2.6655*** (0.3416)	-1.7665*** (0.3813)	-0.7283*** (0.1376)	0.7265*** (0.1318)	2.3003*** (0.3295)	-0.2621** (0.1027)
$horeg$	-0.4566*** (0.0956)	-1.1879*** (0.3012)	0.1929** (0.0934)	-0.4804*** (0.0677)	-2.1712*** (0.2117)	0.5664*** (0.0668)
$health$	-0.0386 (0.0529)	-0.0005 (0.1521)	0.1259** (0.0639)	-0.0779** (0.0374)	-0.3457*** (0.1222)	0.1899*** (0.0519)
$gdpg$	-0.0247 (0.0215)	-0.0213 (0.0607)	-0.0579** (0.0230)	-0.1054*** (0.0213)	-0.4581*** (0.0687)	0.0925*** (0.0236)
$inent$	0.0002 (0.0074)	0.0011 (0.0215)	0.0175** (0.0069)	0.0033 (0.0043)	0.0009 (0.0138)	0.0010 (0.0047)
hcl	0.0021 (0.0049)	0.0073 (0.0155)	0.0031 (0.0046)	0.0256*** (0.0068)	0.1189*** (0.0216)	-0.0159** (0.0071)
fdi	0.0141 (0.0295)	-0.0167 (0.0816)	0.0481 (0.0360)	-0.1097*** (0.0347)	0.0820 (0.0599)	0.0917*** (0.0235)
$Cons$	-0.5933 (0.5876)	2.7301 (1.8162)	0.6301 (0.5581)	-2.1194*** (0.4489)	0.9955 (1.3572)	1.0935** (0.4360)

续表

	知识产权保护程度较高			知识产权保护程度较低		
	*jobst*1	*jobst*2	*jobst*3	*jobst*1	*jobst*2	*jobst*3
	(1)	(2)	(3)	(4)	(5)	(6)
城市效应	固定	固定	固定	固定	固定	固定
时间效应	固定	固定	固定	固定	固定	固定
N	1229	1229	1229	2191	2191	2191
R^2	0.0669	0.0669	0.3849	0.1160	0.1321	0.1496

注：括号内数值为城市层面聚类标准误。* 表示 $p<0.10$，** 表示 $p<0.05$，*** 表示 $p<0.01$。

7.3.5 城市市场化水平

城市市场化程度与要素配置效率相关，完善的市场化运行机制是提高要素配置效率的保障（李松龄，2022），要素市场化配置的提高能够促进包含智能技术在内的技术创新效率的提升（沈映春等，2022）。同时，市场化进程有助于研发资本流动效率提高（谭玉松和王林辉，2021），进而促进技术研发广度和复杂度的双向提升（沈路等，2022；王钺，2021）。那么，工业机器人应用对劳动力就业稳定性的影响是否依市场化程度的不同而有所差异呢？本书依据樊纲等（2011）的思路测度市场化指数，将样本划分为市场化水平较高、中等和较低三个部分，以分析工业机器人应用对劳动力就业稳定性影响的市场化水平异质性，检验结果如表7-15所示。

表7-15以劳动合同期限（*jobst*1）和工作持续时间（*jobst*2）测度的劳动力就业稳定性水平为被解释变量，对工业机器人应用对劳动力就业稳定性的市场化水平异质性进行检验。其中，（1）—（2）列为市场化水平较高组的检验结果，（3）—（4）列为市场化水平中等组的检验结果，（5）—（6）列为市场化水平较低组检验结果。由（1）—（2）列结果可知，工业机器人应用对市场化水平较高城市的劳动力就业稳定性影响显著为负，即工业机器人应用降低处于市场化水平较高城市的劳动力就业稳定性水平。原因可能是，高市场化水平意味着要素配置效率较高，技能劳动力在面临智能化技术发展带来的机遇时，可能会通过跳槽等方式更换到待遇更好的工作岗位，就业转换使

劳动力就业稳定性下降。由（3）—（4）列结果可知，工业机器人应用对处于市场化水平中等城市的劳动力就业稳定性影响并不显著。由（5）—（6）列结果可知，工业机器人应用显著降低处于市场化水平较低城市的劳动力就业稳定性。原因可能是，较低的市场化水平使要素配置效率低下，部分劳动力在被智能化技术替代后，不能及时匹配到与自身技能水平相适应的新岗位，造成就业稳定性的下降。综合可知，工业机器人应用使市场化水平较高和较低城市劳动力就业稳定性下降，而对市场化水平中等城市劳动力就业稳定性没有显著影响。

表7-15 异质性分析：城市市场化水平

	市场化水平较高		市场化水平中等		市场化水平较低	
	$jobst1$	$jobst2$	$jobst1$	$jobst2$	$jobst1$	$jobst2$
	（1）	（2）	（3）	（4）	（5）	（6）
$exrobot$	-0.3429***	-0.7444*	-0.1616	-0.6216	-0.1078**	-0.4772***
	(0.1286)	(0.3857)	(0.1562)	(0.4467)	(0.0439)	(0.1499)
age	0.0235***	0.0719***	-0.0044	-0.0112	0.0095**	0.0282*
	(0.0048)	(0.0143)	(0.0045)	(0.0119)	(0.0046)	(0.0150)
$marry$	0.3500***	0.9491***	0.7145***	1.5949***	0.4171***	1.1983***
	(0.1147)	(0.3030)	(0.1486)	(0.3016)	(0.1213)	(0.4079)
edu	0.8257***	2.6340***	-2.6427***	-2.0995***	0.4818***	2.8293***
	(0.1852)	(0.5600)	(0.3518)	(0.4551)	(0.1826)	(0.3587)
$horeg$	-0.3185***	-1.1597***	-0.4121***	-1.0192***	-0.5697***	-2.2684***
	(0.0890)	(0.2864)	(0.1131)	(0.3453)	(0.0989)	(0.3155)
$health$	-0.1024**	-0.3561**	-0.0252	-0.0064	-0.0695	-0.2211
	(0.0488)	(0.1452)	(0.0597)	(0.1686)	(0.0525)	(0.1857)
$gdpg$	-0.0593***	-0.1308**	-0.0187	-0.0435	-0.1757***	-0.7463***
	(0.0186)	(0.0549)	(0.0231)	(0.0646)	(0.0477)	(0.1506)
$inent$	0.0079	-0.0009	0.0047	0.0145	0.0067	0.0414
	(0.0057)	(0.0177)	(0.0096)	(0.0271)	(0.0081)	(0.0260)
hcl	0.0110**	-0.0121	0.0039	0.0222	0.0059	0.1476***
	(0.0044)	(0.0138)	(0.0056)	(0.0170)	(0.0100)	(0.0356)

续表

	市场化水平较高		市场化水平中等		市场化水平较低	
	jobst1	jobst2	jobst1	jobst2	jobst1	jobst2
	(1)	(2)	(3)	(4)	(5)	(6)
fdi	0.0367*	0.1391**	-0.0040	-0.0517	0.5488***	0.4964
	(0.0222)	(0.0627)	(0.0318)	(0.0846)	(0.2076)	(0.7365)
Cons	-2.6610***	1.1764	-0.9388	1.6127	-1.0965*	-2.4765
	(0.5392)	(1.6250)	(0.7039)	(2.0965)	(0.6334)	(2.0292)
城市效应	固定	固定	固定	固定	固定	固定
时间效应	固定	固定	固定	固定	固定	固定
N	1323	1323	1004	1004	1093	1093
R^2	0.0896	0.1019	0.0615	0.0669	0.0898	0.1272

注：括号内数值为城市层面聚类标准误。* 表示 $p<0.10$，** 表示 $p<0.05$，*** 表示 $p<0.01$。

7.4　本章小结

本章主要分析工业机器人应用对劳动力就业稳定性在个体特征、职业特征、城市特征方面的异质性影响。其中，个体特征主要分类检验工业机器人应用对不同专业技能水平、认知能力、非认知能力、家庭经济状况、家庭教育背景劳动力就业稳定性的影响差异；职业特征主要分类考察工业机器人应用对处于不同职业类型、职业环境、职业安全性、职业场所、职业自主程度劳动力就业稳定性的差异化作用；城市特征主要分类剖析工业机器人应用对处于不同区位、财政教育支出水平、劳动力保护程度、知识产权保护程度、市场化水平城市劳动力就业稳定性的异质性影响。主要研究结论如下：

第一，从个体特征来说，个体专业技能水平异质性分析表明，由于技能水平较低，劳动力更容易被智能化技术所替代，相比于专业技能水平较高的劳动力，工业机器人应用对专业技能水平较低劳动力就业稳定性的影响更为显著。个体认知能力异质性分析显示，由于认知能力较低的劳动力所从事的复杂程度较低岗位更容易被工业机器人替代，相比于认知能力较高的劳动力，认知能力较低的劳动力就业稳定性受到工业智能化技术的冲击更大。个体非

第 7 章 中国工业机器人应用对劳动力就业稳定性影响的异质性分析

认知能力异质性分析发现，由于非认知能力较高劳动力与智能技术的适配性更高，即人机匹配度更高，相比于非认知能力较低劳动力，非认知能力较高劳动力就业稳定性水平受工业智能技术冲击较小。个体家庭经济状况异质性分析表明，家庭经济状况越差，劳动力就业稳定性受到工业机器人应用的影响越大。个体家庭教育背景异质性分析显示，工业机器人应用对家庭教育程度中等和较低劳动力就业稳定性的影响更显著。

第二，从职业特征来说，职业类型异质性分析发现，由于农、林、牧、渔、水利业岗位所需技能水平较低，易被工业智能化技术所替代，故工业机器人应用显著降低从事农、林、牧、渔、水利业劳动力的就业稳定性，但工业机器人应用对办事人员及生产、运输设备操作人员的就业稳定性的影响不显著。同时，由于单位负责人和各类专业技术人员自身人力资本和职业技能水平较高，能更好地抓住智能发展带来的机遇，通过跳槽等方式更换到工作待遇更好的工作岗位，故工业机器人应用显著降低单位负责人和各类专业技术人员的就业稳定性。职业环境异质性分析表明，相较于职业环境良好的劳动力，工业机器人应用对职业环境较差劳动力就业稳定性的负向影响更为显著。职业安全性异质性分析显示，由于较危险职业对发展智能化应用的需求更大，相比于较安全职业，工业机器人应用显著降低从事较危险职业劳动力的就业稳定性。职业场所异质性分析发现，相比于室内工作的劳动力，室外工作的劳动力受到工业智能化技术的冲击更大。职业自主程度异质性分析表明，由于从事自主程度较低职业劳动力在工作内容、工作进度和工作强度方面决策程度较低，更容易受到智能技术的冲击而被替代，因此相对于从事自主程度较高职业的劳动力，工业机器人应用对从事自主程度较低劳动力就业稳定性的负向影响更大。

第三，从城市特征来说，城市区位异质性分析表明，工业机器人应用显著降低北部沿海、长三角、东部沿海和东北地区劳动力就业稳定性，而对西北、西南和中部内陆地区劳动力就业稳定性的影响不显著。城市财政教育支出水平异质性分析说明，由于城市财政教育支出与人力资本水平息息相关，城市财政教育支出水平较高地区，人力资本水平较高，劳动者越能抓住工业机器人推广进程中的机遇，通过岗位更换以寻求更高待遇的工作，同时，城市财政教育支出水平较低地区，人力资本水平较低，劳动者容易被技能技术所替代而失去工作，因此，工业机器人应用显著降低财政教育支出水平较高和较低城市的劳动力就业稳定性，而对财政教育支出水平中等城市的劳动力就业稳定性的影响不显著。城市劳动力保护程度异质性分析发现，劳动力保护程度较高的城市，工会组织和相关法律机构能够更好地维护劳动力的就业机会和最低工资水平，有利于劳动力就业稳定，因此相比于劳动力保护程度较高城市，工业机器人应用对劳动力保护程度较低城市劳动力就业稳定性的影响更大。城市知识产权保护程度异质性分析显示，相比于知识产权保护程度较高城市的劳动力，知识产权保护程度较低城市的劳动力就业稳定性受到工业机器人应用的冲击更大。城市市场化水平异质性分析表明，城市市场化水平越高，要素配置效率就越高，使技能劳动力能够通过更换工作寻求更好的工作待遇，劳动力职业转换降低就业稳定性，同时，城市市场化水平越低，要素配置效率越低，被智能技术所替代的劳动力无法在较短时间内找到相匹配的新工作岗位，导致就业稳定性降低。因此，工业机器人应用显著降低市场化水平较高和较低城市的劳动力就业稳定性，而对市场化水平中等城市的劳动力就业稳定性的影响不显著。

第 8 章

主要结论与政策建议

8.1 主要结论

工业机器人应用在推动工业智能化体系建设和全产业智能化改造的同时,对劳动力就业产生巨大冲击,特别是可能导致劳动力就业稳定性下降。基于此,本书运用数理模型推导和实证检验两种方式研究工业机器人应用冲击下劳动力就业稳定性的变化。具体地,构建包含智能机器、低技能劳动力、高技能劳动力三种要素在内的一般均衡模型,数理演绎工业机器人应用对劳动力就业稳定性的作用方向及传导机制;实证检验基于 CLDS 和 CFPS 微观个体数据,检验工业机器人应用对劳动力就业稳定性的影响及作用机制,基于个体、职业、城市特征考察工业机器人应用对劳动力就业稳定性的异质性影响。本书的主要结论概括如下:

第一,本书构建包含中间产品部门和最终产品部门的任务模型,分别引入低技能劳动力与高技能劳动力、常规岗位与非常规岗位,数理演绎工业机器人应用对劳动力就业稳定性的影响及其传导机制。研究表明:①工业机器人应用主要通过智能化扩张和新岗位创造两种技术形态,形成劳动岗位更替、产业结构升级和技能收入分配等传导机制,影响低技能与高技能、常规岗位与非常规岗位劳动力就业稳定性。②工业机器人应用表现出的智能化技术扩张和新岗位创造两种技术形态,均会增大高技能与低技能劳动力需求的比值,即增大对高技能劳动力的需求、减少对低技能劳动力的需求。同时,智能化技术扩张和新岗位创造均对非常规与常规岗位所需劳动力的比值产生正向影响，即使对非常规岗位劳动力的需求上升，对常规岗位劳动力的需求下降，导致劳动力就业稳定性降低。综合而言，工业机器人应用引发的岗位更替会降低劳动力就业稳定性。③产业结构升级机制对劳动力就业稳定性的作用方向是不确定的，受制于产业间弹性与岗位间弹性的相对大小。当产业间弹性大于岗位间弹性时，相比于工业机器人应用水平较低的产业，工业机器人应用水平较高的产业对高技能劳动力的需求上升，从而降低劳动力就业稳定性；当产业间弹性小于岗位间弹性时，相比于工业机器人应用水平较低的产业，工业机器人应用水平较高的产业对高技能劳动力的需求下降，导致劳动力就业稳定性降低。④工业机器人应用引发的智能化技术扩张和新岗位创造均会提高高技能劳动力收入份额，并降低低技能劳动力收入份额，两者均会改变技能劳动力需求结构进而导致劳动力就业稳定性下降，证实技能收入分配是工业机器人应用作用于劳动力就业稳定性的中介机制。

第二，本书运用工业机器人渗透度、工业智能化技术专利数、工业智能技术企业数三个维度衡量工业机器人应用水平，并基于劳动合同签订时长、工作持续时间、工作转换频率表征劳动力就业稳定性水平，分别分析工业机器人应用与劳动力就业稳定性水平的时间演化和空间分布特征。研究表明：①中国工业机器人应用水平在2001—2019年呈现快速增长的趋势。长三角、南部沿海和北部沿海地区是工业机器人应用较发达地区，西南和西北地区是工业机器人应用较落后地区，高知识产权保护程度和高市场化水平地区的工业机器人应用水平相对更高。②中国劳动力就业稳定性水平在2014—2018年呈下降趋势。从个体特征分析可得，女性、农业户口、受教育程度较低和中老年劳动者的就业稳定性较低；从职业特征分析可得，工作环境较差、工作安全性低、户外工作场所和工作自主程度较低职业的劳动者就业稳定性水平较低；从城市特征分析可得，西北地区和西南地区城市的劳动力就业稳定性水平相对更低，劳动力保护程度较低和财政教育支出水平较低城市的劳动力就业稳定性水平较低。

第三，本书实证检验工业机器人应用对劳动力就业稳定性的影响效应。研究表明：①中国工业机器人应用水平的上升使个体劳动力就业稳定性下降。在同时控制城市和时间固定效应后，无论运用劳动合同期限、工作持续时间还是运用工作转换频率测度劳动力就业稳定性，也无论基于CLDS数据还是基于CHIP数据，工业机器人应用显著降低个体劳动者就业稳定性的结论均成立。②通过将工业机器人应用水平的测算方法依次更换为工业智能化技术专利数、工业智能化技术企业数、人工智能技术专利数,将劳动合同期限、工作持续时间、工作转换频率三个维度的指标分别根据熵权法、TOPSIS法、主成分分析法加权为综合指标度量劳动力就业稳定性水平,将劳动力就业稳定性的测算数据由个体层面更换为城市层面,以及数据缩尾、剔除部分样本后,基准结论依然成立。③分别运用美国工业机器人渗透度、历史计算机数量与年份交乘项、历史信息基础设施水平与年份交乘项作为工具变量,并基于异方差生成工具变量的2SLS回归结果表明,工业机器人应用降低劳动力就业稳定性的结论仍然成立。

第四,实证考察工业机器人应用对劳动力就业稳定性影响的劳动岗位更替、产业结构升级、技能收入分配等传导机制。研究表明:①对于技能岗位和非技能岗位更替机制,工业机器人应用会替代部分非技能岗位并创造更多技能岗位,使技能相对非技能岗位的劳动需求规模扩大,导致劳动力就业不稳定。对于常规岗位与非常规岗位更替机制,工业机器人应用替代部分程序性较强、复杂程度较低的常规岗位,并创造更多需要运用综合实践能力处理复杂问题的非常规岗位,使非常规相对常规岗位的劳动力需求增加,进而导致劳动力就业稳定性下降。②对于产业结构合理化升级机制,工业智能技术应用能够促进生产要素在部门间耦合程度的提升,加大生产要素在部门间的流转效率,进而导致劳动力就业稳定性下降。对产业结构高级化机制,工业机器人应用大多替代制造业和农业部门的部分劳动力,并创造出更多新兴服务业和高端服务业,使得劳动力更多流入第三产业,进而降低劳动力就业稳定性。③工业机器人应用使低技能劳动力面对更短的工作时长以及更低的工资水平,整体上降低低技能劳动力收入份额、提高高技能劳动力收入份额,造成劳动力工资待遇下降或想加入智能化领域新兴行业而作出辞职或转换工作的决策,导致劳动力就业稳定性水平降低。

第五,实证分析工业机器人应用对劳动力就业稳定性影响的个体、职业及城市异质性特征。研究表明:①基于个体特征,专业技能水平较低、认知能力较低、非认知能力较低、家庭经济状况较差、家庭教育程度较低的劳动者就业稳定性受到工业智能化技术的冲击更大。②基于职业特征,机器人应用显著降低从事农林牧渔类、环境较差、安全性较低、室外场所、自主程度降低职业的劳动力就业稳定性水平。③基于城市特征,工业机器人应用对属于东部和东北地区、财政教育支出水平较低、劳动力保护程度较低、知识产权保护程度较低、市场化水平较低城市劳动力的就业稳定性水平的负向影响更显著。

8.2 政策建议

基于本书研究结论，提出以下政策建议：

第一，从劳动者的角度来看，由于以人工智能技术为核心的工业机器人应用具有资本和技能偏向性特征，运用资本替代低技能劳动力引发劳动力就业稳定性下降。因此，劳动者需要提高自身技能水平，以更好地应对产业智能化改革的冲击。对于在职的劳动者，应树立自主学习和终身学习的观念，更新和扩充岗位所需技能知识，积极参加职业技能培训，提高职业技能水平。本书研究发现工业机器人应用会通过替代低技能与常规岗位并创造技能与非常规岗位的方式引发劳动岗位更替，进而导致劳动力就业稳定性下降。因此，劳动者应对比自身能力与技能及非常规岗位所需劳动者技能水平的差距，弥补自身能力不足之处，以规避自身能力与岗位所需技能水平不匹配而导致的劳动力就业稳定性下降。同时，对于已经遭受工业智能化改革冲击而失业的劳动者，应通过继续教育和岗位培训等方式提升自己的再就业能力，积极关注就业信息以更快实现再就业，缓解工业机器人应用引致的就业冲击。

第二，从企业的角度来看，鉴于工业机器人应用会引发人机不匹配，进而降低劳动力就业稳定性，首先，企业应积极为员工提供岗前培训和在职培训服务，阶段性地为员工普及人工智能技术、大数据、互联网等相关知识，尤其是对于技能水平较低且难以适应工业智能化改革的员工更要提供针对性的培训，从而缓解工业机器人应用对就业稳定性的冲击。其次，较差的工作环境会降低劳动效率，安全性较低的工作会威胁劳动者健康甚至生命。本书研究发现工业机器人应用对所处职业环境较差、安全性较低的劳动者就业稳定性的负向影响更显著，因此，企业应改善劳动者就业环境、提升工作安全性，避免劳动者由于就业环境恶劣或工作安全性太低而被工业智能技术所替代，从而减少工业机器人应用对劳动力就业稳定性的负面影响。最后，企业应积极加强与海内外先进技术领军企业的相互交流与学习，引进智能化技术专业人才,打造智能化技术研发平台,促进智能化技术研发更高效地为企业实体经济发展服务。

第三,从智能化技术政策制定部门的角度来看,首先,政策制定部门应重视工业机器人应用对经济高质量发展的积极作用,以人工智能技术带动的工业智能化技术改革为经济又好又快增长的突破口,进一步扩大工业机器人产业规模,发展和拓宽工业机器人应用产业链。其次,在推进工业智能化技术改革的同时,应因地制宜地制定不同区域的工业智能技术发展政策,进一步增大智能化发展程度较高区域的工业机器人应用规模,发挥智能化规模较高区域对周边区域发展的辐射和带动作用,对智能化技术发展程度较低区域给予针对性的支持政策,加快传统产业的智能化改造升级,完善市场退出机制,使被工业机器人应用所淘汰的低效能产业尽快退出市场。同时,本书研究发现工业机器人应用对知识产权保护程度较低城市的劳动力就业稳定性的负向影响更显著,因此,应加强智能化技术相关的法律法规建设,完善智能化技术相关知识产权保护政策,明确知识产权保护范围。最后,有重点地培育和发展与智能化技术相关的新兴产业和行业,通过加大资金补贴和税收优惠等形式,引导高技能劳动者投身到新兴产业和行业的创业中,进一步加大智能化技术相关新兴产业和行业的发展力度,充分释放工业机器人应用创造的产能效应。

第四,从教育部门的角度来看,智能化时代与智能技术相关的高技能人才缺口较大,提高劳动者受教育水平是提升劳动者工作技能的基础和根本。因此,教育部门应进一步建设技能人才队伍,以各大高等院校和职业院校为依托,改进人才培养机制,针对性设置智能化技术专业课程,进一步完善与智能化技术相关的学科体系建设,在拓宽和加深理论知识讲解的同时,注重对智能化技术实践应用的课程培训。同时,教育部门应加强与智能化技术相关专业的师资队伍建设,给予相应的课题及经费支持,吸引高层次人才投入智能化技术的科研及教学中,鼓励和支持智能化技术领域的国际学术交流,以培养更多智能化技术专业人才,进一步促进高技能劳动力与资本的匹配与融合,提高资本利用效率。

第五,从劳动和社会保障部门的角度来看,鉴于工业机器人应用对劳动力就业稳定性的负面影响,一方面,应进一步建立健全社会保障体系,扩大社会保障覆盖范围,明确失业保险政策和失业帮扶政策的适用群体,对由于受智能化技术冲击而失业的劳动者给予充分的失业保障，保障失业者基本生活需求。另一方面，建立健全再就业帮扶政策，通过发放失业再就业补助等方式，鼓励和支持失业者选取灵活就业或自主创业的方式进行再就业，同时，建立双向、透明的再就业信息平台，收集市场上有用工需求企业的招工信息和再就业劳动者的基本信息，减少企业和劳动者双方信息不透明而导致劳动力供需匹配效率低下，以更好地帮助失业者尽快实现再就业。

参 考 文 献

一、英文部分

[1] Abramovici, M., and E. Filos. Industrial integration of ICT: Opportunities for international research cooperation under the IMS scheme [J]. Journal of Intelligent Manufacturing, 2011, 22 (5): 717 – 724.

[2] Acemoglu, D. Equilibrium Bias of Technology [J]. Econometrica, 2007, 75 (5): 1371 – 1409.

[3] Acemoglu, D. Technical Change, Inequality, and the Labor Market [J]. Journal of Economic Literature, 2002, 40 (1): 7 – 72.

[4] Acemoglu, D. Why Do New Technologies Complement Skills? Directed Technical Change and Wage Inequality [J]. Quarterly Journal of Economics, 1998, 113 (4): 1055 – 1089.

[5] Acemoglu, D., and D. H. Autor. Skills, Tasks and Technologies: Implications for Employment and Earnings [M]. Handbook of Labor Economics, 2011: 1043 – 1171.

[6] Acemoglu, D., and P. Restrepo. Artificial Intelligence, Automation and Work [R]. NBER Working Paper, 2018a.

[7] Acemoglu, D., and P. Restrepo. Automation and New Tasks: How Technology Displaces and Reinstates Labor [J]. Journal of Economic Perspectives, 2019a, 33 (2): 3 – 30.

[8] Acemoglu, D., and P. Restrepo. Demographics and Automation [J]. Review of Economic Studies, 2022, 89 (1): 1 – 44.

[9] Acemoglu, D., and P. Restrepo. Low – Skill and High – Skill Automation [J]. Journal of Human Capital, 2018c, 12 (2): 204 – 232.

[10] Acemoglu, D., and P. Restrepo. Robots and Jobs: Evidence from US

Labor Markets [J]. Journal of Political Economy, 2020b, 128 (6): 2188 – 2244.

[11] Acemoglu, D., and P. Restrepo. Secular Stagnation? The Effect of Aging on Economic Growth in the Age of Automation [J]. American Economic Review, 2017, 107 (5): 174 – 179.

[12] Acemoglu, D., and P. Restrepo. The Race between Man and Machine: Implications of Technology for Growth, Factor Shares, and Employment [J]. American Economic Review, 2018b, 108 (6): 1488 – 1542.

[13] Acemoglu, D., and P. Restrepo. The Wrong Kind of AI? Artificial Intelligence and the Future of Labor Demand [R]. NBER Working Paper, 2019b.

[14] Acemoglu, D., and P. Restrepo. Unpacking Skill Bias: Automation and New Tasks [R]. NBER Working Paper, 2020a.

[15] Acemoglu, D., C. Lelarge, and P. Restrepo. Competing with Robots: Firm – Level Evidence from France [R]. NBER Working Paper, 2020.

[16] Acemoglu, D., J. A. Robinson, and D. Woren. Why Nations Fail: The Origins of Power, Prosperity and Poverty [M]. New York: Crown Publishers, 2012.

[17] Aghion, P., B. F. Jones, and C. I. Jones. Artificial Intelligence and Economic Growth [R]. NBER Working Paper, 2017.

[18] Agrawal, A., J. Gans, and A. Goldfarb. Artificial Intelligence: The Ambiguous Labor Market Impact of Automating Prediction [J]. Journal of Economic Perspectives, 2019, 33 (2): 31 – 50. and Dynamics, 2018, 29: 15 – 43.

[19] Arntz, M., T. Gregory, and U. Zierahn. Revisiting the Risk of Automation [J]. Economics Letters, 2017, 159: 157 – 160.

[20] Arntz, M., T. Gregory, and U. Zierahn. The Risk of Automation for Jobs in OECD Countries: A Comparative Analysis [R]. OECD Social, Employment and Migration Working Papers, 2016.

[21] Autor, D. H. Why Are There Still So Many Jobs? The History and Future of Workplace Automation [J]. Journal of Economic Perspectives, 2015, 29 (3): 3 – 30.

[22] Autor, D. H., and A. Salomons. Is Automation Labor – Displacing? Productivity Growth, Employment, and the Labor Share [R]. NBER Working

Paper, 2018.

[23] Autor, D. H., and D. Dorn. The Growth of Low – Skill Service Jobs and the Polarization of the US Labor Market [J]. American Economic Review, 2013, 103 (5): 1553 – 1597.

[24] Autor, D. H., and M. J. Handel. Putting Tasks to the Test: Human Capital, Job Tasks, and Wages [J]. Journal of Labor Economics, 2013, 31 (S1): S59 – S96.

[25] Autor, D. H., F. Levy, and R. J. Murnane. The Skill Content of Recent Technological Change: An Empirical Exploration [J]. Quarterly Journal of Economics, 2003, 118 (4): 1279 – 1333.

[26] Autor, D. H., L. F. Katz, and A. B. Krueger. Computing Inequality: Have Computers Changed the Labor Market? [J]. Quarterly Journal of Economics, 1998, 113 (4): 1169 – 1213.

[27] Bárány, Z. L., and C. Siegel. Job Polarization and Structural Change [J]. American Economic Journal: Macroeconomics, 2018, 10 (1): 57 – 89.

[28] Bartik, T. J., Who Benefits from State and Local Economic Development Policies? [R]. W. E. Upjohn Institute, 1991.

[29] Berg, M. A., E. Buffie, L. F. Zanna, Should We Fear the Robot Revolution? The Correct Answer is Yes [J]. Journal of Monetary Economics, 2018, 97 (8): 117 – 148.

[30] Bergemann, A., and A. Mertens. Job Stability Trends, Layoffs, and Transitions to Unemployment: An Empirical Analysis for West Germany [R]. IZA Discussion Papers, 2004.

[31] Bessen, J. Automation and Jobs: When Technology Boosts Employment [J]. Economic Policy, 2019, 34 (100): 589 – 626.

[32] Bessen, J. Toil and Technology [J]. Finance and Development, 2015, 52 (1): 16 – 19.

[33] Boisjoly, J., G. J. Duncan, and T. Smeeding. The Shifting Incidence of Involuntary Job Losses from 1968 to 1992 [J], Industrial Relations, 1998 (37): 207 – 231.

[34] Bound, J., and G. E. Johnson. Changes in the Structure of Wages

During the 1980's: An Evaluation of Alternative Explanations [J]. American Economic Review, 1992, 82 (3): 371 – 392.

[35] Brynjolfsson, E. The Productivity Paradox of Information Technology [J]. Communications of the ACM, 1993, 36 (12): 66 – 77.

[36] Brynjolfsson, E., D. Rock, and C. Syverson. Artificial Intelligence and the Modern Productivity Paradox: A Clash of Expectations and Statistics [R]. NBER Working Paper, 2017.

[37] Bughin, J., J. Seong, J. Manyika, M. Chui, and R. Joshi. Notes from the AI Frontier: Modeling the Impact of AI on the World Economy [R]. McKinsey Global Institute Discussion Paper, 2018.

[38] Burgess, S., and H. Rees, A Disaggregate Analysis of the Evolution of Job Tenure in Britain, 1975 – 1993 [J]. British Journal of Industrial Relations, 1998, 36 (4): 629 – 655.

[39] Burstein, A., and J. Vogel. Globalization, Technology, and the Skill Premium: A Quantitative Analysis [R]. NBER Working Paper, 2010.

[40] Cockburn, I. M., R. Henderson, and S. Stern. The Impact of Artificial Intelligence on Innovation [R]. NBER Working Paper, 2018.

[41] Damioli, G., V. Van Roy, and D. Vertesy. The Impact of Artificial Intelligence on Labor Productivity [J]. Eurasian Business Review, 2021, 11 (1): 1 – 25.

[42] Dauth, W., S. Findeisen, J. Suedekum, and N. Woessner. German Robots – the Impact of Industrial Robots on Workers [R]. CEPR Discussion Papers, 2017.

[43] David, B. Computer Technology and Probable Job Destructions in Japan: An Evaluation [J]. Journal of the Japanese and International Economies, 2017, 43: 77 – 87.

[44] Davoine, L., and C. Erhel. Monitoring Employment Quality in Europe: European Employment Strategy Indicators and Beyond [J]. Université Paris1 Panthéon – Sorbonne (Post – Print and Working Papers), 2008, 147 (2 – 3): 163 – 198.

[45] Davoine, L., and C. Ehrel. Monitoring Employment Quality in Eu-

rope: European Employment Strategy Indi-cators and Beyond [M]. Document de travail, 2006.

[46] DeCanio, S. J. Robots and Humans-Complements or Substitutes? [J]. Journal of Macroeconomics, 2016, 49: 280-291.

[47] Dengler, K., and B. Matthes. The Impacts of Digital Transformation on the Labour Market: Substitution Potentials of Occupations in Germany [J]. Technological Forecasting & Social Change, 2018, 137: 304-316.

[48] Diebold, F. X., D. Neumark, and D. Polsky. Comment on "Is job stability declining in the U. S. economy?" by Kenneth A. Swinnerton and Howard Wial [J]. Industrial and Labor Relations Review, 2007, 49 (3): 348-355.

[49] Dillender, M., and E. Forsythe. Computerization of White Collar Jobs [J]. NBER Working Paper, 2022.

[50] Eden, M., and P. Gaggl. On the Welfare Implications of Automation [J]. Review of Economic.

[51] Farber, H. S. Is the Company Man an Anachronism? Trends in Long Term Employment in the U. S., 1973-2006 [R]. Princeton University Working Paper No. 518, 2007.

[52] Farber, H. S. Labor Market Adjustment to Globalization: Long-Term Employment in the United States andJapan [R]. Princeton University Working Paper, 2006.

[53] Farber, H. S. The changing face of job loss in the United States, 1981-1995 [J]. Brookings Papers on Economic Activity Microeconomics, 1997: 55-128.

[54] Frey, C. B., and M. A. Osborne. The Future of Employment: How Susceptible Are Jobs to Computerisation? [J]. Technological Forecasting & Social Change, 2017, 114: 254-280.

[55] Fu, Y., X. Ye, Z. Wang, Structure Changes in Manufacturing Industry and Efficiency Improvement in Economic Growth [J]. Economic Research Journal, 2016, 8, 86-100.

[56] Galor, O., and O. Moav. Natural Selection and the Origin of Economic Growth [J]. Quarterly Journal of Economics, 2002, 117 (4): 1133-1191.

[57] Gasteiger, E., and K. Prettner. A Note on Automation, Stagnation,

And the Implications of a Robot Tax [R]. School of Business & Economics Discussion Paper, 2017.

[58] Givord, P., and E. Maurin. Changes in Job Security and their Causes: An Empirical Analysis for France, 1982 – 2002 [J]. European Economic Review, 2004, 48 (3): 595 – 615.

[59] Goldsmith – Pinkham, P., I. Sorkin, and H. Swift. Bartik Instruments: What, When, Why, and How [J]. American Economic Review, 2020, 110 (8): 2586 – 2624.

[60] Goos, M., A. Manning, and A. Salomons. Explaining Job Polarization: Routine – Biased Technological Change and Offshoring [J]. American Economic Review, 2014, 104 (8): 2509 – 2526.

[61] Goos, M., and A. Manning. Lousy and Lovely Jobs: The Rising Polarization of Work in Britain [J]. Review of Economics and Statistics, 2007, 89 (1): 118 – 133.

[62] Gordon, R. J. Why Has Economic Growth Slowed When Innovation Appears to be Accelerating? [R]. NBER Working Paper, 2018.

[63] Graetz, G., and G. Michaels. Robots at Work [J]. Review of Economics and Statistics, 2018, 100 (5): 753 – 768.

[64] Gries, T., and W. Naudé. Artificial Intelligence, Income Distribution and Economic Growth. IZA Discussion Paper, 2020, No. 13606.

[65] Grossman, G. M., E. Helpman, E. Oberfield, and T. Sampson. Balanced Growth Despite Uzawa [J]. American Economic Review, 2017, 107 (4): 1293 – 1312.

[66] Guerreiro, J., S. Rebelo, and P. Teles. Should Robots be Taxed? [R]. NBER Working Paper, 2017.

[67] Hanson, R. Economic Growth Given Machine Intelligence [J]. Journal of Artificial Intelligence Research, 2001 (11): 1 – 13.

[68] Hémous, D., and M. Olsen. The Rise of the Machines: Automation, Horizontal Innovation, and Income Inequality [J]. American Economic Journal: Macroeconomics, 2022, 14 (1): 179 – 223.

[69] Hounshell, D. From the American System to Mass Production, 1800 –

1932: The Development of Manufacturing Technology in the United States [M]. JHU Press, 1985.

[70] Joonmo, C., and K. Jaeho. Dualism in Job Stability of The Korean Labour Market: The Impact of The 1997 Financial Crisis [J]. Pacific Economic Review, 2009, 14 (2): 155-175.

[71] Kato, T., The End of Lifetime Employment in Japan: Evidence from National Surveys and Field Research [J]. Journal of the Japanese and International Economies, 2001, 15 (4): 489-514.

[72] Kim, M. S., Park, Y. The changing pattern of industrial technology linkage structure of Korea: Did the ICT induetry play a role in the 1980s and 1990s [J]. Technolodical Forecasting and Social Change, 2009, 76 (5): 688-699.

[73] Knight, J. and L. Yueh. Job Mobility of Residents and Migrants in Urban China [J]. Journal of Comparative Economics, 2004, 32 (4): 637-660.

[74] Krueger, A. B. How Computers Have Changed the Wage Structure: Evidence from Microdata, 1984-1989 [J]. Quarterly Journal of Economics, 1993, 108 (1): 33-60.

[75] Krusell, P., L. E. Ohanian, and J. Riosrull. Capital-Skill Complementarity and Inequality: A Macroeconomic Analysis [J]. Econometrica, 2000, 68 (5): 1029-1053.

[76] Kujur, S. K., Impact of Technological Change on Employment: Evidence from the Organised Manufacturing Industry in India [J]. Indian Journal of Labour Ecnomics, 2018, 61 (2): 339-376.

[77] Lankisch, C., K. Prettner, and Prskawetz. A. How Can Robots Affect Wage Inequality? [J]. Economic Modelling, 2019, 81: 161-169.

[78] Lewbel, A. Using Heteroscedasticity to Identify and Estimate Mismeasured and Endogenous Regressor Models [J]. Journal of Business & Economic Statistics, 2012, 30 (1): 67-80.

[79] Ljungqvist, L. How Do Lay-off Costs Affect Employment [J]. Economic Journal, 2002 (482): 829-853.

[80] Marcotte, D. Has Job Stability Declined? Evidence from the Panel Study of Income Dynamics [J]. American Journal of Economics and Sociology,

1999 (02).

[81] Mincer, J. Human Capital, Technology, and the Wage Structure: What Do Time Series show? [R]. NBER Working Paper, 1991.

[82] Mobley, W. H., Employee Turnover: Causes, Consequences, and Control [J]. lancet, 1982.

[83] Mobley, W. H., Intermediate Linkages in the Relationship Between Job Satisfaction and Employee Turnover [J]. Journal of Applied Psychology, 1977, 62 (2): 237-239.

[84] Nedelkoska, L. and G. Quintini. Automation, Skills Use and Training [J]. OECD Social, Employment and Migration Working Papers, 2018.

[85] Neumark, D. On the Job: Is Long-term Employment a Thing of the Past? [M]. New York: Russel Sager Foundation, 2000.

[86] Ngai, L. R., and C A. Pissarides. Structural Change in A Multisector Model of Growth [J]. American Economic Review, 2007, 97 (1): 429-443.

[87] Olsthoorn, M. Measuring Precarious Employment: A Proposal for Two Indicators of Precarious Employment Based on Set-Theory and Tested with Dutch Labor Market-Data [J]. Social Indicators Research, 2014, 119 (1): 421-441.

[88] Polsky, D. Changing Consequences of Job Separation in the United States [J]. Industrial and Labor Relations Review, 1999 (4): 562-576.

[89] Pouliakas, K. Determinants of Automation Risk in the EU Labour Market: A Skills-Needs Approach [R]. IZA Discussion Paper, 2018.

[90] Prettner, K., and H. Strulik. The Lost Race against the Machine: Automation, Education, and Inequality in an R&D-Based Growth Model [R]. CEGE Discussion Papers, 2017.

[91] Price, J. L. The study of turnover [M]. Ames: Iowa State University Press, 1977.

[92] Remes, J., J. Mischke, and M. Krishnan. Solving the Productivity Puzzle: The Role of Demand and the Promise of Digitization [J]. International Productivity Monitor, 2018, (35): 28-51.

[93] Sachs, J. D., and L. J. Kotlikoff. Smart Machines and Long-Term Misery [R]. NBER Working Paper, 2012.

［94］Sehnbruch, K. From the Quantity to the Quality of Employment: An Application of the Capability Approach to the Chilean Labour Market［M］. 2004.

［95］Solow, R. We'd Better Watch Out［J］. New York Times Book Review, 1987, 12: 36.

［96］Susskind, D. A Model of Technological Unemployment［J］. Economics Series Working Papers, 2017.

［97］Trajtenberg, M. AI as the Next GPT: A Political – Economy Perspective［R］. NBER Working Paper, 2018.

［98］Varian, H. Artificial Intelligence, Economics, and Industrial Organization［R］. NBER Working Paper, 2018.

［99］Wadsworth, J., and P. Gregg. Job Tenure in Britain, 1975 – 2000: Is a Job for Life or Just for Christmas?［J］. Oxford Bulletin of Economics and Statistics, 2010, 64 (2): 111 – 134.

［100］Weiss, M., and A. Garloff. Skill – Biased Technological Change and Endogenous Benefits: The Dynamics of Unemployment and Wage Inequality［J］. Applied Economics, 2011, 43 (7): 811 – 821.

［101］Xie, M., L. Ding, Y. Xia, J. Guo, J. Pan, and H. Wang. Does Artificial Intelligence Affect the Pattern of Skill Demand? Evidence from Chinese Manufacturing Firms［J］. Economic Modelling, 2021, 96: 295 – 309.

［102］Zeira, J. Workers, Machines, and Economic Growth［J］. The Quarterly Journal of Economics, 1998, 113 (4): 1091 – 1117.

［103］Zhou, G., G. Chu, L. Li, and L. Meng, The Effect of Artificial Intelligence on China's Labor Market［J］. China Economic Journal, 2019, 13 (1): 24 – 41.

二、中文部分

［1］白南生, 李靖. 农民工就业流动性研究［J］. 管理世界, 2008, 178 (7): 70 – 76.

［2］蔡跃洲, 陈楠. 新技术革命下人工智能与高质量增长、高质量就业［J］. 数量经济技术经济研究, 2019, 36 (5): 3 – 22.

［3］曹静, 周亚林. 人工智能对经济的影响研究进展［J］. 经济学动态, 2018 (1): 103 – 115.

［4］曾江辉，陆佳萍，王耀延．新生代农民工就业稳定性影响因素的实证分析［J］．统计与决策，2015，434（14）：97－99．

［5］陈斌开，马燕来．数字经济对发展中国家与发达国家劳动力市场的不同影响——技能替代视角的分析［J］．北京交通大学学报（社会科学版），2021，20（2）：1－12．

［6］陈技伟，江金启，张广胜等．农民工就业稳定性的收入效应及其性别差异［J］．人口与发展，2016，22（3）：54－62．

［7］陈秋霖，许多，周羽．人口老龄化背景下人工智能的劳动力替代效应——基于跨国面板数据和中国省级面板数据的分析［J］．中国人口科学，2018（6）：30－42＋126－127．

［8］陈卫民，韩培培．互联网使用对个人就业质量的影响——基于CFPS数据的实证分析［J］．西北人口，2023（2）：1－14．

［9］陈秀英，刘胜．智能制造转型对产业结构升级影响的实证研究［J］．统计与决策，2020，36（13）：121－124．

［10］陈彦斌，林晨，陈小亮．人工智能、老龄化与经济增长［J］．经济研究，2019（7）：47－63．

［11］陈媛媛，张竞，周亚虹．工业机器人与劳动力的空间配置［J］．经济研究，2022，57（1）：172－188．

［12］程虹，王华星，石大千．使用机器人会导致企业劳动收入份额下降吗？［J］．中国科技论坛，2021（2）：152－160＋168．

［13］程文．人工智能、索洛悖论与高质量发展：通用目的技术扩散的视角［J］．经济研究，2021，56（10）：22－38．

［14］董直庆，蔡啸，王林辉．技能溢价：基于技术进步方向的解释［J］．中国社会科学，2014（10）：22－40．

［15］董直庆，姜昊，王林辉．"头部化"抑或"均等化"：人工智能技术会改变企业规模分布吗？［J］．数量经济技术经济研究，2023（2）：113－135．

［16］董直庆，王辉．城市财富与绿色技术选择［J］．经济研究，2021，56（4）：143－159．

［17］杜文强．工业机器人应用促进了产业结构升级吗？——对2006—2016年中国284个地级市的实证检验［J］．西部论坛，2022，32（1）：97－110．

［18］樊纲，王小鲁，马光荣．中国市场化进程对经济增长的贡献［J］．

经济研究,2011,46(9):4-16.

[19] 方浩,姚先国. 就业保护与劳动力市场绩效——基于跨国面板数据的实证分析[J]. 经济理论与经济管理,2012(9):40-48.

[20] 方慧,霍启欣. 数字服务贸易开放与企业创新质量的"倒U型"关系:兼议技术吸收能力和知识产权保护的调节作用[J]. 世界经济研究,2023(2):3-18+134.

[21] 方杰炜,施炳展. 知识产权保护"双轨制"与企业出口技术复杂度[J]. 经济理论与经济管理,2022,42(12):77-93.

[22] 方中秀. 知识产权保护、企业创新动力与创新绩效[J]. 统计与决策,2022,38(24):154-159.

[23] 傅元海,叶祥松,王展祥. 制造业结构优化的技术进步路径选择——基于动态面板的经验分析[J]. 中国工业经济,2014(9):78-90.

[24] 干春晖,郑若谷,余典范. 中国产业结构变迁对经济增长和波动的影响[J]. 经济研究,2011,46(5):4-16+31.

[25] 耿子恒,汪文祥,郭万福. 人工智能与中国产业高质量发展——基于对产业升级与产业结构优化的实证分析[J]. 宏观经济研究,2021(12):38-52+82.

[26] 龚遥,彭希哲. 人工智能技术应用的职业替代效应[J]. 人口与经济,2020(3):86-105.

[27] 关爱萍,谢晶. 技能偏向性技术进步、"资本—技能"互补与技能溢价[J]. 软科学,2020,34(9):24-29.

[28] 郭凯明,罗敏. 有偏技术进步、产业结构转型与工资收入差距[J]. 中国工业经济,2021(3):24-41.

[29] 郭凯明. 人工智能发展、产业结构转型升级与劳动收入份额变动[J]. 管理世界,2019(7):60-77.

[30] 郭艳冰,胡立君. 人工智能、人力资本对产业结构升级的影响研究——来自中国30个省份的经验证据[J]. 软科学,2022,36(5):15-20.

[31] 何黎明. 中国智慧物流发展趋势[J]. 中国流通经济,2017,31(6):3-7.

[32] 何筠,张嘉佳. 新生代农民工就业稳定性的影响因素及代际差异研究[J]. 江西社会科学,2021,41(2):218-227+256.

[33] 胡晟明,王林辉,董直庆. 工业机器人应用与劳动技能溢价——理论假说与行业证据 [J]. 产业经济研究, 2021a, (4): 69-84.

[34] 胡晟明,王林辉,赵贺. 人工智能应用、人机协作与劳动生产率 [J]. 中国人口科学, 2021b, (5): 48-62+127.

[35] 胡俊,杜传忠. 人工智能推动产业转型升级的机制、路径及对策 [J]. 经济纵横, 2020 (3): 94-101.

[36] 黄乾. 城市农民工的就业稳定性及其工资效应 [J]. 人口研究, 2009, 33 (3): 53-62.

[37] 黄群慧,余泳泽,张松林. 互联网发展与制造业生产率提升:内在机制与中国经验 [J]. 中国工业经济, 2019 (8): 5-23.

[38] 黄旭,董志强. 人工智能如何促进经济增长和社会福利提升? [J]. 中央财经大学学报, 2019 (11): 76-85+128.

[39] 贾根良. 第三次工业革命与工业智能化 [J]. 中国社会科学, 2016 (6): 87-106+206.

[40] 康茜,林光华. 工业机器人对就业的影响机制——产业结构高级化还是合理化? [J]. 软科学, 2021a, 35 (4): 20-27.

[41] 孔德威,刘艳丽,冀恩科. 灵活化时代的就业稳定性分析 [J]. 生产力研究, 2007, 141 (4): 56-57.

[42] 孔高文,刘莎莎,孔东民. 机器人与就业——基于行业与地区异质性的探索性分析 [J]. 中国工业经济, 2020 (8): 80-98.

[43] 孔祥溢,王任直. 人工智能及在医疗领域的应用 [J]. 医学信息学杂志, 2016, 37 (11): 2-5.

[44] 赖德胜,苏丽锋,孟大虎,李长安. 中国各地区就业质量测算与评价 [J]. 经济理论与经济管理, 2011 (11): 88-99.

[45] 雷钦礼,李粤麟. 资本技能互补与技术进步的技能偏向决定 [J]. 统计研究, 2020 (3): 48-59.

[46] 李丹,王娟. 影响我国劳动力市场就业稳定性的宏观因素及政策启示 [J]. 劳动保障世界(理论版), 2010, 260 (8): 17-21.

[47] 李磊,王小霞,包群. 机器人的就业效应:机制与中国经验 [J]. 管理世界, 2021, 37 (9): 104-119.

[48] 李磊,徐大策. 机器人能否提升企业劳动生产率?——机制与事

实［J］．产业经济研究，2020（3）：127-142．

［49］李松龄．数据要素属性及其市场化配置改革的深化认识［J］．学术界，2022（12）：38-46．

［50］李晓峰，李珊珊．社会资本和人力资本影响农民工的就业稳定性吗？［J］．北京联合大学学报（人文社会科学版），2020，18（4）：96-105．

［51］李晓梅．新型城镇化进程中的农民工稳定就业影响因素研究［J］．农村经济，2014，386（12）：100-104．

［52］李丫丫，潘安．工业机器人进口对中国制造业生产率提升的机理及实证研究［J］．世界经济研究，2017（3）：87-96+136．

［53］李燕萍，李乐．人力资源服务业高质量发展评价指标体系及测度研究——基于2012—2020年中国数据的实证［J］．宏观质量研究，2022，10（5）：1-14．

［54］李越．智能化生产方式对产业结构变迁的作用机理——基于马克思主义政治经济学视角［J］．财经科学，2021，394（1）：53-64．

［55］梁海艳．中国流动人口就业质量及其影响因素研究——基于2016年全国流动人口动态监测调查数据的分析［J］．人口与发展，2019，25（4）：44-52．

［56］林晨，陈小亮，陈伟泽，陈彦斌．人工智能、经济增长与居民消费改善：资本结构优化的视角［J］．中国工业经济，2020（2）：61-83．

［57］凌珑．中国劳动者主客观就业质量的变动趋势——基于年龄和队列视角的分析［J］．人口与发展，2023，29（1）：2-13．

［58］刘斌，潘彤．人工智能对制造业价值链分工的影响效应研究［J］．数量经济技术经济研究，2020，37（10）：24-44．

［59］刘湖，刘宇璇，于跃．财政教育支出阻断贫困及其代际传递的实证研究［J］．统计与信息论坛，2021，36（7）：76-86．

［60］刘家强，盛伟，唐代盛，陈家建．中国就业保护对劳动力市场运行效率影响研究［J］．中国人口科学，2018（2）：64-77+127．

［61］刘军，陈嘉钦．智能化能促进中国产业结构转型升级吗［J］．现代经济探讨，2021，475（7）：105-111．

［62］刘诗濛，王逸飞，卢晶亮．人力资本集聚对城市工资与就业增长的影响——来自中国主要城市的证据［J］．劳动经济研究，2021，9（1）：27-49．

[63] 刘涛雄, 刘骏. 人工智能、机器人与经济发展研究进展综述 [J]. 经济社会体制比较, 2018 (6): 172-178.

[64] 刘涛雄, 潘资兴, 刘骏. 机器人技术发展对就业的影响——职业替代的视角 [J]. 科学学研究, 2022, 40 (3): 443-453.

[65] 刘文杰, 宋弘, 陈诗一. 教育财政如何影响家庭人力资本投资: 事实、机制与政策含义 [J]. 金融研究, 2022 (9): 93-110.

[66] 刘长全. 权利认知对农民工就业质量的影响及其异质性——基于样本选择分位数回归的分析 [J]. 人口与发展, 2022, 28 (3): 2-14.

[67] 吕越, 谷玮, 包群. 人工智能与中国企业参与全球价值链分工 [J]. 中国工业经济, 2020 (5): 80-98.

[68] 马瑞, 徐志刚, 仇焕广等. 农村进城就业人员的职业流动、城市变换和家属随同状况及影响因素分析 [J]. 中国农村观察, 2011, 97 (1): 2-9+19+96.

[69] 马述忠, 胡增玺. 数字金融是否影响劳动力流动?——基于中国流动人口的微观视角 [J]. 经济学 (季刊), 2022, 22 (1): 303-322.

[70] 孟凡强, 吴江. 我国就业稳定性的变迁及其影响因素——基于中国综合社会调查数据的分析 [J]. 人口与经济, 2013, 200 (5): 79-88.

[71] 明娟, 胡嘉琪. 工业机器人应用、劳动保护与异质性技能劳动力就业 [J]. 人口与经济, 2022 (4): 106-121.

[72] 宁光杰, 林子亮. 信息技术应用、企业组织变革与劳动力技能需求变化 [J]. 经济研究, 2014 (8): 79-92.

[73] 皮天雷, 刘垚森, 吴鸿燕. 金融科技: 内涵、逻辑与风险监管 [J]. 财经科学, 2018 (9): 16-25.

[74] 戚聿东, 刘翠花, 丁述磊. 数字经济发展、就业结构优化与就业质量提升 [J]. 经济学动态, 2020 (11): 17-35.

[75] 邱立成, 钟晓龙, 王自锋. 人力资本外部性是否促进了稳岗扩就业 [J]. 山西财经大学学报, 2021, 43 (11): 87-101.

[76] 邵敏, 武鹏. 出口贸易、人力资本与农民工的就业稳定性——兼议我国产业和贸易的升级 [J]. 管理世界, 2019, 35 (3): 99-113.

[77] 申广军. "资本—技能互补"假说: 理论、验证及其应用 [J]. 经济学 (季刊), 2016 (4): 1653-1682.

[78] 沈路, 钞小静, 南士敬. 研发要素流动对区域绿色创新效率的影响——以"一带一路"沿线省份为例 [J]. 软科学, 2022 (7): 1-15.

[79] 沈琴琴, 张艳华. 中国劳动力市场灵活性与稳定性的影响因素研究 [J]. 首都经济贸易大学学报, 2011, 13 (5): 69-74.

[80] 沈诗杰. 东北地区新生代农民工"就业质量"影响因素探析——以"人力资本"和"社会资本"为中心 [J]. 江海学刊, 2018 (2): 229-237.

[81] 沈映春, 张馨心, 谢慧珺. 要素市场化、技术进步偏向与区域创新效率 [J]. 北京航空航天大学学报 (社会科学版), 2023 (1): 1-10.

[82] 史恩义, 郭凯悦, 魏雪靖. 贸易开放、人力资本与就业质量 [J]. 国际商务 (对外经济贸易大学学报), 2021 (5): 46-62.

[83] 苏丽锋. 我国转型期各地就业质量的测算与决定机制研究 [J]. 经济科学, 2013 (4): 41-53.

[84] 孙萌, 台航. 基础教育的财政投入与人力资本结构的优化——基于CHIP数据和县级数据的考察 [J]. 中国经济问题, 2018 (5): 68-85.

[85] 孙早, 侯玉琳. 工业智能化与产业梯度转移: 对"雁阵理论"的再检验 [J]. 世界经济, 2021, 44 (7): 29-54.

[86] 谭玉松, 王林辉. 知识产权保护、市场化程度与创新要素流动的结构优化效应检验 [J]. 求是学刊, 2021, 48 (4): 93-102.

[87] 唐晓华, 迟子茗. 工业智能化对制造业高质量发展的影响研究 [J]. 当代财经, 2021 (5): 102-114.

[88] 田晖, 韦志文, 宋清. 市场化进程、创新投入与出口技术复杂度——基于省际面板数据的中介效应分析 [J]. 河南师范大学学报 (哲学社会科学版), 2022, 49 (1): 82-89.

[89] 汪前元, 魏守道, 金山, 陈辉. 工业智能化的就业效应研究——基于劳动者技能和性别的空间计量分析 [J]. 管理世界, 2022, 38 (10): 110-126.

[90] 王春超, 张承莎. 非认知能力与工资性收入 [J]. 世界经济, 2019, 42 (3): 143-167.

[91] 王国法, 赵国瑞, 任怀伟. 智慧煤矿与智能化开采关键核心技术分析 [J]. 煤炭学报, 2019, 44 (1): 34-41.

[92] 王军, 常红. 人工智能对劳动力市场影响研究进展 [J]. 经济学

动态, 2021 (8): 146-160.

[93] 王林辉, 胡晟明, 董直庆. 人工智能技术、任务属性与职业可替代风险: 来自微观层面的经验证据 [J]. 管理世界, 2022, 38 (7): 60-79.

[94] 王林辉, 胡晟明, 董直庆. 人工智能技术会诱致劳动收入不平等吗——模型推演与分类评估 [J]. 中国工业经济, 2020 (4): 97-115.

[95] 王林辉, 姜昊, 董直庆. 工业智能化会重塑企业地理格局吗 [J]. 中国工业经济, 2022 (2): 137-155.

[96] 王林辉, 钱圆圆, 董直庆. 人工智能应用对劳动工资的影响及偏向性研究 [J]. 中国人口科学, 2022 (4): 17-29+126.

[97] 王林辉, 袁礼. 有偏型技术进步、产业结构变迁和中国要素收入分配格局 [J]. 经济研究, 2018 (11): 115-131.

[98] 王文. 数字经济时代下工业智能化促进了高质量就业吗 [J]. 经济学家, 2020 (4): 89-98.

[99] 王先庆, 雷韶辉. 新零售环境下人工智能对消费及购物体验的影响研究——基于商业零售变革和人货场体系重构视角 [J]. 商业经济研究, 2018 (17): 5-8.

[100] 王小鲁, 樊纲. 中国收入差距的走势和影响因素分析 [J]. 经济研究, 2005 (10): 24-36.

[101] 王小霞, 李磊. 工业机器人加剧了就业波动吗?——基于中国工业机器人进口视角 [J]. 国际贸易问题, 2020 (12): 1-15.

[102] 王轶, 熊文, 黄先开. 人力资本与劳动力返乡创业 [J]. 东岳论丛, 2020, 41 (3): 14-28+191.

[103] 王永钦, 董雯. 机器人的兴起如何影响中国劳动力市场?——来自制造业上市公司的证据 [J]. 经济研究, 2020, 55 (10): 159-175.

[104] 王钺. 研发要素流动是否促进了区域创新质量的空间收敛——基于城市舒适性的视角 [J]. 北京理工大学学报 (社会科学版), 2021, 23 (3): 62-70.

[105] 韦东明, 顾乃华, 韩永辉. 人工智能推动了产业结构转型升级吗?——基于中国工业机器人数据的实证检验 [J]. 财经科学, 2021 (10): 70-83.

[106] 魏浩, 黄皓骥, 刘士彬. 对外贸易的国内就业效应研究——基于

全球 63 个国家的实证分析 [J]. 北京师范大学学报（社会科学版），2013 (6)：107-118.

[107] 魏敏，李书昊. 新时代中国经济高质量发展水平的测度研究 [J]. 数量经济技术经济研究，2018，35 (11)：3-20.

[108] 魏下海，董志强，金钊. 工会改善了企业雇佣期限结构吗？——来自全国民营企业抽样调查的经验证据 [J]. 管理世界，2015 (5)：52-62.

[109] 翁杰，周必或，韩翼祥. 发达国家就业稳定性的变迁：原因和问题 [J]. 浙江工业大学学报（社会科学版），2008a (2)：146-152.

[110] 翁杰，周必或，韩翼祥. 中国大学毕业生就业稳定性的变迁——基于浙江省的实证研究 [J]. 中国人口科学，2008b，125 (2)：33-41+95.

[111] 吴昊，李萌. 中国经济增长与就业关系的空间差异性研究 [J]. 经济纵横，2022 (4)：49-59.

[112] 吴晓怡，邵军. 经济集聚与制造业工资不平等：基于历史工具变量的研究 [J]. 世界经济，2016，39 (4)：120-144.

[113] 肖土盛，孙瑞琦，袁淳等. 企业数字化转型、人力资本结构调整与劳动收入份额 [J]. 管理世界，2022，38 (12)：220-237.

[114] 谢萌萌，夏炎，潘教峰，郭剑锋. 人工智能、技术进步与低技能就业——基于中国制造业企业的实证研究 [J]. 中国管理科学，2020，28 (12)：54-66.

[115] 邢春冰. 农民工与城镇职工的收入差距 [J]. 管理世界，2008，176 (5)：55-64.

[116] 邢敏慧，张航. 人力资本、社会资本对农村劳动力就业的影响——基于CFPS2018数据的实证分析 [J]. 调研世界，2020 (2)：18-23.

[117] 徐舒. 技术进步、教育收益与收入不平等 [J]. 经济研究，2010 (9)：79-92.

[118] 许春明，单晓光. 中国知识产权保护强度指标体系的构建及验证 [J]. 科学学研究，2008 (4)：715-723.

[119] 闫雪凌，朱博楷，马超. 工业机器人使用与制造业就业：来自中国的证据 [J]. 统计研究，2020，37 (1)：74-87.

[120] 严善平. 城市劳动力市场中的人员流动及其决定机制——兼析大城市的新二元结构 [J]. 管理世界，2006 (8)：8-17+171.

[121] 杨光, 侯钰. 工业机器人的使用、技术升级与经济增长 [J]. 中国工业经济, 2020 (10): 138-156.

[122] 杨蕙馨, 李春梅. 中国信息产业技术进步对劳动力就业及工资差距的影响 [J]. 中国工业经济, 2013, 298 (1): 51-63.

[123] 杨雪, 魏洪英. 就业稳定性与收入差异：影响东北三省劳动力外流的动因分析 [J]. 人口学刊, 2016, 38 (6): 87-98.

[124] 于长永, 王雯, 李孜. 人力资本、劳动保护与劳动力的失业风险——基于 CGSS 四期混合截面数据的实证分析 [J]. 西南民族大学学报 (人文社会科学版), 2021, 42 (12): 49-56.

[125] 余玲铮, 魏下海, 孙中伟, 吴春秀. 工业机器人、工作任务与非常规能力溢价——来自制造业"企业—工人"匹配调查的证据 [J]. 管理世界, 2021, 37 (1): 47-59.

[126] 余玲铮, 魏下海, 吴春秀. 机器人对劳动收入份额的影响研究——来自企业调查的微观证据 [J]. 中国人口科学, 2019 (4): 114-125+128.

[127] 张桂金, 张东. "机器换人"对工人工资影响的异质性效应：基于中国的经验 [J]. 学术论坛, 2019, 42 (5): 18-25.

[128] 张俊荣, 田开兰, 张瑜, 杨翠红. 基于企业规模异质性的中国内外循环就业效应及影响因素探究 [J]. 系统工程理论与实践, 2022, 42 (12): 3151-3164.

[129] 张抗私, 史策. 认知能力、技术进步与就业极化 [J]. 现代财经 (天津财经大学学报), 2022, 42 (5): 95-113.

[130] 张琦. 对农民就业稳定性与波动性的理论探讨 [J]. 中国社会科学院研究生院学报, 1993 (1): 45-51.

[131] 张顺, 郭娟娟. 就业质量对城镇居民失业率的影响 [J]. 中国人口科学, 2022 (1): 73-84+127-128.

[132] 张苏, 唐婧. 教育财政投入、人力资本与中国经济增长实证分析 [J]. 求索, 2010 (6): 179-180+206.

[133] 张万里, 宣旸, 睢博, 魏玮. 产业智能化、劳动力结构和产业结构升级 [J]. 科学学研究, 2021, 39 (8): 1384-1395.

[134] 张延吉, 秦波, 马天航. 同期群视角下中国社会代际流动的模式与变迁——基于 9 期 CGSS 数据的多层模型分析 [J]. 公共管理学报, 2019,

16（2）：105-119+173-174.

[135] 张艳华，沈琴琴. 农民工就业稳定性及其影响因素——基于4个城市调查基础上的实证研究［J］. 管理世界，2013（3）：176-177.

[136] 赵丹丹，周世军. 人工智能与劳动力工资——基于工业机器人匹配数据的经验证据［J］. 调研世界，2021（7）：3-12.

[137] 赵领娣，戴亚鑫，王海霞. 经济增长和空气污染如何影响就业？——基于动态面板模型的实证分析［J］. 北京理工大学学报（社会科学版），2022，24（6）：41-53.

[138] 周闯. 农民工的工作稳定性与永久迁移意愿［J］. 人口与发展，2022，28（5）：148-160.

[139] 周广肃，丁相元. 工业机器人应用对城镇居民收入差距的影响［J］. 数量经济技术经济研究，2022，39（1）：115-131.

[140] 周广肃，李力行，孟岭生. 智能化对中国劳动力市场的影响——基于就业广度和强度的分析［J］. 金融研究，2021（6）：39-58.